元華文創

城隍神的角色與職能

從陪祀神的角度觀察

The Roles and Function of City-Gods in Chinese Folk Religion

貼近實際信仰生活的廟宇為研究場域，
突破性地以陪祀神為切入點，從全新的觀點來認識城隍神。

林俞君——著

推薦序一

　　中國遠在周朝時期就發展出來具規模的城市，而華人的信仰，山川萬物有其神明守護，城牆與城池的守護神就是城隍。有如門神一般，城隍也是被歸類為建物神的神祇。與民間信仰其他天神地祇一樣，隨著朝代的推移，城隍逐漸被人格化，具有人的形象，成為城隍爺。其神像造型一如官吏，穿著官服。每位城隍因應著其所駐蹕的城市等級：都、府、州、縣，而有不同名號。京都城隍為「福明靈王」，府城隍封號為「威靈公」，州城隍封號為「靈佑侯」，縣城隍封號是「顯佑伯」。

　　在華人的民間信仰體系內，天、地、人三界互相影響。人間的朝廷與天界的朝廷是一套互相對應的官僚體制。同樣地，陽間的衙門官府等級的巡撫或是縣官管理帝國的百姓，而陰間的城隍也層次森嚴地管制地理疆界內的鬼卒。如此一陰一陽，一生一死，共同協力來完成帝國的統治。

　　當我們走進城隍廟，城隍爺坐鎮中央正殿，左右兩班排列有陰曹地府的文武判官、各司司官、范謝將軍、牛馬將軍、枷鎖將軍等等陪祀神。其空間配置，以及高低順序位置，一如帝國內的平民百姓走進縣府衙門，縣太爺端坐中央，左右兩邊皂隸衙役拿著棍棒伺候。一陰一陽仲裁糾紛，維持社會秩序。民間信仰相信陽間的冤屈如果未獲解決，死後可以在陰間繼續上訴獲得平反。陰陽之間的法律是可以互補，因此城隍夜巡暗訪可以捉拿犯人，民眾也可以攔轎申冤，把公平正義貫徹始終。

也因此無人能永世抵賴，所謂的不是不報，只是時候未到。就此來維持帝國的司法制度。

在過去，帝國的百姓終其一生不一定有機會進入衙門，卻一定有資格走進城隍廟拜拜。城隍爺的職司，城隍廟的判官威武，配備嚇人，已經在日常生活中教育民眾這一套帝國的官僚體制與宇宙觀。然而，這一套城隍信仰在進入民國時期之後，還能維持嗎？現代的行政與司法程序，還有城隍爺用武之地嗎？城隍爺還能替信徒申冤解曲嗎？

本書作者林俞君企圖追究當代城隍信仰的社會角色與功能。作者巧妙創新地採用了城隍爺的陪祀神，來間接觀察城隍信仰的多種面貌。上述文武判官、范謝將軍等等陪祀神，襯托出城隍是行政司法官僚。若是某些城隍廟內有換成其他陪祀神，都可以透過這些不同的陪祀神來說明城隍的神職、角色與功能的地方性變化，或是不同時期的需求。作者透過文獻與實地訪查，找尋臺灣從南到北各地城隍廟的不同陪祀神，歸納出臺灣當代城隍神有四種社會功能：地方官、陰間執法官、鬼王，與地方守護神。不過，作者提醒我們，當代臺灣城隍神的這些多元角色不脫離其根源的元素：土、地、陰。因為不同地方需求而開展出的各種不同角色，最終必須要有合理的神學基礎，方能成立，也才能延續並穩定舊有的城隍信仰。

本書是林俞君歷經多年將政治大學宗教研究所的碩士論文改寫而成。俞君細心比對文獻上的資料，從歷史時期爬梳城隍神的功能職守，並且統計出來中國歷代城隍廟數目與城隍神的多元功能。俞君學習宗教人類學之後，又能以人類學田野調查方法針對全臺灣 93 間城隍廟當中的 67 間城隍廟進行實地踏查

記錄。可以說，兼用歷史文獻與當代田調多種方法，進而能超越以往的單學科研究成果。

　　平時，我們容易看到巍峨的新竹城隍廟或嘉邑（嘉義）城隍廟，幾乎無法相信全臺竟然有 93 間城隍廟。這些大大小小的，山巔水邊的城隍廟正可以顯示民間信仰從閩粵渡臺，落地生根之後，因應在地的地理生態環境需求而產生的變遷。加上民國以來，國家不再依照昔日禮部的規矩來管制廟宇的建築與規格，民間獲得自主能力，因應生活需求而建造許多城隍廟，也就衍生出多姿多采數量眾多的城隍廟。

　　俞君具有低調不張揚的個性，她是「恬恬吃三碗」的人，在政治大學碩士班上課期間，一整學期不動聲色，卻在年度口頭報告時，一鳴驚人，讓我刮目相看。擔任我助理多年期間，她又再次顯現過人的耐力與能力，對於我交辦事項，她從未延遲。直到有一天，我看到她自修電腦繪圖，自行上網查閱文獻資料，我才恍然大悟，她很好強。她絕不因為自己尚未學習某種技術而推託工作進度。接下來的結婚生子，她也是一貫地沉穩順利地完成一件一件的人生大事。如今又讓我驚豔的是，隨著稚子的學步，俞君竟然同時完成碩士論文的改寫工程。而又能與元華文創出版社合作，出版這本圖文並茂的《城隍神的角色與職能——從陪祀神的角度觀察》，讓我深感驕傲，與有榮焉！是以為序。

張珣

中央研究院民族學研究所所長

推薦序二　從旁觀主

　　在政治大學任教期間，曾經開設三、四種課程，其中鏈結臺灣的，凡有「道教文化專題」與「華人宗教研究」等。當初創所的宗旨，蔡彥仁所長雄心壯志，希望能與國際學術接軌，特別關注世界宗教，代表的如基督宗教、伊斯蘭教，甚至佛教等。不過仍關注漢人宗教與社會的關係，從創所以來基於此一因緣，參與教學以迄退休。當時每一學期各開一、兩門課，同學也都熱情回應，這種師生關係足堪告慰。尤其遇到具有宗教師身分的，諸如召會牧師之類的，由於實際傳教之需，面對信徒原有的信仰，透過課程方便理解，在課堂上的上課情緒，在提問間特別覺得有趣。此外還有一些同學，由於在外工作一段時間，社會經歷較為豐富，基於對宗教的興趣，尤其道教或民間信仰，社會人士感到好奇，他們的回應也很熱烈。後一類同學後來常以此為題，用心投入調查研究，整體表現也成果斐然。在諸多同學中，林俞君是讓人印象深刻的一位。當時黃柏棋所長還鼓勵她繼續修讀博士，但基於生涯規劃，完成碩論後又返回職場，乃屬於有興趣而修讀的類型。

　　當時呈報研究課題，乃以臺灣本島的城隍廟為主，這個議題在臺灣，並非是冷門。斯土斯神，與民同在，一講到「城隍爺」，尤其遊行陣頭常見的大仙尪，范、謝二將軍作為冥界神祇，其怪異的形象大家都眼熟。指導教授張珣對這位助理，本身既長期關注民間的信仰，對此一選題也表贊同。經歷一段田

野調查後，對於整體愈有掌握，這個特別的觀察角度：從城隍廟陪祀神觀察主祀的城隍神。若從文學理論來看，就像研究一部小說，在諸多角色中的「主角」，戲份既重、著墨亦較多，方便展現文學技藝的看家本領，這種情況合乎常情。但相較之下，配角、乃至閒角較受冷落，此乃研究視角的選擇問題，大家也習慣接受。由於自己也有興趣研究《西遊記》，同樣並非冷門，就決定選擇一個有趣的視角：「自小觀大」、「從旁觀主」，諸如土地山神，佛道護法等；由此觀看五聖西遊的故事情節，確實別具趣味。俞君的論文也有同一妙趣，在口試時獲得大家的讚賞，也鼓勵再上層樓。

畢業之初她曾有意願，修改完畢後就出版，幾年下來較少聯絡，也不知狀況如何。前一陣子接到她的電話，說一切準備妥當，即將出版此一調查研究的成果，這是一個公開分享的機會。一般來說，在宗教所的碩博論中，其實有一些優秀之作，值得公諸於世。因為完成於不同時空，也就標誌了一個學術段落，從素材到理論俱然。俞君在整個過程中，既用心投入各地田野調查，也認真梳理歷史文獻，整體展現的研究成果，不愧是宗教學的科班出身。在一個受到關注的課題中，經由別出心裁的細膩詮釋，致使原本可能單調的課題，呈現多元而有趣的面向。現在既決定出版，這幾年來也略有微調，無論如何，這本書就代表完成了心願，何況這種學術水準值得給予掌聲。由於退休多年，時間既較自由，也有閒整理舊作，同樣就是一種分享的心情。既知俞君即將順遂所願，自是特別感到欣慰，猶憶教學期間師生相處，而今老成均已淡出，爰述往事，誌此為賀。

李豐楙

中央研究院院士

推薦序三

　　俞君在撰寫碩士論文時非常勤奮地蒐集了許多關於城隍陪祀神的資料，而且她還非常仔細地分析這些陪祀神的角色與功能，及其與城隍神的關係。現在非常高興這本書將要出版，相信讀者在閱讀這本著作後，對城隍神及其在民間信仰的角色，會有更深一層的認識。俞君囑我作〈序〉，恰巧近日閱讀了一些明清的筆記小說，其中有許多關於明清時期城隍神的小故事，我在這裡列舉一些例子以饗讀者，也算是為本書補充歷史的面相。

　　城隍神的起源雖然很早，但是文獻裡關於城隍神的詳細紀錄，則是在明清以後才大量出現，而且關於城隍神的性格描述愈來愈人格化。明代以後在筆記小說裡面記載有關城隍神的故事，時常提到外地來到當地做官頗有成績的名宦，在死後親人會夢到該名宦穿著官服，乘著官轎，還有隨從，被迎入城隍廟中，成為當地的城隍神。明朝人錢希言（萬曆時人）就說：「大抵聰明正直之人，生有封爵，死為名神，定不虛耳。」（《獪園》卷 11〈死後為神〉）。

　　如同俞君在這本書裡面所提到的，城隍神有多種職能，包括作為地方官、地方守護神、陰間司法官、地祇、鬼王與國家守護神等職能，這也是到了明末至清代才逐漸形成，所以祂的陪祀神也都與這些多重的職能相關。我們知道城隍神具有的職能中，最為人所熟知的，是作為陰間的司法神。這個觀念常存

於人們的心中，這可以從明清以來許多官員碰到難解的案子，往往會求助於城隍神。除此之外，有時候老百姓碰到一些疑難雜症，也會想到城隍神。清人湯用中（1801-?）的筆記小說《翼駉稗編》裡面記載一則故事，發生在江蘇武進縣，當時有位負責漕運的官員管幹珍（1734-1798），他的母親遺失了一個金釵，認為一定是家裡的僕人所偷，於是要求所有的僕人都要到城隍廟裡發誓。隔天，城隍神附身在一位婢女身上，說這種小事為何要來麻煩他！（卷 3〈莊方耕侍郎為武進縣城隍〉）看來城隍神也很忙的。

城隍神也有驅蝗與驅除疾疫的職能，清人俞鳳翰的筆記《高辛硯齋雜著》記載了一則〈城隍道喜〉的故事，據說某年福州地區鄉村發生流行病，當地居民就向城隍廟祈禱，突然有生病的人被附身之後說：今天不用去要了，因為城隍神剛好去某位龐相公家道喜去了。大家不相信，果然當日放榜後，龐相公家有子中舉。這則故事也說明了許多城隍神不免俗地也要注意一些陽間的官場文化。

城隍神也有降妖除魔的能力，根據《翼駉稗編》提到徽州的上里潭曾經出現如似鰻魚的怪物，當地人深受其害，於是請到龍虎山張天師來驅妖。但張天師說這個鰻怪修煉千年，頗有神通，他不忍心殺之。所以他決定命令徽州城隍神就近彈壓，可永除後患，之後舉凡潭水上漲的時候，百姓抬城隍神像到潭邊，潭水隨即平靜。（卷 5〈鰻怪〉）雖說城隍神的重要能力之一包括了降妖除魔，但有時候城隍神似乎也有自身難保的情況。例如《高辛硯齋雜著》裡面有一條關於河北保定城隍廟的故事，描述保定城隍廟極其壯麗，但是廟的後方有許多空宅，

卻被妖怪所占據。借住在那裡的人，晚上會聽到牆壁傳來的嘻笑聲，城隍神對此似乎也莫可奈何。

大概就是因為城隍神的任務非常多元化，身兼多職，所以在處理事情時也得考慮先後順序。例如明朝人的筆記《集異新抄》記明天啟年間有一位呂生，死了一日之後又醒來，他說夢到他的祖先在城隍廟裡面當差，見到他的時候說他因為前世曾經做過壞事，本來當日要死的，今天慶幸的是城隍神為了驅蝗出差，到了吳江縣，而且還要造溺死名冊，所以來不及審判，他可以先回去幾天。後來呂生果然多活了六、七日以後才死，而當年該地區的蝗災非常嚴重，唯獨吳江縣一地可免，看來真的是城隍神的力量，也因此讓某些人多活了幾天。（卷 3〈呂生〉）

在明清的筆記小說裡面也有故事記錄在向城隍神祈求心願的時候，必須要符合正當的理由，否則不會有好的結果。例如《獪園》記載一則關於北京都城隍神的故事，故事裡面提到明朝隆慶五年，杭州有某位士大夫在北京當官。他有一個兒子年紀很輕，已經考上秀才，秀才的父親請了一位教師在西山的內莊居教他讀書準備科舉考試。莊居與民居隔溪相望，對面民居有位十六、七歲的少女，時常打扮妖豔，那少年見了為之神魂顛倒，以致相思成病。少年的老師問得其原因後，要少年準備祭品，他則幫少年寫好祈禱文，再到都城隍廟焚燒，期望藉城隍神之力助少年達成姻緣。之後，城隍神廟附身裡面的靈媒，大聲指責該少年本來可以高中狀元，老師也會同榜進士，但是今天想要私通女子，是犯了大忌，所以兩人當會死於非命。果然二人不久即暴斃。

　　接著，我們來看看城隍神陪祀神的多元面貌。城隍神的陪祀神中，有很多是他的下屬官員，死後就跟著一起在城隍廟當差。這種例子在清代的筆記小說時常看見，例如《翼駉稗編》提到了乾隆年間浙江餘杭縣發生了水災，當地縣令與他的兩個隸役都犧牲了。之後，該縣令就成為當地的城隍神，居民也為兩位隸役塑了像，放在城隍神廟裡陪祀。據說兩隸役生前喜歡喝酒、吃燒餅，所以凡是有疾病纏身的人，都會帶著這兩樣東西前去祈禱，據說非常靈驗。可是有某位狂生到了廟裡面，指責區區隸役何德何能受人間血食！想不到他回家之後，就生了場大病，遂趕緊到廟裡謝過後，才得以痊癒。可見即使是城隍神的下屬也頗有神力，不容輕侮。（卷 3〈餘杭皂隸〉）而且城隍神的下屬也會犯錯，而受到城隍神的責罰。例如《獪園》提到明朝萬曆年間，蘇州府有位秀才，家裡貧困，妻又多病。他求神問卜，神明說是城隍神的部下在作祟。雖然秀才知道後花了不少錢作醮，但仍是沒效，妻子仍是疾病纏身。秀才一怒之下，撰文到城隍廟裡面告狀。等到他回家的時候，發現那個城隍神的部下附身在他的婢女，說道：我要求不多，你卻告上城隍，害我被答罰，革了我的職位，押到地府，永不超生。說完，他妻子的病從此痊癒了。（卷 11〈郡隍神二〉）

　　本書也提到城隍神的陪祀神裡，還有閻王、東獄神、土地神之類。其實閻王、東獄神是城隍神的上司，而城隍神的下屬是土地神。例如《翼駉稗編》有一則故事，係一位太子詹事官，雖然貪贓枉法，但退休之後生活豪奢，依然安享三十多年才死。家人請了靈媒來「觀落陰」，看到那位官員坐著轎子，穿著官服，到土地神的廟裡。土地神出來相迎，很是恭敬。接

著就陪該官員到城隍廟，城隍神也出來迎接，又派兩個皂隸送他到冥司。在閻羅殿第一殿時，閻羅王見之氣色還算溫和。到了第二殿的時候，官員就囚服而出。再到第三殿時，則是聽到拷打哭聲。沒多久，這位貪官就被鐵鍊綁著身體，滿身是血，由兩個鬼卒抬出來。（卷 2〈某宮詹〉）這則故事雖然主要意在教化，但從故事中也呈現了神明體系裡的位階高低。

本書也提到城隍神陪祀神裡面包括他的親屬，當然最有名的是城隍夫人。一般城隍神的夫人都只有一位，在《翼駉稗編》裡面記錄山東德清縣的城隍神，他的夫人居然有兩位，其中的一位婦人就是本地人沈氏之女，而且每到這位夫人生日的時候，香火尤其鼎盛。反而另一位夫人生日的時候，門可羅雀。（卷 2〈德清縣城隍有兩夫人〉）看來老百姓祭拜神的時候，多少也有一點地方感情。

這些小故事反映了許多事，舉凡我們關於城隍神的印象的起源、城隍神的人格化、與人們日常生活息息相關的城隍神多重職能，以及城隍廟陪祀神的角色，其實都和華人的歷史與傳統無法分割。在此特別向讀者推薦本書關於臺灣本島城隍廟陪祀神的部分，反映了民間信仰與我們日常生活緊密結合的關係，希望讀者仔細品味。

巫仁恕

中央研究院近代史研究所副所長

目　次

表目次

圖目次

謝　　誌

　　本書得以出版首先要感謝碩士論文指導教授中央研究院民族學研究所張珣教授向出版社推薦，讓筆者的論文研究能以不同於碩士論文的形式另行出版。碩士論文撰寫期間張珣教授給予筆者的指導，以及讓筆者在學術規範之下有寬廣的思考空間，實為筆者論文能夠有所成的重要支持。張珣教授在漢人民間信仰研究方面長期且扎實的耕耘，以及豐富的學術著作，亦是筆者於研究所在學期間的知識寶庫。

　　此外還要感謝國立政治大學宗教學研究所李豐楙教授和中央研究院近代史研究所巫仁恕教授兩位碩士論文口試委員於筆者撰寫論文期間給予的指導，以及於論文口試時提供的寶貴意見。二位教授淵博及底蘊深厚的漢人信仰研究知識總是能給筆者精確的提點和引導。李豐楙教授鼓勵筆者對於研究創意發想並勇敢延伸，巫仁恕教授提醒筆者研究必須落實於能嚴謹地具體化，這些亦是筆者論文能夠有所成的重要支持。

　　在碩士論文提交之後這麼多年，還有機會能夠改寫出版，也很感謝出版社提供的機會，讓筆者的研究內容能夠以不同的樣貌在不同的通路呈現。在離開學術這麼多年之後，重新檢視研究所期間的論文，並且改寫，其實並不容易。現在的生活已不再像學生時期能夠完全地專注與投入於論文寫作，但能將論文出版一直是筆者的人生待辦清單，所以只能趁小孩上學和入睡之後進行。最後我要感謝的就是我的寶貝，感謝你當我說我

好想出版一本書，但是因為要照顧你都沒什麼時間的時候，五歲的你回答我說：那我可以幫你啊！是啊，你幫了我很大的忙。你給我的幫忙就是，媽媽想成為你的榜樣，沒時間不能是我延宕或放棄出版的理由。現在我完成了，我們可以擊掌！

林俞君

第一章　前言

　　本書以「城隍神的角色與職能」為題，探討在漢人信仰世界的脈絡之中，其中的一類神祇：城隍神的信仰「定位」，亦即其於漢人的超自然世界中的「角色與職能」。

　　信仰者對於神祇的認知，反映出信仰者的宇宙觀。許多國內外學者的研究與討論，成為了漢人信仰研究的基石與沃土，可供我們參考。1970 年代，Arthur Wolf 透過在臺灣三峽地區，對一個村落的百姓進行日常信仰生活的田野調查，得出華人的超自然世界觀是傳統中國社會景象的確實反映，分為官吏－神，長老－祖先，和陌生人－鬼。2002 年，Robert Hymes 透過儀式的檢視，提出中國的神祇既是天界官員，也以個人的身分對信仰者提供保護，只是在不同的時刻對不同的信眾意義不同。

　　信仰的內容和呈現相當多元，除了儀式，還包括有傳說故事、慶典、空間、視覺聽覺藝術、義理思想觀念……等，這些都可以是從外觀看信仰世界的角度。其中筆者最感興趣的，即為安置神祇具體形象、進行祈禱和奉獻，以及儀式操作起點的信仰空間：廟宇。廟宇存在於實際的信仰生活中，是人們最直接看見神、與神對話的場所，於是也會直接地反映出信仰者對於神祇的理解與期待。因此，筆者認為，將廟宇定為本研究的資料收集來源，能高度貼近信仰者對於神祇的認知。

　　我們在漢人的廟宇中看到的神祇幾乎都不是單獨出現的。

除了坐鎮正殿中心位的主祀神，和暫時寄居奉祀在寺廟的客神之外，其他奉祀在廟內的神祇稱為陪祀神。華人的超自然世界形同一個社會，廟宇內的許多陪祀神都與主祀神處在社會關係的鏈結之中，例如父子、夫妻、長官僚屬、同事。這些神祇之間存在的關係，定義了祂們所處的微型社會，就像是父子、母子、夫妻這些關係定義了存在這些關係的場域為「家庭」這個微型社會。在這個微型社會中，個體彼此的相對關係，也定義了個體在這個微型社會中的角色，例如在家庭中的父親、母親、女兒這些角色。

因此，本研究擬從廟宇這個微型社會中所存在的主祀神與陪祀神之間的相對關係來去探討城隍神的角色。從這個沒有人關注過的角度切入，從而瞭解城隍神在信仰者的認知之中是什麼樣的神祇。

接下來的篇章分為三個部分：城隍信仰的基礎知識、城隍信仰的相關研究，以及本研究內容。城隍信仰的基礎知識以認識城隍神為始，其次則為城隍神的信仰空間：城隍廟。第二關於城隍信仰的相關研究，筆者以朝代來區分，以瞭解針對不同朝代，城隍信仰研究者的焦點、議題為何。第三則進入本研究內容，分別以本書的研究說明、研究資料整理與呈現，以及結論三個部分共分四章來撰寫。其中的研究資料整理與呈現分為中國歷史上的城隍廟陪祀神和臺灣本島的城隍廟陪祀神兩章，作為參照，也就是將時間列入分析變項之中，從而瞭解城隍神角色的演變。

前述第三部分研究內容之中的研究資料整理與呈現，本書所呈現出的當代臺灣本島城隍廟內的陪祀神，是使用筆者於碩

士論文寫作時期的 2011 至 2014 年間走訪包含 13 個縣市共計
67 座的城隍廟所記錄下來的資料。因為考量到這數年之間可
能發生的改變並不影響本研究在時間和空間的大樣本資料收集
與整理的結果，因此並沒有更新田野紀錄。

　　最後，本書的結論總結了三個部分的內容。第一，說明本
研究使用角色架構從陪祀神來分析漢人廟宇中的主祀神角色是
否成立以及可應用性。第二，透過陪祀神資料的整理和分析，
本研究所得到的城隍神角色為何。以及透過歷史和當代的資料
對照，城隍神角色有甚麼樣的發展演變。第三從城隍神角色的
發展演變，抽絲剝繭，看清楚城隍信仰在變化當中的基礎和連
續性。

第二章　城隍神

第一節　「城」與「隍」

　　根據東漢‧許慎《說文解字》所載，「城」，以盛民也；「隍」，城池也，有水曰池，無水曰隍。而「城」、「隍」二字同時見於經傳之始，在於《周易》：「城復于隍，勿用師。」[1] 程頤《伊川易傳》：「掘隍土積累以成城。」[2] 也就是說，掘土成隍（即地塹），隍土累積並築城牆。朱熹《周易本義》另解釋道：「泰極而否，『城復於隍』之象。戒占者不可力爭，但可自守。」[3] 其義為：若城牆崩倒傾覆於隍，無城可守，則切勿再用師進攻。故，城、隍是為一地之防禦工事。至於「城」、「隍」二字連用，則首見於東漢‧班固《兩都賦序》：「臣竊見海內清平，朝廷無事，京師修宮室，浚城隍，起苑囿，以備制度。」[4] 在這裡，城隍指的也是城市聚落的防禦設施。

---

[1]　（三國）王弼注，《周易》卷 2〈上經泰傳第二〉，四部叢刊景宋本，[中國基本古籍庫]，頁 13。

[2]　（宋）程頤，《伊川程先生周易上經傳》卷之 2〈伊川易傳〉，元刻本，[中國基本古籍庫]，頁 32。

[3]　（宋）朱熹，《周易本義》〈周易上經第一〉，宋咸淳刻本，[中國基本古籍庫]，頁 9。

[4]　（東漢）班固，〈兩都賦序〉，收於（明）梅鼎祚 編，《東漢文紀》卷 10，清文淵閣四庫全書本，[中國基本古籍庫]，頁 190。

第二節　城隍神

　　城市聚落的防禦設施：城隍，是如何發展出「城隍神」
呢？一開始的信仰樣貌又是如何的呢？以下從歷史文獻和其他
學者的研究來探討。

　　「城隍神」的文字記載最早出現於大約寫於西元 550 年的
〈南雍州記〉。[5] 鮑至的〈南雍州記〉已佚，目前僅見於唐‧
杜牧《通典》中的引文：「鮑至〈南雍州記〉云：『城內建有
蕭相國廟，相傳謂為城隍神。』」[6]〈南雍州記〉之外，尚有
四部同樣寫於南北朝時期的史書記載著城隍神：《北齊書》、
《北史》、《南史》及《隋書》，其內容分別如下：

> 《北齊書》〈慕容儼傳〉：「[北齊天保]三年（西元
> 552 年）……，遂遣[慕容儼]鎮郢城。……眾情危懼，
> 儼導以忠義，又悅以安之。城中先有神祠一所，俗號城
> 隍神，公私每有祈禱。於是順士卒之心，刀[（乃）]相
> 率祈請。」[7]
> 《北史》〈慕容儼傳〉：「[北齊天保]六年（西元 555
> 年）……，遂遣[慕容儼]鎮郢城。……眾懼，儼悅以安
> 之。城中先有神祠一所，俗號城隍神。儼於是順士卒心

5　〈南雍州記〉經 David Johnson 考證，推斷大約寫於西元 550 年。（參考
　　David Johnson, 1985：390，note 91.）

6　（唐）杜牧，《通典》卷 177〈州郡七〉，清武英殿刻本，[中國基本古籍
　　庫]，頁 1862。

7　（唐）李百藥，《北齊書》卷 20〈列傳第十二〉，清乾隆武英殿刻本，
　　[中國基本古籍庫]，頁 11。

祈請。」[8]

《南史》〈邵陵王綸〉：「[南梁]大寶元年（西元 550
年），綸至郢州，……綸於是置百官，改聽事為正陽，
殿內外齋省悉題署焉，而數有變怪。祭城隍神，將烹
牛，有赤蛇繞牛口出。」[9]

《隋書》〈牛禍〉：「[南]梁武陵王紀（西元 552-553
年）祭城隍神，將烹牛，忽有赤蛇繞牛口。」[10]

　　以上這四筆資料所載應為兩則事件，其內容清楚地顯示出
城隍為祭祀的對象。因此我們可以說，祠祀城隍神至晚於南北
朝時期即已出現。

　　接下來，則是關於祭祀城隍的地點。〈南雍州記〉描寫的
襄陽穀城是今日的湖北省襄陽。而後四部史書所記載的兩則事
件：慕容儼與梁武陵王祭祀城隍，發生的地點皆在郢州，於今
湖北省武昌附近。也就是說，此五則史料所記載的事件皆發生
於當時的中國南朝。那麼，是不是說，在南北朝時期，城隍信
仰只存在於南朝呢？關於這個問題，有一位學者的觀察值得參
考。蔡宗憲於《北朝的祠祀信仰》（2011）一書中，提到北朝
時期的文獻《魏書》〈地形志〉和《水經注》提供了不少祠廟
方面的記錄，他並針對該文獻所記載的祠廟性質進行分類，分

8　（唐）李延壽，《北史》卷 53〈列傳第四十一・慕容儼傳〉，清乾隆武英
　　殿刻本，[中國基本古籍庫]，頁 832。

9　（唐）李延壽，《南史》卷 53〈列傳第四十三・邵陵王綸〉，清乾隆武英
　　殿刻本，[中國基本古籍庫]，頁 580。

10　（唐）魏徵，《隋書》卷 23〈志第十八・牛禍〉，清乾隆武英殿刻本，
　　[中國基本古籍庫]，頁 345。

為人鬼神祠、山川神祠與其他。其他類包括的成分較雜，多數為神物、巫仙與地域守護神等。有趣的是，其中的地域守護神出現有「里城神」與「城頭神」，這兩個名稱很容易讓人聯想到城隍神。（蔡宗憲，2011：66-70）《魏書》〈地形志〉裡的原文如下：

> 章武郡 晉置章武國，後改。領縣五。戶三萬八千七百
> 五十四，口一十六萬二千八百七十。……平舒，前漢屬
> 勃海，後漢屬河間國，晉屬。二漢、晉曰東平舒。有章
> 武城、平鄉城。有城頭神、里城神。[11]

根據蔡宗憲的推測，「里城神」與「城頭神」也許就是北朝時期的城鎮守護神。（蔡宗憲，2011：71）《魏書》裡記載的「里城神」與「城頭神」，位於章武郡平舒縣，即今日中國北方的河北省。因此，我們也許可以推斷，在南北朝時期，中國南、北朝都已存在城鎮守護神的信仰概念，只是使用的名稱不同。

再往前推，於南北朝祠祀城隍之前，這個信仰概念是如何形成的，又或是什麼樣貌呢？關於城隍信仰的起源，筆者參考城隍研究的相關學術文獻，歸納出目前普遍為學界接受的兩種說法：1.城隍信仰源於《禮記》天子八蜡中的水庸祭祀，始於伊耆氏（堯）；2.城隍非水庸，始於南北朝時期。主張前者的，在歷史上有唐朝呂述，以及明末清初的王崇簡、孫承澤，

---

[11] （南北朝）魏收，《魏書》卷 106〈上志第五〉，清乾隆武英殿刻本，[中國基本古籍庫]，頁 1153。

清朝姚福均、孫璧文等。至於主張水庸非城隍的說法，最初是見於宋朝趙與時的《賓退錄》，而後有鄧嗣禹的考證，及其後的現代歷史學者濱島敦俊和徐李穎。

　　幾位指城隍祭祀淵源於水庸者，都追溯至《禮記》。那麼，《禮記》中所謂的水庸指的是什麼呢？先從原文來看：

> 天子大蜡八。伊耆氏始為蜡，蜡也者，索也。歲十二月，合聚萬物而索饗之也。蜡之祭也：主先嗇，而祭司嗇也。祭百種以報嗇也。饗農及郵表畷，禽獸，仁之至、義之盡也。古之君子，使之必報之。迎貓，為其食田鼠也；迎虎，為其食田豕也，迎而祭之也。祭坊與水庸，事也。曰土反其宅，水歸其壑，昆蟲毋作，草木歸其澤。[12]

　　大蜡祭為天子年終之祭。所謂「合聚萬物而索饗之也」，漢・鄭玄《禮記注疏》云：「饗者，祭其神也。萬物有功加於民者，神使為之也，祭之以報焉。」[13] 也就是天子在年終時，要祭祀有功的八種神祇，以為回報。八種神祇分別為：先嗇（神農）、司嗇（后稷）、農（田畯）、郵表畷（田間小亭之神）、貓虎、坊、水庸及昆蟲。那麼，其中的水庸實際上所指為何呢？鄭玄解釋道：「『祭坊與水庸，事也』者，是營爲所須之事，故云：事也。坊者，所以畜水，亦以鄣水。庸者，

---

[12] （漢）鄭玄 注，（唐）孔穎達 疏，《禮記注疏》卷 26，清阮刻十三經注疏本，[中國基本古籍庫]，頁 680-681。

[13] 同上註。

所以受水，亦以泄水。謂祭此坊與水庸之神。」[14] 在鄭玄的
解釋中，水庸指的是農作中受水與泄水的設施。也就是說，水
庸神為農業溝渠神，與其他七種大蜡所祭之神相同，皆為農業
神。

　　仔細從《禮記》中的原文來看「水庸」的本義，宋·趙與
時在《賓退錄》中以此反駁道：「今按《禮記注》：『水庸，
溝也。』《正義》云：『坊者，所以蓄水，亦以鄣水。水庸
者，所以受水，亦以泄水。』則坊，蓋今之隄防。水庸，蓋今
之溝澮也。方之城隍，義殊不類。」[15] 即認為水庸與城隍神
的信仰概念並不相同，因此反對城隍即水庸的說法。鄧嗣禹亦
從這一點推斷此二者「義殊不類，不能附會。」（鄧嗣禹，
1980：56）從詞意上來理解，雖然《說文解字》解釋「隍」為
城池，然而也補充說「有水曰池，無水曰隍。」既然是無水，
「隍」便與水無關。簡而言之，「城隍」指的是城市聚落的防
禦設施，而《禮記》中的「水庸」指的卻是受水與泄水的農作
設施，從二者指涉的事物來看，並無直接關係。

　　前面的討論是從「城隍」與「水庸」兩個詞的詞義來分
析。接下來，則從字詞出現的年代來看此二者的關聯。如前所
述，「水庸」載於《禮記》〈郊特牲〉之中，而「城」、
「隍」二字最早則出現在《周易》〈上經泰傳第二〉裡。徐李
穎（2010）依據屈萬里《古籍導讀》（1969）的內容，指出
《禮記》的著成年代不早於戰國，不晚於西漢宣帝；而《周

---

[14] （漢）鄭玄，《禮記疏》附釋音禮記注疏，卷 26，清嘉慶二十年南昌府學
重刊宋本十三經注疏本，[中國基本古籍庫]，頁 685。

[15] （宋）趙與時，《賓退錄》卷 8，宋刻本版，[中國基本古籍庫]，頁 68。

易》〈泰卦〉當在西周初葉著成。所以,《周易》〈上經泰傳第二〉當早於《禮記》。也就是說,「城」與「隍」二字的使用在「水庸」之前已經出現了。因此,徐李穎認為,「在《周易》中早已出現了『城』和『隍』字,較遲的文獻《禮記》是不可能也不必要以『坊』與『水庸』來代替城與隍的。所以『坊』、『水庸』與『城』、『隍』指的是不相同的事物。」(徐李穎,2010:38-39)即以此反駁水庸是城隍的說法。

另外,歷史學者 David Johnson(1985)也提出過一個疑問:中國屬於城市文明,建有城牆的城市在東周時期已普及,而且,我們也幾乎可以確定,這樣的城市是西周甚至於商朝時期的典型中國地景。此外,中國人於此時,也已開始崇拜居住所在地的山神、河神、水神和谷神,也祭拜門、井,以及家裡的爐灶。那麼,為什麼城隍神這個概念直到中世紀晚期才出現呢?在漢朝,甚至是更早之前,是不是可能已經有一位神祇具有城隍神的所有職能和特性,只是祂們的稱號不同呢?他接著試圖回答這個問題,而提出一個更古老的信仰概念:社,古老的土地神、領域神。David Johnson 認為「社」一看就知道相當類似於城隍神,不過,社不是城隍神,說祂是城隍神的先導信仰還比較貼切。

首先,同樣為土地神,但為什麼說社不是城隍神呢?長久以來,土地神被去人格性,就像山神、河神、雷神、雨神以及其他的自然神一樣地抽象。其祭祀空間是以土堆成的開放式祭壇,祭祀由法令規定一年兩次,而且所有的村莊和村落都可以有社。從這些方面看來,社不可能是城隍神。因為在城隍信仰的發展初期,1.幾乎所有的城隍神都是特定的某個人物;2.祂

們在廟裡受祀；3.祭祀並非由官方控制；4.在村落和其他小規模的居住地，並沒有城和城池的神。這些都清楚地證明社神並不是與城隍神擁有不同稱號的同一個信仰。（參考 David Johnson, 1985：394-397）

那麼，又為什麼說社是城隍神的先導信仰呢？David Johnson 表示，許多世紀以來，社神對於村莊和城市的居民來說都是有意義的，但是當村莊和城市之間的差距發展到夠顯著的時候，在功能上更加明確的神祇就會取代了他們原本的信仰。而且，到了漢朝，社神這種地方性的宗教儀式被體制化與理性化，成為國家的正統信仰，不僅不將土地神視為某位特定的人物，其祭祀也限制到一年兩次，並且禁止僱請薩滿，但這是不可能滿足人們之宗教需求的。因為一般百姓認為他們必須要投入相當的金錢和感情，以血、音樂和舞蹈祭祀，才能安撫社神以避免降災於人。然而，這樣的祭祀行為與國家的信仰禮制相違。而城隍信仰初興之時，反而因為其非官方宗教的性質而能與祈福謝神等祭儀結合，如 David Johnson 引用宋朝詩人陸游的〈寧德縣重修城隍廟記〉所述：「**自唐以來，郡縣皆祭城隍，至今世尤謹。……其儀在他神祠上。社稷雖尊，特以令式從事。至祈禳報賽，獨城隍而已，則其禮顧不重歟？**」[16] 因此，David Johnson 認為城隍神因為能符合百姓的宗教想像與信仰需求，才從而在城市取代了社神的重要性。（參考 David Johnson, 1985：396-398）

如前幾段所描述的，關於城隍神起源的推論，雖然有學者

---

[16] （宋）陸游，《渭南文集》卷 17，四部叢刊景明活字本，[中國基本古籍庫]，頁 100。

提出假設，不過這些假設尚缺乏足夠的證據進一步證實。因此城隍信仰於六朝之前是什麼樣的概念與樣貌，學界還是沒有比較具體的結論。

　　雖然關於城隍信仰的起源沒有具體的結論，但我們經由探討詞義與字詞出現的年代，可以確定城隍非起源於水庸。理由有二：1.「城隍」指的是城牆與無水的城池，是城市聚落的防禦設施。而《禮記》中的「水庸」為受水與泄水的農作設施，也就是說，水庸神為農業溝渠神。這兩者指涉的事物以及功能皆不相同，亦無直接的關聯。2.最早出現「城」與「隍」二字的《周易》，於西周著成，而且建有城牆的城市在東周時期就已普遍，這些都早於記載祭祀水庸的《禮記》成書年代——戰國時期。在實體的物質概念與指涉的文字符號二者已然具備的情況之下，應該沒有必要以「水庸」來代替或指涉「城隍」，說水庸神為城隍神的原型亦不合理。

　　其次，根據文獻的探討，最早開始使用「城隍神」這個詞，是大約寫於西元 550 年的〈南雍州記〉。同樣寫於南北朝時期，並提及「城隍神」這個詞的尚有四部史書：《北齊書》、《北史》、《南史》及《隋書》。這些文獻的內容皆具體地顯示出城隍是祭祀的對象。因此我們可以說，祠祀城隍最晚於南北朝時期已經出現。至於祭祀城隍的地點，雖然前述五則史料所記載的事件都發生於中國南朝。但是根據《魏書》〈地形志〉所載，中國的河北省，也有「里城神」與「城頭神」。歷史學者蔡宗憲推測，「里城神」與「城頭神」也許就是北朝時期的城鎮守護神。所以，也許我們可以推斷，在南北朝時期，中國南、北方都已經有城鎮守護神的信仰概念，只是

尚處於信仰發展初期，所以名稱尚未統一。

第三節　城隍神的發展

　　城隍神最遲在南北朝就已經存在，到今日，城市已不再有城牆和無水的城池這類防禦設施，奉祀著「城隍神」的城隍廟卻不僅存在於城市之中，連偏僻的村里聚落也有城隍廟。而且廟裡的城隍神，頭戴官帽，身著官服。這種從城市聚落防禦設施而開始的信仰，到現在一千多年的時間，是經過了什麼樣的發展呢？

　　關於城隍神的發展，本節分三個部分來探討。一、城隍神的樣貌，探討的是城隍神為自然神、人格神的歷史過程。二、城隍神的官方地位，是探討城隍神從初興之時不明確的官方地位發展至國家制度宗教的過程。三、城隍神的職能，則是探討城隍神傳說、小說和祭文之中所展現出來的城隍神職能及其演變。

一、城隍神的樣貌

　　如前一節所述，目前可以確定，城隍信仰最晚在南北朝時期即已出現。那麼，當時的城隍神在信仰者的認知中，是什麼樣的神祇呢？是自然神，抑或人格神？在文獻資料中，可以找到唐朝時已有城隍神姓名，與城隍神塑像的記載。唐·劉驤〈袁州城隍廟記〉（西元 862 年）記載袁州城隍神為灌嬰，[17]

---

17 「有天下，有祠祀。有郡邑，有城隍。雖徧天下尚其神，而未有的標名氏

而宋‧陳耆卿的《嘉定‧赤城志》則提到，台州人自唐‧武德四年（西元 621 年）即奉屈坦為城隍神。[18] 城隍神有姓名之外，還有塑像。唐‧趙居真於西元 751 年為紀念吳郡城隍廟重建所寫的〈新修春申君廟記〉，內容包含了現存最早關於城隍廟的描述，其中寫道：「**大葺堂庭，廣修偶像。春申君正陽而坐，朱英配享其側，假君西廡視事。**」[19] 這段關於廟內景象的陳述，有吳郡城隍神春申君塑像的記錄。唐‧呂述的〈移城隍廟記〉也提到睦州城隍廟內有神像。[20] 這些都是城隍廟內供有神像的記載。

而關於城隍神的形象，傳說故事裡也有提及。《太平廣記》裡的一則故事寫道：「**開元中，滑州刺史韋秀莊，暇日來城樓望黃河。樓中忽見一人，長三尺許，紫衣朱冠。通名參謁，秀莊知非人類，問是何神。答曰：即城隍之主。**」[21] 裡面提到城隍神的形象是人，且穿戴紫衣朱冠。總而言之，從前

者，多因土地以立。惟袁古之城壁，按《漢書》：『高帝六年春，大將軍灌嬰所築。』先未有郡，是古宜春縣城。隋開皇十一年置宜春郡，大業三年改爲袁州，因山名也。移縣於州東五里，**古今得以灌將軍稱祀焉**。非賢侯，安能移建其廟，飾崇其禮乎？」（（清）董誥，《全唐文》卷 802，清嘉慶內府刻本，[中國基本古籍庫]，頁 8415。）

[18] 「城隍廟在大固山東北，唐‧武德四年建。初吳尚書屈晃妻夢與神遇，生子曰坦，有神變，能興雲雨，後與母俱隱山中，及是**以屈氏故居為州治，祀為城隍神，水旱禱祈多驗**。」（（宋）陳耆卿，《（嘉定）赤城志》卷 31，清文淵閣四庫全書本，[中國方志庫]，頁 190。）

[19] （清）董誥，《全唐文》卷 296，清嘉慶內府刻本，[中國基本古籍庫]，頁 2991。

[20] 「五年正月十九日，廟成，**遷神像焉**。神坐後分畫侍衛於左右壁，其門左右畫兵仗屏之，南北列木寓馬。」（（宋）董弅，《嚴陵集》卷 7〈雜著碑銘題記〉，清文淵閣四庫全書本，[中國基本古籍庫]，頁 47。）

[21] （宋）李昉，《太平廣記》卷 302〈神十二‧韋秀莊〉，民國景明嘉靖談愷刻本，[中國基本古籍庫]，頁 1340。

兩段所引的文獻資料內容看來，城隍神於唐朝時期確實是有人的形象。

那麼，在唐朝之前呢？David Johnson 在〈唐宋時期的中國城隍信仰〉一文中曾經寫道，「幾乎所有的城隍神都是特定的某個人物，……城隍神在發展之初即有『聖誕日』，這是最重要的城隍慶典，而且每個地方的聖誕日都不同。」（David Johnson，1985：396-397）在這個基礎之上，楊俊峰更肯定地表示，城隍信仰於南北朝初興之時，本是一種人鬼信仰，因為當時即有以某人擔任城隍的紀錄：1.《北齊書》〈慕容儼傳〉：「城中先有神祠一所，俗號城隍神，公私每有所禱。」而根據趙與時《賓退錄》記載，郢州當時奉祀的城隍神為焦明。2.《通典》中的引文：「鮑至〈南雍州記〉云：『城內建有蕭相國廟，相傳謂為城隍神。』」（楊俊峰，2012：6-7）

不過，徐李穎認為〈南雍州記〉這一則史料不足以證明當時的城隍神已具姓名，因為古書沒有標點，「相傳謂為城隍神」也有可能是《通典》作者杜佑自己的註腳，又或者《南雍州記》所載可能只是一種傳說，不一定蕭何真的就是城隍神。所以光憑這份文獻無法證明南北朝時，城隍神已為有姓名的人格神。而且，鄧嗣禹於〈城隍考〉一文中指出，「指定某人為城隍神，除〈南雍州記〉外，多淵源于唐。」（鄧嗣禹，1980：62）徐李穎在這個基礎之上，推論城隍神最初是自然神，唐代以後才開始由人鬼擔任的。（徐李穎，2010：39-43）

另外有一則史料，筆者認為雖然作為支持城隍神為自然神的證據不明確，卻足以使這個可能性更加具體。即唐·孫思邈

《備急千金要方》裡的一帖「治瘧符」,藥方裡寫道:

> 瘧小兒,兒父字石拔,母字石錘,某甲^{著患瘧人姓名}患瘧,
> 人竊讀之曰:「一切天地、山水、城隍、日月、五星皆
> 敬竈君,今有一瘧鬼小兒,罵竈君作黑面奴;若當不
> 信,看文書,急急如律令。」[22]

　　孫思邈是唐代著名的道士及醫藥學家,《備急千金要方》
是他總結唐朝之前的醫學成果。這一帖〈治瘧符〉要人竊讀:
「一切天地、山水、城隍、日月、五星皆敬竈君。」在排列出
來的神祇之中,天地、山水、日月、五星無疑地皆為自然神,
而城隍安插在中間,自然讓人聯想城隍亦為同一型態之神祇。
《備急千金要方》約成書於唐初‧高宗時(西元 652 年),而
且是孫思邈總結唐朝之前的醫學成果,因此增加了唐朝之前城
隍神為自然神的可能性。

　　綜上所述,南北朝時期的城隍神形象仍然模糊,人格神與
自然神兩種說法都有人支持。不過,到了唐朝時期,城隍神的
人格神形象即已明確,不僅具有姓名,廟內供有神像,在傳說
故事中亦有清楚描述的人類形象。

　　時至明朝,城隍信仰進入國家的宗教體制之中,其人格神
的形象也因為禮制規範而有了轉變。從明朝歷代官修的編年體
史書《明太祖實錄》中有關祭祀制度的記載,可以明瞭其發
展。洪武二年正月丙申(西元 1369 年),太祖下令敕封京都

---

[22] (唐)孫思邈,《備急千金要方》卷 35〈傷寒方〉,清文淵閣四庫全書
　　本,[中國基本古籍庫],頁 280。

及天下城隍神，將城隍神按五個級別分別給予封號，並規定官
階品秩與章服：

> 上謂中書及禮官曰：明有禮樂，幽有鬼神，若城隍神
> 者，歷代所祀，宜新封爵。遂封京都城隍為承天鑒國司
> 民昇福明靈王。其在北京開封府者封為承天鑒國司民顯
> 聖王，臨濠府為承天鑒國司民貞佑王，太平府為承天鑒
> 國司民英烈王，和州為承天鑒國司民靈護王，滁州為承
> 天鑒國司民靈佑王。五府州皆正一品。餘在各府、州、
> 縣者，府為鑒察司民城隍威靈公，秩正二品。州為鑒察
> 司民城隍靈佑侯，秩三品。縣為鑒察司民城隍顯佑伯，
> 秩四品。**其章服，京都城隍袞冕十有二章。開封等五府
> 封王及各府封公者，九旒九章。各州、縣封侯伯者，七
> 旒七章。**命翰林詞臣撰制文以頒之。[23]

　　既然有「章服」的規定，應該可以推斷在這封詔書的脈絡
中，城隍神是人的形象。
　　然而同月，明太祖命禮官考古制，說明祭祀天神地祇之
道。禮官上奏曰：

> ……今國家開創之初，嘗以太歲、風雲雷雨、嶽鎮海
> 瀆，及天下山川、京都城隍及天下城隍，皆祀於城南享
> 祀之所，既非專祀，又屋而不壇，非禮所宜。考之唐
> 制，以立春後丑日祭風師於城東北，立夏後申日祭雨雷

---

[23] 《明實錄》卷38，洪武二年正月丙申，[漢籍全文資料庫]，頁 755-756。

於城東南。以今觀之，天地之生物，動之以風，潤之以雨，發之以雷。陰陽之幾本一氣使然，而各以時別祭，甚失享祀本意。至於海嶽之神，其氣亦流通暢達，何有限隔？今宜以太歲、風雲雷雨諸天神合為一壇，嶽鎮海瀆，**及天下山川、城隍、諸地祇合為一壇，春秋專祀。**[24]

於該奏文中，我們可以看到禮官將城隍歸入地祇，並建議於首都南郊設壇，每年春、秋於該處祭祀城隍與其他天神地祇。

從前引兩筆洪武二年的資料，可以看到當時的朝廷對於城隍神實際上存在著兩種相互矛盾的形象概念。不過，洪武三年時（西元 1370 年），朝廷對於城隍神的定義便有了明確的轉向，其動作首先是改正神號。洪武三年，明太祖下詔曰：

……夫嶽、鎮、海、瀆皆高山廣水，自天地開闢以至于今，英靈之氣萃而為神，必皆受命于上帝，幽微莫測。豈國家封號之所可加？瀆禮不經莫此為甚。至如忠臣烈士，雖可加以封號，亦惟當時為宜。夫禮所以明神、人，正名分不可以僭差，今宜依古定制。**凡嶽、鎮、海、瀆並去其前代所封名號，止以山水、本名稱其神。郡、縣城隍神號一體改正。**……各處府、州、縣城隍稱某府、某州、某縣城隍之神。[25]

---

[24] 《明實錄》卷 38，洪武二年正月戊申，[漢籍全文資料庫]，頁 762-766。

[25] 《明實錄》卷 53，洪武三年六月癸亥，[漢籍全文資料庫]，頁 1034-1035。

　　這一則神號改正詔的內容，表明了太祖將城隍視為同嶽、鎮、海、瀆一樣的自然神，認為不宜以國家封號褻瀆直接受命於上帝的地祇。

　　接著，〈改正神號詔〉頒布的隔日，即發布〈禁淫祠制〉。其中還規定禁止塑造或繪製天神地祇之像。原文如下：

〈禁淫祠制〉曰：……古者天子祭天地，諸侯祭山川，大夫、士、庶各有所宜祭。其民間合祭之神，禮部其定議頒降，違者罪之。……其僧道建齋設醮不許章奏上表，投拜青詞。**亦不許塑畫天神地祇。**及白蓮社、明尊教、白雲宗、巫覡、扶鸞、禱聖、書符、呪水諸術並加禁止。庶幾左道不興，民無惑志。詔從之。[26]

　　最後，明太祖於同月下詔書，規範全國各級城隍廟之廟制，將神像改以木主來代表城隍神。詔書內容為：「**詔天下府、州、縣立城隍廟，其制高廣各視官署廳堂，其几案皆同。置神主於座，**舊廟可用者修改為之。」[27] 各級官府於是依規定，將原有的城隍神塑像浸水為泥，改立木主。《（嘉靖）南安府志》即記載：

大明洪武三年六月二十有三日，中書省欽奉聖旨，各府城隍廟依各府公廨起蓋，其座椅、書案並如官府置。造

---

[26] 《明實錄》卷 53，洪武三年六月甲子，[漢籍全文資料庫]，頁 1037-1038。

[27] 《明實錄》卷 53，洪武三年六月戊寅，[漢籍全文資料庫]，頁 1050。

寫某府城隍之神，舊有泥塑神像水浸了泥，在正中壁上
都畫雲山圖。欽此考定式樣。[28]

改正神號和毀神像立木主，都是出於「城隍神屬自然神」
這個邏輯基礎而制定的規範。也就是說，洪武三年六月的改
制，是官方對城隍神的定義使然，同時經由法定規制而使城隍
神的樣貌有了明確的轉向——從人格神轉變為自然神。然而，
根據鄧嗣禹的研究，明‧永樂（西元 1403-1424 年）之後，已
逐漸恢復城隍神塑像。（鄧嗣禹，1980：72）濱島敦俊認為，
這是因為三年改制是以國家權力強行剝奪民間的信仰，依據儒
臣的觀念所制定的規範並沒有任何現實的社會基礎，自然成效
不彰。（濱島敦俊，2008：126）

接下來，清朝雖然承襲洪武三年改制的理念，但是塑造神
像，或以某位特定人物為城隍神的情形依舊普遍。時至今日的
臺灣，多數城隍廟於正殿安置的仍是城隍神像，但也可以看到
同時於偏殿供奉城隍木主的廟宇，如高雄梓宮中崙城隍廟。這
樣兩種城隍神靈的具體化象徵並存，是城隍信仰自西元六世紀
興起迄今，經長時間的發展流變，並且受到政治因素影響而成
的歷史沉積。

二、城隍神的官方地位

臺灣現有的城隍廟中，有九間原為清領時期的「官祀」城

---

[28] （明）劉節，《（嘉靖）南安府志》卷 11〈秩祀志一‧廟祠〉，明嘉靖刻
本，[中國方志庫]，頁 59-60。

隍廟。帝國時期所謂的「官祀祠廟」，是記載在國家祀典中，有一套由官方執行之禮儀、祭祀標準的祠廟，其中的規範包括了祭品、祝文和行禮、祭祀程序等。除此之外，「官祀城隍廟」是對應於中央至地方各級行政區之設置而建的，並具有官方行政級別之代表性，如都、府、州、縣。這些特質顯現出在帝國晚期時，城隍信仰的形態是穿套在國家政治體制與宗教禮制的框架之下。時至今日，我們踏入城隍廟的正殿，看見供奉於上的城隍神，其衣著、配件儼然一副官員的形象。有些廟甚至在神像前設有公案，左右尚有衙役供差遣。可以說，在漢人信仰的諸神祇中，官方色彩鮮明即為城隍神具有的獨特性。所以，筆者接下來要探討的是歷史上，在漢人的宗教地圖裡，官方宗教的那一塊圖層上，城隍信仰的經緯座標為何。

唐朝官修禮制專著《大唐開元禮》並未記載城隍神，而記述歷代典章制度的《通典》與《文獻通考》也沒有唐朝時，國家祭祀城隍神的紀錄。因此鄧嗣禹認為，在唐朝時，城隍神尚未納入國家祀典之中。（鄧嗣禹，1980：67）雖然尚未納入國家祀典，但是城隍神在地方官府的祭祀習慣上，卻佔有相當地位。根據楊俊峰（2012）的研究整理，這些祭祀習慣包括了：1.地方官到任時拜謁城隍神。[29] 2.春秋二季禮謁城隍神。[30] 3.

---

[29] 如此的記載最早見於開元五年（西元 717 年），張說就任荊州長史時拜謁城隍神的祭文〈祭城隍文〉。（（清）董誥，《全唐文》卷 233，清嘉慶內府刻本，[中國基本古籍庫]，頁 2343。）

[30] 如李商隱的〈為中丞滎陽公祭桂州城隍神祝文〉記載，大中元年八月二十七日（西元 847 年），由陽朔縣令祭拜城隍神，文中並說「敢以吉辰，式陳常典。」表示該州於秋季祭祀城隍是個常例。（（清）董誥，《全唐文》卷 781，清嘉慶內府刻本，[中國基本古籍庫]，頁 8145。）

水旱時以城隍為祈祭對象。[31]

　　城隍神在國家祀典中缺席,卻在地方官府的祭祀習慣中佔有相當地位。我們該如何標示出城隍信仰在唐朝官方宗教中的位置呢?關於這個問題,中國的歷史學者雷聞有清楚的解釋。他在《郊廟之外:隋唐国家祭祀与宗教》(2009)第三章第一節〈「祀典」與「淫祀」之間〉中,深入探討唐朝國家禮制與民間信仰之間的複雜關係。他首先將唐朝的民間信仰[32]分為三個層次:第一、國家禮典明文規定,且通祀全國者。第二、由地方政府賦予合法地位的祠祀。第三、由州縣官府判定為淫祠者。城隍神未載入國家祀典,自然是屬於第二層或第三層。而區分這兩層的,是地方官府的支持與否。從另外一個方面來看,官修禮制《大唐開元禮》將全國的祭祀活動分為大祀、中祀與小祀,[33] 其中的小祀包括「諸神祠」這個類別,雷聞認為這即屬於他分類中的第二個層次。這類祠祀多是地方流傳已久的信仰,在面臨水旱災害時,往往是地方官府祈禱的對象,地方官府也認可其合法性。因此,未載入國家祀典,卻為民間崇奉,且是地方政府認可之祭祀對象的城隍神,便是屬於這一

---

[31] 諸多唐人文集與《全唐文》中,有許多地方官向城隍祈禱無水旱之虞的祭文即可看到如此的祭祀習慣。

[32] 雷聞在該文中將佛、道之外的民間信仰稱為「地方祠祀」,因為他認為民間信仰多與地域社會緊密相關。另一方面,民間信仰的表現形態多依託於特定的祠廟。故以「地方祠祀」稱之。亦有學者稱為神祠宗教、祠神信仰與民間祠祀。(雷聞,2009:220)

[33] 《大唐開元禮》:「凡國有大祀、中祀、小祀。昊天上帝、五方上帝、皇地祇、神州、宗廟皆為大祀。日月星辰、社稷、先代帝王、嶽鎮海瀆、帝社、先蠶、孔宣父、齊太公、諸太子廟並為中祀。司中、司命、風師、雨師、靈星、山林、川澤、五龍祠等並為小祀。州縣社稷、釋奠及諸神祀(應為「祠」)並同為小祀。」((唐)蕭嵩,《大唐開元禮》卷 1〈序例上・擇日〉,清文淵閣四庫全書本,[中國基本古籍庫],頁 709。)

類的神祇。

當然，也並非所有的地方官府都承認城隍神，並將之列入地方祀典之中。如李白〈天長節使鄂州刺史韋公德政碑〉記載，唐肅宗初年的鄂州刺史韋良宰雖然曾於大雨洪災時，向城隍神祈求停止潦災。但過了不久，當中使奉敕祭拜各大名山，並準備向鄂州城隍廟獻牲致祭時，韋良宰卻表示「此淫昏之鬼，不載祀典，若煩國禮，是荒巫風。」[34] 地方官員對於城隍神的態度不一致，正如雷聞在文中寫道：「韋良宰視之為淫祀，而張說、張九齡，乃至後來的韓愈、杜牧等人則以地方長官的身分正式祭拜，其祝詞完全遵守了《大唐開元禮》中『諸州祈諸神』條規定的統一格式。」（雷聞，2009：246）這顯示出，城隍神合法性的認定，是由地方官自行決定的，因為《大唐開元禮》將地方祠祀的認可權力交付給了地方官府。不過，雷聞表示，在他檢視的材料中，反對城隍神的例子在唐朝時並不多見。

綜上所言，唐朝時期的國家祭祀禮制分為大祀、中祀與小祀。其中「小祀」所包含的「諸神祠」在《大唐開元禮》中並無明確指涉，具有相當的彈性，通常是代表各地方古老傳統的信仰。多數地方官為了治理成效，會隨順各地區對於這些地方信仰的祭祀習慣，例如官員到任時前往致祭，於水旱之時向該神祈禱風雨調和，以及春秋二時祈報，因此具有相當程度的官

---

[34] 〈天長節使鄂州刺史韋公德政碑〉：「大水滅郭，洪霖注川，人見憂於魚鱉，岸不辨於牛馬。公乃抗辭正色言於城隍曰：『若三日雨不歇，吾當伐喬木，焚清祠。』精心感動，其應如響。無何，中使銜命徧祈名山，廣微牲牢。驟欲致祭，公又盱衡而稱曰：『今主上明聖懷於百靈，此淫昏之鬼不載祀典，若煩國禮，是荒巫風。』」（（清）楊守敬，《湖北金石志》卷5，民國十年朱印本，[中國基本古籍庫]，頁409。）

方性質。城隍神即屬於這一類別的神祇，既有民間的信仰基礎，又具有地方層級的官方合法性。不過，是否承認這些地方信仰的合法性，端視地方官員的態度，因此其中存在著地區的差異。

官方合法性在唐朝僅限於地方層級的城隍神，到了宋朝正式進入國家祀典之中。根據《宋史》〈禮志〉的記載，城隍神已成為了告禮、祈報的祭祀對象之一。其原文如下：

> **告禮**，古者天子將出，類于上帝，命史告社稷及圻內山川。又天子有事，必告宗廟，歷代因之。……建隆元年，太祖平澤潞，仍祭祆廟、泰山、**城隍**，征揚州、河東並用此禮。……是歲[建隆四年]十一月，詔以郊祀前一日，遣官奏告東嶽、城隍、浚溝廟、五龍廟及子張、子夏廟，他如儀。……
>
> **祈報**。《周官》：「太祝掌六祝之辭，以事鬼神，示其福祥。」於是歷代皆有禬禜之事。宋因之，有祈、有報。……祈，……或五龍堂、**城隍廟**、九龍堂、浚溝廟，諸祠如子張、子夏、信陵君、段干木、扁鵲、張儀、吳起、單雄信等廟，亦祀之。……凡旱、蝗、水潦、無雪，皆禜禱焉。[35]

有了國家祀典的加持，等於是從國家的立場為城隍神正名，其官方色彩於是更加濃厚。除了在祀典中佔有一席之地，

---

[35]（元）脫脫，《宋史》卷 102 禮志第五十五，清乾隆武英殿刻本，[中國基本古籍庫]，頁 1103-1105。

城隍神在宋朝獲得皇帝賜封的例子也相當多見。雖然皇帝對於城隍神的封賜最早見於唐朝，[36] 五代也有紀錄，[37] 但是如此的信仰行為在宋朝轉而普遍，並漸趨蓬勃。根據 Valerie Hansen（韓森，1999）的《變遷之神：南宋時期的民間信仰》，朝廷對神祇的賜封在西元 1070 年代突然增多，到了 12 世紀初期（徽宗在位年間），賜封數量更是爆增。而之後的整個 12 世紀，賜封活動不斷。也就是說，大量的賜封活動從北宋後期開始，持續到南宋。（韓森，1999：77）

在如此的發展過程之中，朝廷更將民間祠神的封賜程序統一，並制度化。例如宋高宗建炎三年（西元 1129 年），朝廷敕文規定有靈應的神祠得先賜額再封號，並詳細載明依序封號的等級名稱與字數：

> 建炎三年正月六日敕節文：「神祠遇有靈應，即先賜
> 額，次封侯，每加二字至八字止。次封公，每加二字至
> 八字止。次封王，每加二字至八字止。神仙即初封真

---

[36] 唐·光化元年（西元 898 年），昭宗封華州城隍神為濟安侯。（參考（清）王昶，《金石萃編》卷 156〈華州城隍神濟安侯新廟記〉，清嘉慶十年刻同治錢寶傳等補修本，[中國基本古籍庫]，頁 3041-3042。）

[37] 後梁·開平二年（西元 908 年），梁太祖封會稽城隍龐玉為崇福侯。（參考（清）董誥，《全唐文》卷 101〈答錢鏐奏敕〉，清嘉慶內府刻本，[中國基本古籍庫]，頁 1021。）

後唐·清泰元年（西元 934 年），廢帝封杭州城隍神為順益保寧王，封湖州城隍神為阜俗安成王，越州城隍神龐玉為興德保閱王。（參考（宋）王溥，《五代會要》卷 11〈封嶽瀆〉，清武英殿聚珍版叢書本，[中國基本古籍庫]，頁 97。）

後漢·乾祐三年（西元 950 年），隱帝封蒙州城隍神為靈感王。（參考（宋）王欽若，《冊府元龜》卷 34〈帝王部·崇祭祀三〉，明刻初印本，[中國基本古籍庫]，頁 387。）

人，每加二字至八字止。婦人之神即初封夫人，二字至八字止。並本寺條節文，道釋有靈應合加號者，並加大師，先二字每加二字。」[38]

其後的寧宗於慶元年間（西元 1195-1200 年），又頒布敕文，公告地方奏請朝廷賜封神祇的官定流程：

慶元令：「諸道釋神祠祈禱靈應，宜加官爵、封號、廟額者，州具事狀保明申轉運司，本司委隣州官躬親詢究，再委別州不于礙官覆實訖，具事實保奏。」[39]

皇帝對於神祇的封賜，意義在於承認神祇的威力、回報神祇的靈驗。因此，這代表了城隍神在宋朝國家信仰上的地位提升。而且，根據 David Johnson（1985）的整理，城隍廟在八世紀時有 15 間，九、十世紀累計有 53 間，十一、十二世紀則累計了 95 間。從這些統計數據可以看出，城隍廟的數量在唐末至宋時快速增加。總結來說，宋朝時，城隍信仰正式進入國家的宗教體系，在信仰上的地位從地方層級晉升至中央。在硬體建設上，城隍廟的興建也相當繁盛。

時至元朝，朝廷對於城隍神與城隍廟的重視並未因為非漢政權的統治而消退。元世祖忽必烈於至元五年（西元 1268 年），在上都開平府興建城隍廟，至元七年（西元 1270

---

[38]（清）曾國荃，《（光緒）湖南通志》卷 282 藝文志三十八〈宋渠渡廟賜靈濟額牒〉，清光緒十一年刻本，[中國方志庫]，頁 9384。

[39]（清）阮元，《兩浙金石志》卷 12〈宋勅賜忠顯廟牒碑〉，清道光四年李標刻本，[中國基本古籍庫]，頁 351。

年），在大都燕京興建大都城隍廟，並封該城隍神為祐聖王。根據《道園學古錄》收錄的〈大都城隍廟碑〉記載，元世祖時，朝廷興建城隍廟，賜城隍神封號，並且於廟旁築宮，由道士段志祥來主持該廟。文中甚至記載：「**自內廷至於百官庶人，水旱疾疫之禱，莫不宗禮之。**」[40] 可見得元朝廷在信仰上對於城隍神的依賴。同文記載，歷時五十餘年的元文宗時，朝廷出資修葺大都城隍廟，並追封城隍神為護國保寧佑聖王。[41] 也就是說，元朝廷除了延續宋朝對於城隍神的朝廷封賜，還在國家首都內興建城隍廟，賦予大都城隍神「國家守護神」的象徵，更甚而投入國家資源於城隍廟的興建與修葺。同時，主持城隍廟的道士被封為道官，也獲朝廷所頒之官階印信。[42]這顯示，到了元朝，城隍神除了具有中央層級的國家信仰地位，其信仰範圍更進入宮廷之內。

自宋朝開始，城隍神從地方正式進入國家祀典之中，成為告禮與春秋祈祭的對象之一。徽宗之後，朝廷還經由規定明

---

[40] （元）虞集，《道園學古錄》卷 23〈大都城隍廟碑〉，四部叢刊景明景泰翻元小字本，[中國基本古籍庫]，頁 276。

[41] 同上註，頁 276-277。

[42] 童梓〈加封聖號頒降宣命記〉：「世祖皇帝定都於燕，既城既隍，爰命太保臣劉秉忠建神祠於坤維，賜額曰佑聖王廟。迨天歷己巳，文宗勑參知政事臣趙世安加封神曰『護國保寧』。……先是，廟祠香火日盛，闓闔灑掃未有主者。長春道士張志忠承詔，薦葆光大師段（應為「段」）志祥領其事。遂度廟東隙地，建元元殿，傍為環宇，以居道流。俾甲、乙住持以守神祠。歲久，提點王道從退休於西堂。至是，**降璽書授守真純素明善大師張德元住持本宮，善應元明守一大師商慎，和崇元明善達妙大師朱德明並提點本宮事，頒給五品印信**。前御史趙元僧時為集賢都事，實相成之。衆復送志靜淳真大師楊德益為宮門提舉，兼提點宮門事。咸議立石以紀盛典，復謀於本立經其費，乃徵予記。」（（清）于敏中，《日下舊聞考》卷 50，清文淵閣四庫全書本，[中國基本古籍庫]，頁 583-584。）

確，且多道程序的賜封制度大規模地授予封號。觀察城隍信仰的歷史軌跡，會發現，城隍信仰自六朝興起，隨著時間推移，其信仰行為的內容逐漸劃入國家的操作範圍之內，並以明文來規範，這也表示城隍信仰逐漸朝著國家制度化的方向發展。到了明朝，其制度化的範圍更是擴大，包括將全國各級行政城市的城隍廟納入統一的規範標準之中，而且規範的項目內容更為徹底。

　　明太祖於即位之初即進行禮制改革，並在其禮制改革中，利用城隍信仰作為國家統治的宗教手段。首先，洪武三年改制，依官僚行政層級將城隍神定為都、府、州、縣四個級別，每個行政城市裡都建有城隍廟，並且將城隍祭祀列入國家祀典。根據記載明代典章制度的《大明會典》，都城隍的祭祀，和祀於首都山川壇的太歲、月將、風雲雷雨、嶽鎮海瀆、山川、旗纛諸神一樣，是屬於國家祭祀等級中的「中祀」。[43]

---

[43] 《大明會典》卷 85 禮部四十三〈神祇〉：「國初建山川壇於天地壇之西，正殿七間，祭太歲、風雲雷雨、五嶽、五鎮、四海、四瀆、鍾山之神，東西廡各十五間，分祭京畿山川、春夏秋冬四季月將，**及都城隍之神**。壇西南有先農壇，東有旗纛廟，南有耤田。洪武二年，封京都及天下城隍神。三年，正嶽鎮海瀆城隍諸神號，合祀太歲、月將、風雲雷雨、嶽鎮海瀆、山川、城隍、旗纛諸神。又令每歲用驚蟄、秋分各後三日遣官祭山川壇諸神。是日，**上皮弁服**，御奉天殿降香。……」（（明）申時行，《大明會典》卷 85 禮部 43〈神祇〉，明萬曆內府刻本，[中國基本古籍庫]，頁 883-884。）
前段引文提到，於山川壇祭祀都城隍等諸神，祭祀當日，祭祀者需身著「皮弁服」。「皮弁服」乃「中祀」規定穿著的服飾，因此列位於首都山川壇祭祀的都城隍神，屬於中祀的祭祀等級。
關於「中祀」的規範，《大明會典》〈祭祀通例〉記載的原文如下：「國初以郊廟、社稷、先農俱為大祀，後改先農及山川、帝王、孔子、旗纛為中祀，諸神為小祀。嘉靖中，以朝日、夕月、天神、地祇為中祀，凡郊廟、社稷、山川諸神皆天子親祀。……**凡服大祀冕服，中祀皮弁服，陪祀諸臣各用本品梁冠祭服**。凡牲四等，曰犢，曰牛，曰太牢，曰少牢，色尚騂或黝，大祀入滌九旬，中祀三旬，小祀一旬。……洪武十一年，議定在

而府、州、縣城隍則列入「群祀」之中，[44] 由各地方官吏於春、秋二季致祭。祭祀的祭前齋戒日數、祭祀時致祭者所著之服，以及祭牲、祭品、拜禮與祝、祭文等，皆依各祭祀分級而有不同的規格。同樣在洪武三年，明太祖下詔書，規範全國各級城隍廟之廟制，要求各級官府仿官衙的形制修建城隍廟，連座椅、書案都同規格。以上這些措施都一一完備了一套關於城隍信仰的軟、硬體制度。

其次，還規定明朝各級行政區的厲壇由城隍神主祭。在《大明會典》中，祭厲的儀注規定於祭祀當日，設城隍位於壇上，無祀鬼神則於壇下的左右。行禮獻酒之後，主祭官宣讀祭文，祭文的內容為：

> 維洪武年月日，**某府官某**，遵承禮部劄付，為祭祀本府
> 闔境無祀鬼神等眾，該欽奉 皇帝聖旨……在京都有泰
> 厲之祭，在王國有國厲之祭，在各府州有郡厲之祭，在
> 各縣有邑厲之祭，在一里又各有鄉厲之祭。期於神依人
> 而血食，人敬神而知禮。**仍命本處城隍以主此祭**，欽奉
> 如此。……[45]

京大祀，中祀用制帛，在外王國及府、州、縣亦用帛，小祀止用牲醴。」（（明）申時行，《大明會典》卷 81 禮部三十九〈祭祀通例〉，明萬曆內府刻本，[中國基本古籍庫]，頁 853-854。）

[44] 《大明會典》中，關於府、州、縣城隍祭祀的記載是編入「群祀」（亦為小祀）之中。（參考（明）申時行，《大明會典》卷 94 禮部五十二·群祀四·有司祀典（下），明萬曆內府刻本，[中國基本古籍庫]，頁 951-954。）

[45] （明）申時行，《大明會典》卷 94 禮部五十二·群祀四·有司祀典（下）〈祭厲〉，明萬曆內府刻本，[中國基本古籍庫]，頁 955-956。

　　並且，明朝《禮部志稿》〈官員禮〉記載了這麼一則規定：「宣德十年，奏准各布政司、按察司、府、州、縣新官到任，于本處城隍廟，會請應祀諸神，用豬、羊二牲總祀。」[46]要求新官赴任必先至城隍廟祭拜。從這兩項規定來看，各級地方官赴任之初即須先向城隍神稟告，而祭厲時，地方官則命城隍神為主祭，如此顯然有陰陽表裡之意。明朝的城隍制度與國家的官僚結構套疊而成其信仰體制，在如此的體制化之下，自明初開始，官民皆有基本的共識，認為城隍在階級、職能上，與府、州、縣首長是冥陽相對應的。

　　如前所述，城隍神既擁有官方規格的硬體建置，亦受賦予相當的官方代表性，因此有些公署機構便設置於城隍廟內。包括負責掌管道教事務的官方機構：府級的道紀司、州級的道正司和縣級的道會司，負責掌管佛教事務的官方機構：縣級的僧會司，以及教授天文學的官方學校「陰陽學」。筆者於《中國方志庫》中蒐羅，城隍廟內設置的道教官方機構即有道紀司五筆，道正司一筆，以及道會司九筆，佛教官方機構有僧會司一筆，而設於城隍廟內的陰陽學則有九筆。[47]（此統計乃筆者

---

[46] （明）林堯俞、俞汝楫等編修，《禮部志稿》卷 17 儀制司職掌八．官員禮．〈官員到任〉段 481。[中研院史語所漢籍電子文獻資料庫]。
　　　然而，根據（明）葉盛所著的《水東日記》，新官上任先赴城隍廟謁神，乃於洪武四年過後沒多久下的詔令。其原文為：「[洪武]四年，特敕郡邑里社各設無祀鬼神壇，以城隍神主祭，鑒察善惡。未幾，復降儀注，新官赴任，必先謁神與誓，期在陰陽表裏，以安下民。」（（明）葉盛，《水東日記》卷 30，清康熙刻本，[中國基本古籍庫]，頁 144。）

[47] 將公署機構設置於城隍廟的地區如下：
　　　道紀司：青州府、福州府、河間府、兗州府、趙州。
　　　道正司：蘭州。
　　　道會司：高苑縣、潮縣、嘉定縣、石埭縣、蕭山縣、章邱縣、浙江縣、尉氏縣、尉氏縣。

於 2013 年 9 月 15 日在《中國方志庫》中檢索的結果。此時，《中國方志庫》尚未建置完備所有地區與時期的方志資料，且其中的明朝方志幾乎集中在明‧成化年之後。）

　　明朝廷將城隍神的祭祀，列入國家祭祀級別中的中祀（都城隍）與群祀（府、州、縣城隍），全由官方負責春、秋二季的祭祀。並以國家官僚結構為骨架建構了一個城隍神靈體制，這是歷史上前所未見的，而與其相關的軟、硬體規範，亦有別於以往地徹底，並一一載入祀典之中。城隍信仰不僅成為名符其實的官方宗教，在官方宗教的神靈世界裡，城隍神也成為各級地方官。而且，這個官定城隍制度屬於全國通制，由上至下擴展至各行政區，對於人們的城隍信仰概念產生相當的影響。

　　然而，根據巫仁恕（2000）的研究，明初過後，地方官在執行城隍祀典儀式的態度已大不如前，馬虎或是忽略的態度反而讓民間有更大的空間發展出民間的城隍儀式。其中最重要的變化，就是官方每年三次迎城隍神主祭厲壇的儀式，在明代中期之後，許多地方是由次要官員來主持厲祭，而祭厲的儀式也被民間轉化為城隍的「三巡會」節慶。此外，地方志的資料顯示，明‧嘉靖年間（西元 1522-1566 年）已經開始出現了在國家官僚層級中不具體制地位的「鎮」城隍廟。[48] 這顯示城隍

　　僧會司：安邱縣。

　　陰陽學：建昌府，贛州府之贛縣、興國縣、安遠縣，以及江西布政使司之新城縣、廣昌縣、雩都縣、興國縣、瑞金縣。

[48]《（嘉慶）黎里志》卷 3〈祠廟〉記載，嘉靖年間，蘇州府吳江縣黎里鎮有城隍廟。

《（嘉慶）安亭志》卷 14〈祠廟〉記載，嘉靖年間，太倉州嘉定縣安亭鎮有城隍廟。

（申浩，1999：91。）

與陽間官僚對應的體系開始有所鬆動。濱島敦俊（2008）的研究發現，江南鎮城隍廟在歷史上的相對初期，多數奉祀的是其位置所在地的府、縣城隍。其中也有一些例外，如由原聚落守護神的土地廟升格而成的，也有自東嶽廟轉型為城隍廟的。（濱島敦俊，2008：218-219）而到了清初，亦出現了不在祀典中的，與「城」和「地方首長」無關的業務官僚城隍，如布政使、按察使、糧巡道、漕運總督，甚至是江南織造的城隍。這些現象反映出明末清初時，有了不同於明初的城隍神概念。（濱島敦俊，2008：120-121）

　　清朝官修的《大清會典則例》記載：「[順治]四年，奏準太歲、都城隍等祭均仍舊例，遣官行禮，其祝辭用清文承祭，並贊禮均用滿官。」這條則例透露，從清代的官方立場來說，城隍祭祀儀禮基本上是延續明朝舊制的。然而，其中有一點差異，在於清朝廷將所有級別的城隍神祭祀均列入「群祀」之中。《清史稿》的記載如下：

　　　　大祀十有三……。中祀十有二……。羣祀五十有三：季夏祭火神，秋仲祭**都城隍**，季祭礮神。春、冬仲月祭先醫，春、秋仲月祭黑龍、白龍二潭，暨各龍神……其北極佑聖眞君、東嶽、**都城隍**，萬壽節祭之。……各省所祀，如社稷、先農、風雷、境內山川、**城隍**、屬壇、帝王陵寢、先師、關帝、文昌、名宦賢良等祠、名臣忠節專祠，以及為民禦災捍患者，悉頒於有司，春、秋歲

薦。[49]

　　雖然都城隍與其他級別的城隍神祭祀有所差異，如都城隍定於秋仲及皇帝聖誕的萬壽節祭祀，而其他城隍神則是於春、秋二季定時致祭，但是所有級別的城隍神皆列入「群祀」之中。

　　清朝的城隍信仰概念大致上繼承自明朝，城隍信仰同樣屬於重要的官方宗教，各級城隍神也同樣與行政體系對應，形成一個清楚的科層體制。以臺灣這個清朝的新領地為例，自進入清領時期（康熙 21 年，西元 1683 年起）之後，幾乎每有行政區設立，其後即建有城隍廟，各城隍神依其行政級別而領頭銜。那麼在中央呢？《大清會典則例》中記載，雍正四年時（西元 1726 年），皇帝奏准建內城隍廟奉紫禁城城隍之神。雍正九年（西元 1731 年），又奏准於皇城西安門內建廟，奉皇城城隍之神。[50]紫禁城城隍神與皇城城隍神的祭祀儀禮皆比照都城隍神：

　　　　建城隍廟於紫禁城內西北隅，奉紫禁城城隍之神。建永

---

[49] （民國）趙爾巽，《清史稿》志六十四禮一，民國十七年清史館本，[中國基本古籍庫]，頁 1310。

[50] 「［雍正］四年，奏准建內城隍廟於紫禁城內西北隅，以奉紫禁城城隍之神。每歲萬壽聖節及季秋，與都城隍廟同日致祭，祭品同遣內務府總管行禮。」（（清）官修，《大清會典則例》卷 161，清文淵閣四庫全書本，[中國基本古籍庫]，頁 2650。）
「［雍正］九年，奏准建廟於皇城西安門內，以奉皇城城隍之神。歲祭之，期及祭品、遣官均與內城隍廟同。是年，欽定皇城城隍廟曰永佑廟。」（（清）官修，《大清會典則例》卷 161，清文淵閣四庫全書本，[中國基本古籍庫]，頁 2652。）

佑廟於皇城西安門內，奉皇城城隍之神。一如祭都城隍
廟之禮，歲以萬壽聖節，並季秋遣內務府總管各一人致
祭。[51]

　　也就是在雍正皇帝時，清朝的都城內奉有都城隍神；在都
城的內城——皇城，奉有皇城城隍神；而皇城內的皇宮紫禁
城，還奉有紫禁城城隍神。都城有三道城垣保護皇城內的官吏
與皇室，也有三位城隍神在保護著。雖然在談論明清時期的城
隍信仰時，多數的討論都聚焦於城隍信仰被當成一種國家統治
的宗教手段。但是一路朝國家制度化發展的城隍信仰，受到國
家重視的，看來也不只其政治性，皇帝對於城隍神的信仰也是
推進其發展的原因之一。

　　城隍信仰自六朝時期興起，於唐朝時在官方宗教的地圖上
開始隱隱浮現，雖然未被列入國家祀典之中，然而許多地方官
員承認其合法性，並在地方官府的祭祀習慣中佔有相當的地
位。到了宋朝，城隍神的官方合法性由地方層級的祭祀習慣，
提升到國家祀典的祭祀層級，在官方的宗教地圖上便有了明確
的位置。之後，元朝廷首度投入國家資源，主動計畫城隍廟的
興建及修繕，於首都興建城隍廟，並賦予國家守護神的象徵。
城隍神接近了中央，其信仰的正統性即受到強化。接下來，明
太祖實施禮制改革，在官方宗教的定位上，將城隍神列入國家
祭祀層級的中祀（都城隍）與群祀（府、州、縣城隍）。在形
態上，則將政治上的行政結構與官方宗教的圖像套疊，建立一

---

[51] （清）允祹，《大清會典》卷 88，清文淵閣四庫全書本，[中國基本古籍
庫]，頁 429-430。

個體系化的城隍信仰，城隍神「天界地方官」的角色由是確立。自此而後，這個城隍信仰的結構穩固，延續至帝制時期終了。

三、城隍神的職能

　　中國神祇之眾，各有所職，以滿足人們各式的信仰需求。在宗教這一塊神靈的服務市場中，城隍神現今最為人所知的，是司法、掌理陰間與保境安民的職能。臺灣新竹都城隍廟著名的「脫枷消業植福法會」模擬古代犯人被押解遊街示眾，參加法會的民眾為了贖罪，頸戴紙枷遊街，廟內的主神城隍爺即象徵古時具有審判權力的地方官。此外，我們偶爾也會看到一些新聞，報導警察赴城隍廟上香祈求破案，[52] 也有民眾赴城隍廟告狀請城隍爺幫忙主持公道。[53] 這些都是因城隍神的司法職能而出現的信仰行為。而且，因城隍神也掌理陰間，臺南首邑城隍廟著名的「城隍夜巡」活動，在農曆八月初進行，即是為了將七月結束時應歸而未返陰間的好兄弟們帶回，以避免留

---

[52] 2012 年 5 月 24 日，「今日新聞網」報導，刑警大隊偵 23 日特別前往新竹城隍廟上香，祈求城隍業保佑平安、順利破案，而刑警剛踏出廟門就撞見毒販交易，當場人贓俱獲。（資料來源：http://www.nownews.com/2012/05/24/13 8-2817091.htm，2012/05/24。）
2010 年 7 月 27 日，「自由時報電子報」報導，臺中市長胡志強為發生在 5 月 28 日的臺中市角頭翁奇楠命案，赴臺中城隍廟，焚香祈求城隍爺大顯神威，讓這個已滿兩個月的案子早日破案。（資料來源：http://www.libertytimes.com.tw/2010/new/jul/27/today-t3.htm，2013/10/02。）

[53] 2011 年 4 月 2 日，「自由時報電子報」報導，不甘遭解僱的嘉市議會員工，率親友到嘉邑城隍廟上疏告狀，請城隍爺還他們公道。（資料來源：http://www.libertytimes.com.tw/2011/new/apr/2/today-center20.htm，2013/10/02。）

在陽間作祟。各城隍廟也多於城隍神聖誕之日請出城隍神巡遶轄境，親自驅邪鎮煞，確保轄境內一切平安。

前面所舉臺灣現時存在，與城隍神有關的各種信仰行為，都緣於城隍神的角色與職能。那麼，城隍神自早期城牆神格化的概念，發展至今日司法、掌理陰間與保境的角色，中間歷經了如何的發展呢？歷史上與城隍神職能相關的記載，多存在於祭文、廟記和筆記小說之中。有些學者與碩士論文已進行過收集與整理，如鄧嗣禹（1980）、王淡玲（1993）、郝鐵川（2003）、孟文筠（2003）、賴亮俊（2006），和謝玲玉（2010）等。此一分節，筆者擬將於二手文獻看到的資料，與在《中國基本古籍庫》和《中國方志庫》收集到的城隍神祭文一併整理，呈現出城隍神職能發展的軌跡。

（一）南北朝

最早一則述及城隍神職能的文獻，是《北史》的〈慕容儼傳〉。這則文獻記載，北齊·天保六年（西元 555 年）時，南朝蕭梁的軍隊兵臨郢城，並於上游設障礙物阻塞水路。防守的慕容儼為了安撫軍心，赴城中的城隍廟祈禱。不久之後，大風吹起河面巨浪，將障礙物沖斷。並且如此再三地破壞蕭梁軍隊層層加強的防禦工事，使得慕容儼最終得以擊潰敵軍。城中民眾皆認為是城隍神的協助，才能以自然之力摧毀敵軍工事。[54]
在此則故事中，城隍神展現了守護城池、軍事防禦的能力。

---

[54]（唐）李延壽，《北史》卷 53〈列傳第四十一·慕容儼傳〉，清乾隆武英殿刻本，[中國基本古籍庫]，頁 832。

（二）唐朝

　　除了守護城池，南宋時期張建的〈華州城隍神濟安侯新廟記〉記載，唐‧乾寧三年時（西元896年），華州刺史韓建欲行刺昭宗，遭該地城隍神厲聲喝叱道：「汝陳、許間一卒爾，蒙天子厚恩至此，輒敢為弒逆事乎？」韓建於是倉皇而退。華州城隍神也因護駕有功，獲昭宗封為濟安侯。[55] 也就是說，在唐朝時，城隍神的守護職能，開始擴展到維護君臣倫常，保護君主安危。除此之外，人們在這個時期對於城隍神的祈求還包括有守護城邑、放晴降雨、消災降福、農作豐收和驅除蟲獸。張說於開元五年（西元 717 年）所寫的〈祭城隍文〉寫道：

> 維大唐開元五年，荊州大都督府長史上柱國燕國公說，昭告于城隍之神：「山澤以通氣為靈，城隍以積陰為德，致和產物，助天育人。人之仰恩，是關祀典。恭承朝命，綱紀南邦，式崇薦禮，以展勤敬。庶降福四甿，登我百穀，猛獸不搏，毒蟲不螫，精誠或通，昭鑒非遠。尚饗。」[56]

　　文中即有降福於民、百穀豐收、蟲獸不為害的祈求內容。而唐朝小說中描述的城隍故事，除了展現出城隍神有守護城邑的職能，還有了掌管冥籍之權。《太平廣記》〈報應二十三‧

---

[55] （清）王昶，《金石萃編》卷 156，清嘉慶十年刻同治錢寶傳等補修本，[中國基本古籍庫]，頁 3041-3042。

[56] （清）董誥，《全唐文》卷 233〈祭城隍文〉，清嘉慶內府刻本，[中國基本古籍庫]，頁 2343。

冤報〉裡有一則故事即描寫城隍神持有記錄陽間人壽命的簿籍，並有命令鬼使捉拿命終之人的權力。[57]〈神十三·宣州司戶〉這則故事則敘述一位宣州司戶死後，首先即是被帶往城隍神面前審判功過。[58]

（三）宋朝

在宋朝的小說中，城隍神的職權繼續擴展。《夷堅志》的〈翁吉師〉這則故事，提到在崇安縣裡有一位巫師，平日替人問事治病靠著的是城隍神的協助。[59]而另一則〈城隍門客〉的故事，則提到城隍之下，有部屬專職掌有科舉登第人員的名籍。[60]在《括異志》中，還出現了向城隍神求嗣的故事。該故事的主角張氏夫婦年逾四十，膝下無子，因而向城隍神求嗣。張氏夫婦雖然命中沒有子息，但城隍神念及該夫婦虔誠祝禱，因而賜其一子，該子即為判官所投生。[61]另一方面，關於陰間事務的職權，城隍神除了主掌冥籍，尚司因果報應之事。一部山東志書《齊乘》記載一則關於城隍廟的傳說，內容描述在金·正大年間，益都有一位潘府尹因過去曾經枉殺二人，因此城隍神到他的夢中告訴他是時候償還了。之後，便有

---

[57]（宋）李昉，《太平廣記》卷 124〈報應二十三·冤報·王簡易〉，民國景明嘉靖談愷刻本，[中國基本古籍庫]，頁 533。

[58]（宋）李昉，《太平廣記》卷 303〈神十三·宣州司戶〉，民國景明嘉靖談愷刻本，[中國基本古籍庫]，頁 1341-1342。

[59]（宋）洪邁，《夷堅志》夷堅丁志卷 6〈翁吉師〉，清十萬卷樓叢書本，[中國基本古籍庫]，頁 330-331。

[60]（宋）洪邁，《夷堅志》夷堅丁志卷 20〈城隍門客〉，清十萬卷樓叢書本，[中國基本古籍庫]，頁 202-203。

[61]（宋）張師正，《括異志》卷 9〈張司封〉，宋鈔本，[中國基本古籍庫]，頁 38。

兩個鬼跟著他，府尹並在隔年過世。[62] 從這些宋朝的小說故事與傳說中，可以歸納出，相較於以往，城隍神多了治病、掌有科舉名籍、賜子嗣，和司掌因果報應的職能。

（四）元朝

　　元朝時期的城隍廟記與文人筆記中，仍可見到城隍神守護防禦的職能。收錄於元‧余闕《青陽先生文集》中的〈安慶城隍顯忠靈祐王碑〉描述道，至正年間（西元 1341-1370 年），江淮以南盜賊肆亂，許多郡縣都陷於爭亂之中。安慶城民每每與盜賊作戰前，必先向城隍神問卜，因而屢傳捷報。所以相較其他郡縣，安慶城的城郭和房舍多能得到保全。[63] 而元朝時不同於以往地，是城隍神多了在陰、陽兩界查案審判的職權。元‧陶宗儀的筆記《南村輟耕錄》中，〈應之紹〉一文說的是嘉興路城隍司准許海寧州城隍司為一位受冤跳水的女子陸小蓮提告。最後，導致陸小蓮死亡的三位關係人都不得善終而亡。[64] 元‧趙鵬的〈重修融縣城隍廟碑〉裡，則提到融州有位婦人的錢財被人偷走，求助於管軍總管。管軍總管蔡榮愕對城隍神祈求擒獲賊寇時說道：「千里之境，官職其著，神職其幽。日用飲食，徧為爾德。今城境寅有竊寇，且距神宇不遠伊邇，神必潛知之。當期三日，倘有以發其狀，使此寇就吾擒，則當再新祠堂，重飾肖像，以重明神之靈。不爾，將有辭於神，神

---

[62] （元）于欽，《齊乘》卷 4，清乾隆四十六年刻本，[中國基本古籍庫]，頁 66。

[63] （元）余闕，《青陽先生文集》卷 2 碑，四部叢刊續編景明本，[中國基本古籍庫]，頁 11-12。

[64] （元）陶宗儀，《南村輟耕錄》卷 11，四部叢刊三編景元本，[中國基本古籍庫]，頁 80-81。

不容逭其責矣。」三日之後，人贓俱獲，遂破案。[65] 如此可見，這一個時期的城隍神開始有司法審查的職能。

（五）明朝

明朝時，城隍神如同以往一樣，能夠放晴降雨、消災賜福、致使農作豐收，和賜人子息，並司因果報應之事。不過，因為城隍信仰載入祀典，正式成為官方宗教，因此城隍神保護防禦和司掌陰間之事的職能都開展至不同的層次。例如戚繼光於嘉靖三十八年（西元 1559 年）任參將，屯駐海門衛，負責沿海防禦，以擊退當時屢屢侵犯的日本倭寇。當他於嘉靖三十九年（西元 1560 年）陷於苦戰之中，即撰寫〈祭城隍〉一文向城隍神祈禱求助。[66] 這表示，城隍神除了守護城池，也擔負國家防禦的責任。而在司掌陰間之事一方面，《會典》賦予城隍神屬壇主祭的角色，監管境內無祀鬼神能有所歸，不在陽間為祟。如此即有皇帝正式賦權由城隍神於冥間作主的意義。並且，祭文最後寫道：

> 凡我一府境內人民，儻有忤逆不孝、不敬六親者，有姦盜詐偽、不畏公法者，有拘曲作直欺壓良善者，有躲避差徭靠損貧戶者，似此頑惡姦邪不良之徒，神必報於城隍發露其事，使遭官府。輕則笞決杖斷，不得號為良民，重則徒流絞斬，不得生還鄉里。若事未發露，必遭

---

[65] （清）汪森，《粵西詩文載》卷 38，清文淵閣四庫全書本，[中國基本古籍庫]，頁 968。

[66] （明）戚繼光，《止止堂集》橫槊稿下，清光緒十四年山東書局刻本，[中國基本古籍庫]，頁 62。

陰譴，使舉家並染瘟疫，六畜田蠶不利。如有孝順父
母，和睦親族，畏懼官府，遵守禮法，不作非，為良善
正直之人，神必達之城隍，陰加護佑，使其家道安和，
農事順序，父母妻子保守鄉里。我等闔府官吏等，如有
上欺朝廷，下枉良善，貪財作弊，蠹政害民者，靈必無
私，一體昭報。[67]

其文意即表明，城隍神有主掌鑒察官民，並依情節裁罰之
職權。

其次，城隍神在朝廷建構的信仰體制之中成為了神靈世界
的各級地方官，因此也成為了人間告狀申冤的對象，如同人們
至官府向地方官遞狀申告般。在明末的筆記小說中，即可見到
人們向城隍神告狀的故事。例如明・陸粲所著《庚巳編》的
〈鄭灝〉這一則故事，其內容是描述數十名受雇於鄭灝的傭
工，因鄭灝於娶妻時遺失了一只重達數兩的銀盃，而相率列名
書狀，投至城隍神祠為誓，以表明自身清白的故事。[68]

另外，城隍也司掌瘟疫，在祭文中，即見地方官員向城隍
神祈求驅逐瘟疫，其內容如下：

驅疫文
維嘉靖三十一年，歲次壬子七月辛巳朔，越二十五日乙
巳，應天府六合縣知縣董邦政敢昭告于　城隍司瘟之神

---

[67] （明）申時行，《大明會典》卷 94 禮部五十二，明萬曆內府刻本，[中國
基本古籍庫]，頁 956。

[68] （明）陸粲，《庚巳編》卷 4〈鄭灝〉，明萬曆紀錄彙編本，[中國基本古
籍庫]，頁 20。

曰：「惟神司天五屬，代宣陰辟，所以殛惡罰滛，非漫為之也。茲者疫毒昌熾，邑民相染為灾，政忝牧茲土，用是秉虔，上質于神。……而神保釐茲土，愈有聞千無窮，不其□哉？特具牲致禱，惟神其鑒佑之。」[69]

城隍神也能延人壽命。在明人朱國禎的筆記《湧幢小品》中，記載了一則故事：一個名叫張才少的人，有日夢見冥司派差役來帶他，冥司調閱簿籍之後，說他的壽命還剩下兩年。過不久，張才少入了鄉薦名單，又夢見自己到了冥府。有位叫葉落凋的人告訴他說：「爾壽止三十二，緣心地好，增算倍之。」接著又有一位身著官服的人對他說同樣的話，且說：「已改註祿籍。」張才少問那人是誰？葉落凋答道：「天下都城隍」。之後，張才少果真活到六十四歲才過世。[70]

同時，城隍神一角也開始出現在科場的異聞錄中。《前明科場異聞錄》記載，正統六年時，考生王用予等人於鄉試舉行之前夜宿文昌行宮，夜裡忽然有人催促他們說：「起！帝君升殿已。」之後，便看見天下各城隍神彙送鄉試榜冊子至文昌帝君之處。（參考鄧嗣禹，1980：79。）除了持有桂籍，城隍神的權力還擴大而能夠影響命定的結果。例如有些命中註定能通過科舉為官的人，若其行為不檢或是做惡，城隍神也有權向上舉報，拔除其籍。明朝沈德符所著的筆記《萬曆野獲編》即記載，嘉靖五年時，有位太僕少卿之子陸杏源以淫褻之事求於都

---

[69] （明）董邦政，《（嘉靖）六合縣志》卷 7，[中國方志庫]，明嘉靖刻本，頁 493-494。

[70] （明）朱國禎，《湧幢小品》卷 19〈冥司牌〉，明天啓二年刻本，[中國基本古籍庫]，頁 301-302。

城隍神。城隍神大怒，喚人檢視其命祿，得知陸杏源註定中狀元，官至吏部左侍郎，享年七十九歲。城隍神表示既不能殺了他，便秉奏上帝。奏准，即革除其命中註定的狀元與官職，並使終身既貧又癡。[71] 如此可見，城隍神有司掌科場功名之權。

綜前所述，明朝時期的城隍神不同於以往的是，因為具有官方宗教的身分，且被定位為神靈世界的各級地方官，因此保護防禦和司掌陰間之事的職能都開展至不同的層次。並且，城隍神還有權鑒察官民，並依情節裁罰。而驅除瘟疫、延人壽命，以及司掌科場功名之事也在城隍神的職能範圍之內。最後，在明朝的城隍祭文中，還可以發現祈求驅除蟲獸的文章變多了。其中包括祈求伏虎、驅象、驅蝗等類。

（六）清朝

清朝時，城隍神的司法仲裁職能更加鮮明。在清朝文人的筆記小說中，常見城隍神審理案件、為人仲裁的故事。紀昀的《閱微草堂筆記》記載了浙江有位士人夜裡夢見自己被領到都城隍廟，為一件控訴案件作證。該故事中，都城隍神即為堂上法官。[72] 此外，樂鈞《耳食錄》中的〈秦少府〉、蒲松齡《聊齋志異》的〈老龍船戶〉、袁枚《子不語》的〈算命先生鬼〉、〈土地神告狀〉和〈城隍殺鬼不許為釁〉等故事都是記述這類內容。

---

[71] （明）沈德符，《萬曆野獲編》卷 28〈甲戌狀元〉，清道光七年姚氏刻同治八年補修本，[中國基本古籍庫]，頁 535。

[72] （清）紀昀，《閱微草堂筆記》卷 4，清嘉慶五年望益書屋刻本，[中國基本古籍庫]，頁 55。

其次，因為明朝的祭厲制度延續至清朝，所以受到城隍神監管無祀鬼魂的觀念影響，除了清明、七月十五日，和十月一日一年三次於城郊厲壇祭厲的日子，若遇上意外事件，人們擔心無祀遊魂為祟，也會祈請城隍神引導遊魂回歸故土。道光八年（西元 1828 年）一篇〈牒臺灣府城隍文〉寫道：

> 船隻或阻淺、阻風，不得徑出、徑入，間值滔天巨浸，人力難施，往往失事，其險倍於外洋。……近日海吼異於前時，焉知非遊魂為厲？往禱設醮，已罄有司之忱。仰惟威靈公爵秩尊顯，如一路之福星。海島商民內渡，必官給照乃行；**想幽明事同一體，為此牒呈神鑒。伏冀俯念無主遊魂，陷於險遠，思歸不得，默賜引導，護還故鄉。**……[73]

另一篇寫於道光三十年（西元 1850 年）的〈祭溺海文〉也寫道：「**無主遊魂，當牒請城隍默賜引導，護還故土，得享族類禋祀，無為此邦疵癘。**」[74] 可見得人們認為若一地意外頻傳，應是留滯人間的無祀鬼魂為祟，於是請出有職權管束無祀鬼魂的城隍神導亂為正。

除了監管無祀鬼魂，城隍神還有鎮煞、鎮邪、驅妖的職能。以下分別舉三則方志中的故事與祭文為例：清‧同治的《湖州府志》記載一則傳說：德清縣的城隍廟內有古井為蜃的

---

[73] 《臺灣文獻叢刊 17 治臺必告錄》卷 2〈蠡測彙鈔——牒臺灣府城隍文〉，[中研院臺史所臺灣文獻叢刊資料庫]，頁 121-122。

[74] 《臺灣文獻叢刊 17 治臺必告錄》卷 5〈斯未信齋文集——祭溺海文〉，[中研院臺史所臺灣文獻叢刊資料庫]，頁 350-351。

巢穴，於是當地父老以土填塞，並置城隍神像於井上以鎮之。
[75] 清‧嘉慶《續修臺灣縣志》還記載一則城隍殺妖怪的故事：鳳山有民婦被妖怪騷擾，知縣獲知之後即齋戒，並牒告城隍神。隨後忽然一聲雷震，妖怪即死，不再為害。[76] 清‧乾隆《盱眙縣志》內也收錄了一篇牒請城隍神，為縣內居民周燦家驅妖的驅妖文。[77]

　　總結來說，城隍神的職能隨著時間的發展漸趨多元。自唐朝迄今，協助防禦、保佑農作豐收，以及放晴降雨一直是城隍神的職司範圍。賜人子息、為人治病的傳說，則始於宋朝。元朝時，城隍神審案仲裁的角色出現，至明末，筆記小說裡開始有了人們到城隍廟告狀的故事。這樣的故事到了清朝則更多，（巫仁恕，2000：177）城隍神的司法角色也更加鮮明。此外，城隍信仰於明、清兩朝納入正式的官方宗教，城隍神被定位為神界地方官，不僅成為國家防禦的信仰象徵，也被賦予鑒察官民之權。

　　另一方面，城隍神於唐朝開始掌有冥籍，能知人壽命。宋朝時，其角色則開始與因果報應的故事產生連結。到了明朝，城隍神還有了延人壽命的能力。而且，在宋朝的傳說中，城隍神除了知人壽命，因其手下持有科舉登第者的名籍，所以還能知人祿命。明朝時，城隍神更能左右命定的官祿結果。最後，

---

[75]（清）宗源瀚，《（同治）湖州府志》卷 40 德清縣，清同治十三年刊本，[中國方志庫]，頁 2979。

[76]（清）謝金鑾，《（嘉慶）續修臺灣縣志》卷 2，清嘉慶十二年刻配道光三十年刻本，[中國方志庫]，頁 392。

[77]（清）郭起元，《（乾隆）盱眙縣志》卷 22，清乾隆十二年刊本，[中國方志庫]，頁 978。

因為城隍神於明朝時被國家祀典賦予厲壇主祭的身分，因而在明、清兩朝形成了城隍神負責監管無祀鬼神的神靈形象。甚至在清朝，還有許多向城隍神祈求協助鎮煞、鎮邪和驅妖的祭文，以及相關傳說。

第三章　城隍廟

第一節　中國的城隍廟

　　城隍廟，指的是主祀城隍神的廟宇。在歷史上，主祀城隍神的祠廟在六朝時已留下紀錄，《北齊書》〈慕容儼傳〉記載，「城中先有神祠一所，俗號城隍神，公私每有祈禱。」[1] 之後，唐·趙居真於西元 751 年為紀念吳郡城隍廟重建所作的〈新修春申君廟記〉包含了現存最早關於城隍廟的描述，其內容寫道：

> 春申君正陽而坐，朱英配享其側，假君西廡視事，上客東室齊班。李園死士庚方授戮，僕夫賢駿辰位呈形。大雪久冤之魂，更申如在之敬。家屬穆穆展哀榮也，儀衛肅肅振威明也。巨木擁腫而皆古，小栽青蔥而悉新，總之一門是謂神府。[2]

　　根據其描述，唐朝的城隍廟內已有城隍神的塑像，並有其他陪祀神明，也有莊嚴廟內氛圍的儀衛。

[1] （唐）李百藥，《北齊書》卷 20〈列傳第十二〉，清乾隆武英殿刻本，[中國基本古籍庫]，頁 11。

[2] （清）董誥，《全唐文》卷 296，清嘉慶內府刻本，[中國基本古籍庫]，頁 2991。

　　到了明朝，城隍廟有了新的景象。洪武三年，太祖要求各級官府仿官衙的形制修建城隍廟，連座椅、書案都同規格，有些城隍廟內還設有地方官齋宿時安頓的齋所。有了官方規格的硬體建置，又具有官方的代表性，部分的公署機構於是設置在城隍廟內。清朝時，一些民間或官民合辦的社會福利機構也借城隍廟設立，如義學、社倉、義倉，以及安置貧困的留養局。明、清兩代的鄉約所有些也設立在城隍廟內。

　　至於城隍廟的分布，根據 David Johnson（1985）的研究，他從歷史文獻裡找到的 150 間唐、宋時期的城隍廟，幾乎不是在州、軍、府治之內，就是在縣城裡。而南宋・趙與時（1175-1231）《賓退錄》裡兩篇關於城隍神的文章中，提到的城隍廟共有 89 間，其中 25 間位於縣城，60 間位於較高層的城市（其中包括有八間位於「軍」）。（至於剩下的四間，有兩間在鎮[邑]裡，兩間在砌有城牆的內城裡）（David Johnson, 1985：399）因此也可以說，唐、宋時期的城隍廟多數都建在城市裡。而且，根據 David Johnson 所繪製的城隍廟分布圖（西元 1200 到 1225 年之間），雖然南宋時期城隍廟分布的地點並不平均，但是範圍相當廣，東至昌國縣（今浙江省舟山市），西至大邑縣（今四川省成都市大邑縣），南至廣州（今廣東省廣州市），北至博平縣（今山東省聊城市荏平縣），（參考 David Johnson, 1985：406-407）這四處已經接近宋朝國土的邊界了。

　　明朝初年，太祖依官僚行政層級將城隍神定為都、府、州、縣四個級別。在此次的禮制改革中，城隍祭祀進入祀典，成為官方宗教，且其信仰帶有強烈的行政體制意涵，城隍廟更

是建於每個行政城市之中。自此而後，城隍廟的建設與祭祀是為地方的基本行政事務。明·萬曆年間（西元 1573-1620年），李襄毅在平定播州後上呈的〈播州善後事宜疏〉中寫道：

> 一建城垣，夫郡縣既設，必有城垣。所以明保障、防不虞也。播州之一府、一州、四縣，與黃平之一府、四縣，並宜城，城並宜石，石少者以甎代。
>
> 其兵備道總兵府，并府、衛、州、縣衙門公署、倉廒、庫獄、城隍廟、演武場，與二府一州儒學文廟、殿廡齋舍等項，俱當以次修舉。[3]

可見得，在一個行政區百廢待舉之時，興建城垣為首要之務。在城垣之後，除了衙門公署、糧倉、庫獄、演武場之外，城隍廟也是同樣重要的基礎建設。顯見城隍廟在一座城市中的重要性，同時，城隍廟也成為了一座城市的象徵性建物。

不過，除了前述四級行政城市之外，明初也有建於軍事區「衛所」的城隍廟。例如興建於洪武年間的興化府平海衛城隍廟與莆禧千戶所城隍廟，泉州府的永寧衛城隍廟，貴州的龍里衛城隍廟和新添衛城隍廟等。[4] 衛所制是明太祖創立的軍事制

---

[3] （明）陳子龍，《明經世文編》卷 423〈李襄毅公平播全書·播州善後事宜疏〉，明崇禎平露堂刻本，[中國基本古籍庫]，頁 4064。

[4] 方志中的原文如下：
《（弘治）八閩通志》：「平海衛城隍廟，在衛治之西北，洪武二十年建。……莆禧千戶所城隍廟在所治之西，洪武二十年建。」（（明）陳道，《（弘治）八閩通志》卷 60〈祠廟_興化府〉，明弘治刻本，[中國方志庫]，頁 1094。）

度，根據中國歷史學者顧誠（1989）的研究，明代的疆土管理
體制分為行政與軍事兩個系統。行政的系統為：六部——布政
司（直隸府、州）——府（直隸布政司的州）——縣（府屬
州）。軍事的系統為：五軍都督府——都指揮使司——衛（直
隸都司的守御千戶所）——千戶所。（顧誠，1989：136）明
朝祀典中制定的城隍祭祀，是以行政系統為架構而建立的。衛
所不屬於這個系統，衛所的城隍祭祀自然也不在祀典之中。

　　不過，以前段所舉洪武年間興建城隍廟的五個衛、所為
例。若從城隍神與城垣的直接關係來看，如表 3-1 所示，即便
城垣興建的時間未必早於城隍廟，但是這五個衛所皆建有城
垣。亦如嘉靖年間，監察御史楊百之為修築蔚州衛城牆所著之
記中所言：「今天下藩、府、州、縣、衛所必建城郭、設樓
櫓，以宿兵守民。」[5] 筆者以為，即便衛所並不在祀典所載之
官祀城隍祭祀體系之中，但是明朝的衛所皆有城郭為護，那
麼，自然也會建城隍廟，以城隍神為佑。所以才會有胡謐在
《（成化）山西通志》中所說的：「城隍廟，各府、州、縣，

《（弘治）八閩通志》：「永寧衛城隍廟，在衛治東南，洪武間指揮洪海
建。」（（明）陳道，《（弘治）八閩通志》卷 59〈祠廟_泉州府〉，明
弘治刻本，[中國方志庫]，頁 1071-72。）

《（弘治）貴州圖經新志》：「龍里衛……城隍廟，在衛治東。洪武二十
一年指揮賈祿建。」（（明）沈庠，《（弘治）貴州圖經新志》卷 11〈龍
里衛・祠廟〉，明弘治間刻本，[中國方志庫]，頁 472。）

《（弘治）貴州圖經新志》：「新添衛……城隍廟，在衛治東。洪武二十
五年建，共風雲雷雨壇在衛城南三里。」（（明）沈庠，《（弘治）貴州
圖經新志》卷 11〈龍里衛・祠廟〉，明弘治間刻本，[中國方志庫]，頁
488。）

[5] （明）樂尚約，《（嘉靖）宣府鎮志》卷 11，明嘉靖四十年刊本，[中國
方志庫]，頁 379。

各邊衛、守禦所俱建。」[6] 的說法。

表 3-1　衛所城隍廟與衛所城垣興建時間對照表

衛所	所屬府州縣	城隍廟興建時間	城垣興建時間
平海衛	興化府	洪武 20 年	洪武 21 年
莆禧千戶所	興化府	洪武 20 年	洪武 21 年
永寧衛	泉州府	洪武間	洪武 27 年
龍里衛	貴州	洪武 21 年	洪武 23 年
新添衛	貴州	洪武 25 年	洪武 22 年

資料來源：
（1）[明]陳道，《（弘治）八閩通志》卷 13〈地理·城池〉、
　　卷 59〈祠廟_泉州府〉卷 60〈祠廟_興化府〉。
（2）《（乾隆）福建通志》卷 6〈城池〉。
（3）《（弘治）貴州圖經新志》卷 11〈龍里衛·祠廟〉、〈新
　　添衛·祠廟〉。
（4）《（嘉靖）貴州通志》卷 4〈城池〉。

　　之後在明·嘉靖年間，國家行政層級中不具體制地位的
「鎮」也開始建有城隍廟，如蘇州府吳江縣的黎里鎮，和太倉
州嘉定縣的安亭鎮。萬曆年間亦有川沙廳的青浦鎮、蘇州府長
洲縣的甫里鎮，和松江府華亭縣的楓涇鎮等。（申浩，1999：
91）除了鎮之外，萬曆年間還有里、村和庄內有城隍廟的紀
錄。如太倉州雙鳳里（申浩，1999：91）、震澤縣南麻村[7]、

---

[6]　（明）胡謐，《（成化）山西通志》卷 5〈祠廟〉，民國二十二年景鈔明
　　成化十一年刻本，[中國方志庫]，頁 181。

[7]　《（乾隆）震澤縣志》：「昭靈侯廟祀唐·蘇州刺史李明，……洪武以後
　　者皆稱城隍廟，以宋、元間俗傳侯為城隍神。而洪武二年，嘗詔封侯為鑒
　　察司民城隍顯佑伯故也。一在十九都南麻村，一在二十四都平望鎮，明·

華亭縣下橫庄[8]，和寧河縣潘莊[9]。而且，生年約在萬曆年間的
趙崡在〈唐縉雲縣城隍廟記　跋〉寫道：「**今西安府西村落，
大者多有城隍。**」[10]　如此可見當時的城隍廟建於城外已是普
遍的情況。到了清朝，城隍廟的分布在這些次級的聚落裡也更
加延伸。

　　另一方面，城隍廟也開始在中國本土之外的地區出現。自
16 世紀以來，中國東南沿海地區土地不足而勞力有餘，因而
有許多福建人遷居海外發展。明末清初時，更由於海洋經濟的
興起，以及嘉靖倭患造成的沿海社會動盪，對閩粵海洋移民形
成一股推力，促成一波波向海外發展的移民潮。移民初至移居
地時，原本的社會與宗族支持消失，習慣的法律與禮儀規範也
失去其環境，更重要的是，他們面臨了更多的未知，如地理、
氣象、人文等。所以，人們把熟悉信賴的，能夠幫助他們抵禦
有形、無形侵犯的神祇帶在身邊，以求護佑。如此，原鄉的信
仰也就隨著移民傳播到了海外，城隍神的蹤跡便出現在中國以
外的土地上，包括菲律賓、馬來西亞和新加坡，其中一部分落
腳到了臺灣。

　　萬曆初建。」（（清）陳和志，《（乾隆）震澤縣志》卷 6 營建二，清光
　　緒重刊本，[中國方志庫]，頁 263-4。

[8]　《（嘉慶）松江府志》：「華亭縣　城隍廟……別廟，一在下橫庄藥師庵
　　左，萬曆年建。」（（清）宋如林，《（嘉慶）松江府志》卷 17 華亭縣，
　　清嘉慶松江府學刻本，[中國方志庫]，頁 1378。）

[9]　《（光緒）寧河縣志》：「城隍廟，一在潘莊，萬曆二年御用監建立。」
　　（（清）丁符九，《（光緒）寧河縣志》卷 16〈雜識志〉，清光緒六年刻
　　本，[中國方志庫]，頁 1723。）

[10]（明）趙崡，《石墨鐫華》卷 4 跋四十七首〈唐縉雲縣城隍廟記　跋〉，
　　清知不足齋叢書本，[中國基本古籍庫]，頁 31。

第二節　臺灣的城隍廟

　　在中國人移居海外的潮流中，移民臺灣的第一次高峰是鄭成功驅逐在臺灣的荷蘭殖民者之時。鄭成功以臺灣為根據地反清復明，於是許多漳、泉人跟著移居臺灣。康熙 22 年（西元 1683 年）明鄭降清，創造了第二波漳、泉人移民臺灣的高峰。（曾少聰，1998：7）次年，臺灣納入清帝國版圖，設有一府三縣（臺灣府、臺灣縣、鳳山縣、諸羅縣），並舉行科舉考試。因此，不同於新加坡、菲律賓、馬來西亞等地的華人移民社會，臺灣很快地進入清帝國王化範圍之內，受其政治、文化影響相對更深。

　　臺灣因為在中國移民移入的初期即進入清領統治，所以最早的官祀城隍廟建置先於民祀城隍廟，且幾乎每有行政區設立，其後即於城內建有城隍廟（除了臺灣府城隍廟為明鄭時期所建，其餘官祀城隍廟皆在清領時期完成，請參考表 3-2）。而民祀城隍廟多數是在清・道光（西元 1821-1849 年）之後陸續興建，奉祀的幾乎是中國移民自原鄉城隍廟帶來的香火或神像。其中包括了原本在大陸原鄉屬於官祀的城隍神，如安溪城隍（福建泉州府安溪縣）[11]。也包括在大陸原本屬於民祀的城隍神，如石獅城隍（福建泉州府晉江縣石獅鎮）[12]、霞海城隍（福建泉州府同安縣霞城千戶所）[13]。（請參考表 3-3）因為

---

[11] 建於清・乾隆 40 年的嘉義縣鹿草鄉中寮安溪城隍廟，奉祀主神為安溪城隍。

[12] 建於清・道光 19 年的彰化縣鹿港鳌亭宮奉祀主神為石獅城隍，石獅城隍神為原永寧衛城隍。

[13] 建於清・咸豐 9 年的臺北市大稻埕霞海城隍廟奉祀主神為霞海城隍。

是被移民帶著，隨移居地而建廟，且不為祀典中的官建祠廟建設，因此清領時期的民祀城隍廟多出現於縣級以下的次級聚落。

中國移民將城隍神帶離原鄉，等於讓祂們抽離其根著的「職司領域」。但是，在人們的認知中，城隍神在異鄉的神性、靈力絲毫不減。除此之外，多數被民間帶到臺灣的城隍神，一開始都是奉祀於民宅內，祂們甚至於不擁有「領土」，而這樣的城隍神仍然能夠成立。由此可見，城隍與地域的關連在移民社會之中被改變了，城隍與人的連結更甚於與土地的連結，城隍跟著人跑，而不是固著於土地上的了。

接下來，帝國統治結束，政權轉移至日本總督府，首先的影響，是不再有官祀與民祀的廟宇之分。再者，日人對臺的宗教政策讓臺灣的宗教環境起了不小的變化。臺灣許多寺廟在日治時期遭日人佔用作為醫院或軍隊使用，其中亦包括了部分城隍廟。而且，總督府對於臺灣的宗教也多所監督和限制，昭和12 年（1937 年）更進行寺廟整理運動，廢除或整併部分寺廟。在日人統治的 50 年間，有的城隍廟因遭佔用而毀，如埔里城隍廟和恆春城隍廟。不過，也有 16 座新建的城隍廟出現。（參考表 3-4）

由於日本總督府嚴格限制臺灣與大陸的人口往來，使得臺灣成為一個封閉的環境，所以，除了臺南首邑城隍廟（原臺灣縣城隍廟）、臺中市城隍廟（原臺灣府城隍廟）和昭明廟（原臺北府城隍廟）是清領時期的官祀廟宇遭毀而易地重建的之外，相較於清領時期民祀城隍廟的來源多為從大陸原鄉帶來的香火或神像，日治時期新建城隍廟的祀神來源多數具有本土色

彩。例如臺南市七股區境安宮供奉的為當時的臺灣抗日義士，嘉義縣東港溪安宮和高雄市鼓山城隍廟所祀奉的城隍皆為該地生前行善的先人。而花蓮市城隍廟、高雄市鹽埕區霞海城隍廟和彰化縣大村鄉城隍廟的來源都為臺灣本島內的城隍神分靈。還有因本地出現的神跡而興建之城隍廟，如宜蘭縣頭城城隍廟，以及新北市瑞芳區昭靈廟。另外，也有大眾爺升格的，如羅東城隍廟。也有將拾來神像供奉為城隍神的[14]，或是透過乩示為城隍神建廟[15]等。這些立廟的原因較清領時期多元了許多。（參考表 3-4）

最後，自日治時期結束迄今的七十多年裡，臺灣本島新建城隍廟以加倍的速度成長，估計約至少有 45 座。[16] 以每十年計，城隍廟的成長速度並不一致，而於民國六〇年代達到高峰，該十年間共有 13 座的新建城隍廟。（參考表 3-5）若以地區來看，多數的新建城隍廟分布於臺灣南部的雲、嘉、南、高、屏地區，這個區域佔了約 66.67% 的城隍廟數量。（參考表 3-6）所有的城隍廟中，形制小者有如村里廟的規模，有的甚至連陪祀神都沒有安奉。形制大者有如嘉義市的嘉邑城隍廟

---

[14] 臺南市白河區太城宮所祀為拾自他廟遺留之神像，宜蘭縣頭城鎮頭城城隍廟所祀的是隨洪水漂來的神像。

[15] 新北市瑞芳鎮昭靈廟為乩童乩示大稻埕城隍投靈泥像，後來雕塑金身建廟。（黃有興，1999：113）

[16] 在臺灣本島的 93 間城隍廟中，扣除掉清領、日治時期所建的城隍廟，剩下計有 56 間。其中，建成時間、轉為城隍廟時間待考的有 9 間，分別為：（1）宜蘭縣蘇澳鎮隘丁城隍廟；（2）屏東縣琉球鄉琉球鄉城隍廟；（3）高雄市前鎮區大城隍公廟；（4）高雄市前鎮區明正堂；（5）高雄市茄萣區城隍廟；（6）雲林縣土庫鎮城南府；（7）嘉義縣水上鄉鎮安宮；（8）臺中市豐原區豐原城隍爺廟；（9）新北市淡水區淡水鎮大王廟。因此，確定建成年代的有 46 座。

和臺南市的恩隍宮，其建築都不只一層樓。此外，宜蘭縣蘇澳
鎮的蘇澳城隍廟和蘇澳港城隍廟，這兩座由大眾爺升任城隍神
的城隍廟還設有納骨塔，供附近居民與信眾安置先人。

在這 45 座於戰後新建的城隍廟中，有 16 座是源於分香或
分靈。與清領時期多數從原鄉隨著移民帶來的香火或神像不
同，這些全為島內分香、分靈，其中或有同一行政區內的分
香，亦有跨地域的分香廟。又以新竹都城隍與嘉義鹿草中寮的
安溪城隍之分香、分靈廟最多，新竹都城隍的分香分靈廟有 6
座，中寮安溪城隍則有 5 座。（參考表 3-7）除了分香、分靈
而來的城隍廟，由大眾廟升格的城隍廟佔了第二高的比例，有
11 座。特別的是，在這 11 座城隍廟之中，高達七座位於宜蘭
縣境內。而其他的城隍廟的城隍神來源還有接受乩示、人鬼升
任、原家祀城隍神和水漂神像等。（參考表 3-8）

表 3-2　清領時期臺灣本島官祀城隍廟一覽表

	行政區劃	行政區建置年代	建城年代	城隍廟設置年代	備註
1	臺灣（南）府	康熙 23 年（1684）	雍正元年（1723）	明鄭時建	現存
2	臺灣縣	康熙 23 年（1684）	雍正元年（1723）	康熙 52 年（1713）	日治時期遭佔用，明治42 年（1909年）另地重建。
3	諸羅（嘉義）縣	康熙 23 年（1684）	康熙 43 年（1704）	康熙 55 年（1716）	現存
4	鳳山縣（舊城）	康熙 23 年（1684）	康熙 61 年（1722）	康熙 57 年（1718）	現存
5	鳳山縣（新城）		乾隆 53 年（1788）	嘉慶 5 年（1800）	現存

	行政區劃	行政區建置年代	建城年代	城隍廟設置年代	備註
6	彰化縣	雍正元年（1723）	雍正 12 年（1734）	雍正 12 年（1734）	現存
7	淡水廳（新竹縣）	雍正元年（1723）	雍正 12 年（1734）	乾隆 13 年（1748）	現存
8	噶瑪蘭廳（宜蘭縣）	嘉慶 16 年（1811）	嘉慶 17 年（1812）	嘉慶 18 年（1813）	現存
9	恆春縣	光緒元年（1875）	光緒 2 年（1876）	光緒 18 年（1892）	現不存
10	臺北府（附郭淡水縣）	光緒元年（1875）	光緒 8 年（1882）	光緒 7 年（1881）	日治時期遭佔用，大正 14 年（1925 年）另地重建。
11	基隆廳	光緒元年（1875）	未築	光緒 19 年（1893）	現存
12	埔里社廳	光緒元年（1875）	光緒 4 年（1878）	光緒 13 年（1887）	日治時期遭佔用盡毀，現不存。
13	臺灣府（臺中，附郭臺灣縣）	光緒 13 年（1887）	光緒 17 年（1891）未竣工	光緒 15 年（1889）	日治時期遭佔用，明治 45 年（1912 年）另地重建。
14	雲林縣	光緒 13 年（1887）	光緒 13 年（1887）	光緒 13 年（1887）	現不存
15	苗栗縣	光緒 13 年（1887）	光緒 16 年（1890）	光緒 16 年（1890）	現存

說明：

（1）年代以竣工之年為主。

（2）此表主要摘自凌淑菀的碩士論文（2003：51-52），其中的安平鎮並未列入此處，因安平鎮城隍廟雖為水師協鎮沈廷耀所建，然而，非都、府、州縣廳城隍廟皆非官祀城隍廟，故此處不列。備註欄參考凌淑菀論文 93 頁。

表 3-3　清領時期臺灣本島城隍廟興建一覽表

時 期	年 份	官 祀	民 祀	民祀城隍來源
明鄭	1661	臺灣府城隍廟 （1669 臺南）		
康熙　22 年	1683	臺南首邑縣城隍廟（1713） 嘉邑城隍廟（1716） 鳳山舊城城隍廟（1718）		
雍正	1723	彰邑城隍廟（1734）		
乾隆	1736	新竹都城隍廟（1748 淡水廳）	安平城隍廟（1749 臺南安平） 南壇宮 （1753 彰化員林） * 育黎宮（乾隆年間 嘉義朴子）* 中寮安溪城隍廟（1775 嘉義）	福建安溪縣城隍 福建安溪縣城隍
嘉慶	1796	鳳山城隍廟（1800）		

		宜蘭城隍廟（1813 噶瑪蘭廳）	城隍廟（1817 臺南安平）	
道光	1821		東安宮（道光年間 嘉義太保）*	福建安溪縣城隍
			靈德廟（1831 南投竹山）	福建福州城隍
			鰲亭宮（1832 鹿港）	福建泉州石獅城隍
咸豐	1851		大稻埕霞海城隍廟（1859）	福建同安霞海城隍
			奉安宮（1859 嘉義水上）	大陸某城隍分靈
同治	1862		城隍廟（1864 臺南白河）小南城隍廟（同治年間臺南市）*	抗清志士 朱一貴等
			土地公廟（1873 新市庄 臺南）	鳳山城隍分香
光緒	1875		四安宮（1877 臺南佳里）	漂流木
		臺北府城隍廟（1881）	城隍廟（1877 仁壽上里 高雄）	
		雲林縣城隍廟（1887 南門內）		
		埔里社廳城隍廟（1887）	梓官中崙城隍廟（1879）	
		臺灣府城隍廟（1889 臺中市）	保安宮（1888 花蓮瑞穗）*	福建同安霞海城隍

	苗栗縣城隍廟 （1890）
	恆春縣城隍廟 （1892）
	基隆城隍廟 （1893 基隆 廳）
1894	雲林縣城隍廟 （1893 縣城東）

備註：

（1）上述廟宇年代以落成時間為主，屬於都、府、縣，與州、廳城隍廟界定為官祀城隍廟。合計清代城隍廟官祀 15 間（雲林縣移過位置計為一間），民祀 17 間。

（2）*表示筆者的田野資料中有紀錄，但凌淑菀（2003）文中沒有記載。

（3）■表示凌淑菀文中有記載，但筆者查無資料。

（4）梓官中崙城隍廟在凌淑菀的論文中記為光緒五年（1879 年）建，而黃有興（1999）則記為嘉慶七年（1802 年）建。

資料來源：

（1）凌淑菀，2003：51-52；（2）黃有興，1999:109-123；（3）筆者田野資料。（參考資料以凌淑菀為主，黃有興、筆者田野資料作為補充。）

表 3-4　日治時期臺灣本島城隍廟興建一覽表

年份	西元	地點	廟名	沿革	資料來源
明治 28 年	1895				
		臺南市 白河區	太城宮（1897 明 治 30 年）	拾自他廟遺留神 像	筆者
		臺南市 北區	臺南首邑縣城隍廟 （1909 明治 42 年）	原清「臺灣縣城 隍廟」另地重建	凌
		臺中市 南區	臺中市城隍廟 （1912 明治 45 年）	原清「臺灣府城 隍廟」另地重建	凌
大正 元年	1912	臺南市 七股區	境安宮（1913 大 正 2 年）	抗日義士	筆者
		西來庵事件　（1914 大正 3 年）			
		嘉義市 西區	嘉義市鎮北宮 （1917 大正 6 年）	原家祀城隍	黃
		苗栗縣 公館鄉	出礦坑城隍廟 （1919 大正 8 年）	原家祀城隍（廣 東梅縣白泥湖城 隍）	筆者
		宜蘭縣 頭城鎮	頭城城隍廟 （1920 大正 9 年）	神像隨洪水漂來	黃
		臺南市 鹽水區	竹安宮　（1922 大 正 11 年）	安溪城隍	林

		新北市瑞芳區	昭靈廟（1923 大正12 年）	乩示大稻埕霞海城隍投靈於神像	黃
昭和元年	1926	嘉義縣布袋鎮	東港溪安宮（1926昭和元年）	主神生前行善，死後受封	黃
		臺北市松山區	昭明廟（1927 昭和 2 年）	原清「臺北府城隍廟」另地重建	
		宜蘭縣羅東鎮	慈德寺（1934 昭和 9 年）	大眾爺升格（今羅東城隍廟）	黃
		花蓮縣花蓮市	城隍廟（1934 昭和 9 年）	基隆移民從基隆城隍廟分靈	黃
		高雄市鹽埕區	高雄市霞海城隍廟（1936 昭和 11年）	大稻埕霞海城隍廟分靈	黃
		高雄市鼓山區	鼓山城隍廟（1937昭和 12 年）	先人生前行善，世後受封為城隍。	黃
寺廟整理運動（1937 昭和 12 年）					
		彰化縣大村鄉	大村城隍廟（1944昭和 19 年）	彰化縣城隍廟分靈	黃
昭和20 年	1945				

備註：日治時期合計 16 間新建城隍廟，其中臺南市 4 間，高雄市 2 間，宜蘭縣 2 間，臺北市 1 間，新北市 1 間，臺中市 1 間，苗栗縣 1 間，嘉義市 1 間，嘉義縣 1 間，彰化縣 1間，花蓮縣 1 間，分布廣泛。西來庵事件與寺廟整理運動之間的時期，有 11 間興建。

資料來源：

（1）凌淑菀，2003：51-52；（2）黃有興，1999:109-123；

（3）林建利，2010：33-34；（4）筆者田野資料。

表 3-5 戰後臺灣本島新建城隍廟數量表

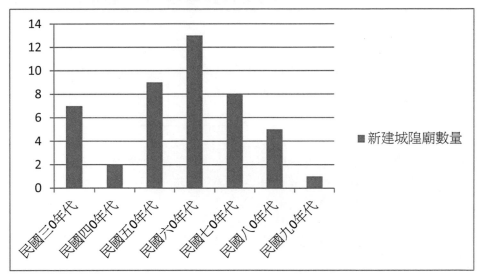

資料來源：

（1）黃有興，1999：109-123；（2）筆者田野資料；

（3）內政部全國宗教資訊系統之寺廟查詢（http:// religion.moi.
gov.tw/web/04.aspx）

表 3-6 戰後臺灣本島新建城隍廟地區分布表

行政區	新建城隍廟數量	所佔比例
高雄市	8	17.78%
宜蘭縣	7	15.56%
臺南市	7	15.56%
嘉義縣	5	11.11%
屏東縣	4	8.89%
雲林縣	4	8.89%
臺中市	4	8.89%
嘉義市	2	4.44%

行政區	新建城隍廟數量	所佔比例
臺北市	2	4.44%
南投縣	1	2.22%
彰化縣	1	2.22%
總計	45	100.00%

資料來源：

（1）黃有興，1999：109-123；（2）筆者田野資料；

（3）內政部全國宗教資訊系統之寺廟查詢（http://religion.moi.
gov.tw/web/04.aspx）

表 3-7　戰後臺灣本島新建之分香分靈城隍廟來源統計表

分香分靈來源	數量
新竹都城隍	6
中寮安溪城隍	5
霞海城隍	1
臺中某廟霞海城隍	1
高雄某廟霞海城隍	1
西港慶安宮所祀城隍	1
鹿港石獅城隍	1
總計	16

備註：各分香分靈廟來源，請參考附錄一。

資料來源：

（1）黃有興，1999：109-123；（2）筆者田野資料；

（3）內政部全國宗教資訊系統之寺廟查詢（http://religion.moi.
gov.tw/web/04.aspx）

表 3-8　戰後臺灣本島新建城隍廟城隍神來源統計表

建廟緣由	城隍廟數量
分香	16
大眾爺升任	11
乩示	4
人鬼升任	4
原家祀	3
民眾提議興建	3
水漂神像	1
原神明會	1
待考	2
總計	45

備註：各廟城隍神來源，請參考附錄一。

資料來源：

（1）黃有興，1999：109-123；（2）筆者田野資料；

（3）內政部全國宗教資訊系統之寺廟查詢

　　（http:// religion.moi.gov.tw/ web/04.aspx）

　　總結來說，臺灣本島當代的 93 間主祀城隍神的城隍廟中，有 22 間為清領時期所建，其中九間為官祀城隍廟，[17] 13

---

[17] （1）臺灣府城隍廟（臺南市中西區，原臺灣府城隍廟）；（2）財團法人臺灣省嘉義市城隍廟（嘉義市，原諸羅縣城隍廟）；（3）舊城城隍廟（高雄市左營區，原鳳山縣舊城城隍廟）；（4）鳳山城隍廟（高雄市鳳山區，原鳳山縣新城城隍廟）；（5）彰邑城隍廟（彰化縣彰化市，原彰化縣城隍廟）；（6）新竹都城隍廟（新竹市，原淡水廳城隍廟）；（7）宜蘭城隍廟（宜蘭縣宜蘭市，原噶瑪蘭廳城隍廟）；（8）基隆城隍廟（基隆市仁愛區，原基隆廳城隍廟）；（9）苗栗縣城隍廟（苗栗縣苗栗市，原苗栗縣城隍廟）。

間為民祀城隍廟。[18] 另外，有三間原為清領時期所建的官祀城隍廟，後被日人佔用而於日治時期另地重建。[19] 而日治時期新創建的城隍廟還有 13 間。[20] 因此，可以看出臺灣城隍廟的型態相當多元，有原屬清領時期官祀城隍廟的系統，以及沿襲自大陸原鄉城隍信仰系統的分香、分靈廟。亦有自日治時期之後在地發展出具有臺灣本地性質的城隍廟，例如祀奉在地成神之城隍的城隍廟，發展出在地神話的城隍廟，或是由大眾廟升格的城隍廟等。而日治時期結束之後，新建的城隍廟至少有 45 間，其中以島內分香分靈廟最多，有 16 間。

臺灣本島的 19 個行政縣市中，除了桃園縣、新竹縣、臺東縣未登記有城隍廟，其餘縣市皆有。在登記有城隍廟的行政區之中，以高雄市（16 間）、臺南市（15 間）、宜蘭縣（11 間）和嘉義縣（11 間）四縣市數目最多，如表 3-9 所示。臺灣本島城隍廟分布請參考圖 3-1。

---

[18] （1）安平城隍廟（臺南市安平區）；（2）南壇宮（彰化員林鎮）；（3）育黎宮（嘉義縣朴子市）；（4）中寮安溪城隍廟（嘉義縣鹿草鄉）；（5）東安宮（嘉義縣太保市）；（6）靈德廟（南投縣竹山鎮）；（7）鰲亭宮（彰化縣鹿港鎮）；（8）大稻埕霞海城隍廟（臺北市大同區）；（9）奉安宮（嘉義縣水上鄉）；（10）小南城隍廟（臺南市中西區）；（11）四安宮（臺南市佳里區）；（12）梓官中崙城隍廟（高雄市梓官區）；（13）保安宮（花蓮縣瑞穗鄉）。

[19] （1）臺南首邑縣城隍廟（臺南市北區，原臺灣縣城隍廟）；（2）臺北府城隍廟（臺北市松山區，原臺北府城隍廟）；（3）財團法人臺灣省臺中市城隍廟（臺中市南區，原臺灣府城隍廟）。

[20] （1）太城宮（臺南市白河區）；（2）境安宮（臺南市七股區）；（3）嘉義市鎮北宮（嘉義市西區）；（4）出礦坑城隍廟（苗栗縣公館鄉）；（5）頭城城隍廟（宜蘭縣頭城鎮）；（6）竹安宮（臺南市鹽水區）；（7）昭靈廟（新北市瑞芳區）；（8）東港溪安宮（嘉義縣布袋鎮）；（9）慈德寺（宜蘭縣羅東鎮）；（10）城隍廟（花蓮縣花蓮市）；（11）高雄市霞海城隍廟（高雄市鹽埕區）；（12）鼓山城隍廟（高雄市鼓山區）；（13）大村城隍廟（彰化縣大村鄉）。

表 3-9　臺灣本島各行政區城隍廟數量表

行政區	城隍廟數目
高雄市	16
臺南市	15
宜蘭縣	11
嘉義縣	11
屏東縣	6
臺中市	6
雲林縣	5
彰化縣	5
臺北市	4
嘉義市	4
花蓮縣	2
苗栗縣	2
南投縣	2
新北市	2
新竹市	1
基隆市	1
總計	93

資料來源：內政部全國宗教資訊系統之寺廟查詢
（http:// religion.moi.gov.tw/web/04.aspx）

圖 3-1　臺灣本島城隍廟分布圖

第四章　城隍信仰相關研究

　　與城隍信仰有關的研究著作中，包括了歷史學、人類學，以及結合文獻整理和田野調查方法的研究。歷史學的研究，包括了概論性地考察自六朝到清朝城隍信仰的鄧嗣禹（1980，原著於 1935）、探討中國城隍信仰起源發展與唐宋時期城隍神概念的 David Johnson（1985）、探討信仰、家庭和國家霸權之間同質性的 A. R. Zito（1987）、總論式探討城隍信仰的鄭土有、王賢淼（1994）、以城隍信仰為例探討明清城市民變的巫仁恕（2000）、試圖重構城隍信仰早期（唐五代）發展圖像的賴亮郡（2006）、考察明朝初年城隍祭祀制度，並論證在政權與民眾之間存在著統一與背離共存狀態的濱島敦俊（2008）、以文獻資料呈現清代臺灣城隍信仰在朝廷、官紳及平民之不同面向的謝貴文（2011）、探討清代市鎮城隍廟的發展，及其祭神特點，與村落、村廟關係的濱島敦俊（2011），以及論證唐代城隍信仰與地方官府關係的楊俊峰（2012）。

　　人類學的研究有 1929 年以法學背景赴臺灣擔任宗教調查官的增田福太郎，他以田野調查紀錄和當時的報紙資料，將日治時期城隍信仰及城隍廟的景況撰寫於《東亞法秩序序說：民族信仰を中心として》一書之中。此外，也有以歷史文獻及其當代的直接觀察（臺灣，1966-1968）作為依據，開展其研究的 Stephan Feuchtwang "School Temple and City God"（1977）。以及將文獻整理和田野調查研究方法結合的黃有興

（1999）和徐李穎（2010）。

　　前述多篇的研究專書和論文，其主題可以分為唐宋、明清，和當代三個時期的城隍信仰。唐宋時期城隍信仰的研究，主要探討的問題有城隍信仰的起源，和城隍信仰的推動與發展。明清時期城隍信仰的研究，學者關注的焦點有政治與宗教之間的關係，以及體制外的市鎮城隍廟。而當代城隍信仰的研究則有二，一為探討新加坡城隍信仰與政治的關係，一為聚焦於澎湖馬公城隍廟的調查報告。以下分別說明之。

第一節　唐、宋時期城隍信仰研究

一、城隍信仰的起源

　　關於城隍信仰起源的問題，David Johnson 認為，城隍與更古老的領域神概念「社神」相當類似，但是把社神視為城隍的先導信仰比較精確一點，但他對於此二者的連結卻沒有多做論證。隔了 21 年之後，賴亮郡舉出古人習慣「城隍土地」連稱的用法（雖然不一定指的就是城隍神和土地神，但表示城隍與土地的關係極為密切），還引用了兩則史料[1]來佐證土地神

---

[1]　（1）齊末時，梁武帝起兵，派曹景宗攻郢城。守城的將軍薛元嗣迎蔣子文神於州廳上祈福。此處所提神祇蔣子文於《搜神記》的記載中自稱為「土地神」。
　　（2）《北齊書》〈慕容儼傳〉記載慕容儼赴郢城中「城隍祠」祈請冥佑護城。
　　賴亮郡認為，此二事發生在同一城，時間相距僅 54 年，薛元嗣與慕容儼二人所祀當為同一神祇，然而前者稱為土地神，後者稱為城隍，可見得兩者原即為一事。（賴亮郡，2006：301-302。）

與城隍神先後所出的關係，因此肯定地推論城隍神是在東晉及南朝前期，由土地神分化出來的信仰，也所以城隍信仰初起時應該是屬於自然神的崇拜。

至於城隍信仰初起時是自然神或人格神的問題，David Johnson 寫道「幾乎所有的城隍神都是特定的某個人物，……城隍神在發展之初即有『聖誕日』，這是最重要的城隍慶典，而且每個地方的聖誕日都不同。」（David Johnson，1985：396-397）楊俊峰更肯定地表示，城隍信仰於六朝初興之時，本是一種人鬼信仰，因為當時即有以某人擔任城隍的紀錄：1.《北齊書》〈慕容儼傳〉：「城中先有神祠一所，俗號城隍神，公私每有所禱。」而且根據趙與時《賓退錄》記載，郢州當時奉祀的城隍神為焦明[2]。2.《通典》中的引文：「鮑至《南雍州記》云：『城內建有蕭相國廟相傳謂為城隍神。』」（楊俊峰，2012：6-7）不過，鄧嗣禹於〈城隍考〉一文中指出，「指定某人為城隍神，除〈南雍州記〉外，多淵源于唐。」（鄧嗣禹，1980：62）而且，徐李穎認為該則史料不足以證明當時城隍神已具姓名，因為古書沒有標點，「相傳謂為城隍神」也有可能是《通典》作者杜佑自己的註腳。因而推論城隍神由人鬼擔任是唐朝之後的事情。（徐李穎，2010：39-43）

二、城隍信仰的推動與發展

關於城隍信仰的推動與發展，David Johnson 和楊俊峰分

---

[2] 焦明為劉宋時期南邊之人。

別有不同的見解。前者主張商人是城隍這個信仰概念的傳播者，後者則推斷城隍信仰的推動者應為官府組織。David Johnson 認為，唐朝祀典中未載城隍神，首都長安或洛陽也似乎未建有城隍廟，其周遭地區的城隍廟更是特別地少。而且，城隍廟分布相當不平均，各城隍神的共同性也不多，其差異性顯示城隍信仰並非由國家統一提倡與控制的。由於城隍信仰並非由國家提倡的，因此這種屬於非正統的宗教概念（unorthodox religious ideas）不可能是由接受傳統教育的士人來傳播的。（David Johnson, 1985：418-419）他並將唐宋時期城隍廟的地理分布對照當時的人口分布，發現城隍廟成長最快速的地區，與人口密度成長最快速的地區相吻合。因此認為是這些地區人口成長導致財富和商業活動的活絡，以及城市的快速成長，而其中有一種新興的富有菁英——商人成為了城隍信仰的傳播載體。

David Johnson 之所以會有如此的推論，是因為從城隍廟分布範圍的廣泛來看，其傳播跨越相當長的距離，如此是不可能由一般平民百姓來傳播的，因為他們並沒有太多遠行至他城的機會。而且，傳播與支持城隍信仰的人，勢必擁有一定的財力以興建非官方支持的廟宇，以及在城市之間旅行。他們在自己的城市裡創造、維持自己的財富，所以特別強烈地認同該城市，也希望在城市裡建神廟。他還引用了兩則八、九世紀的文獻呼應其推論，不過，他也說了是呼應而非證明。

雷聞（2004）和 Richard Von Glahn（2004）都反駁了如此的推論。雷聞認為，David Johnson 的推斷至少在唐代不是那麼明顯，因為城隍信仰最為流行的地區不必然是工商業發達

的地方，如袁州、括州、潮州和桂州等地。而 Richard Von Glahn 則表示，在宋朝時，城隍廟都建在郡縣的首府，這樣的分布情形較吻合政治和行政層級，而不是經濟。而且 David Johnson 提出的假設立基證據不足。（Richard Von Glahn, 2004：134, 169-170）

　　除此之外，楊俊峰的研究發現，相較於唐初，由某人擔任城隍的紀錄在中唐之後的記載並不多見。他認為這顯現出城隍信仰的地方色彩漸漸淡化，如此便使得以地方力量推動城隍信仰的可能性降低。再者，楊俊峰還舉出，桂州治下多非漢族群，卻也有城隍廟，而且城隍神是地方官府祈祭的重要對象。因而斷定城隍信仰並非純粹的民間信仰，應該已納入各地方祀典之中。是故，城隍信仰的推動應為官府組織。

第二節　明、清時期城隍信仰研究

一、政治與宗教之間的關係

　　濱島敦俊考察明初城隍祭祀制度，他認為當時城隍制度的確立一方面使得城隍信仰成為國家的宗教統治手段，一方面也使得城隍祭祀制度化，因此是城隍信仰的一個轉捩點。洪武二年（1369）時，城隍祭祀定制的結果有：（1）城隍神被設定為五個級別。[3]（2）城隍神成為與現世地方官對稱的冥界地方官。（3）城隍祭祀首次作為統一的制度，出現於國家的祭祀體系之中。（4）城隍屬人格神的性質。（各地城隍廟存在著

---

[3] 首都、五都（開封、臨濠、太平、和州、滁州）、府、州、縣。

神像，並由朝廷加封。）

　　到了洪武三年（1370），朝廷又頒布城隍祭祀改制，結果為：（1）城隍廟簡化為京都、府、州縣三級。（2）規定各級城隍廟按現世地方衙門的格式、規模建廟。（3）城隍神格轉變為自然神（非人格化、毀神像、廢除封爵）。（濱島敦俊，2008：115-119）根據濱島敦俊的推論，之所以產生了洪武二年及三年兩番的制度改變，其實是明初兩種政治勢力——出身於江淮或華北，階層、文化背景上接近胥吏的習慣派（支配洪武二年的定制），以及浙東及其鄰近地區士大夫的觀念派（主導洪武三年的改制）——之間政治角力的結果。（推論的過程請參考濱島敦俊，2008：121-124）

　　濱島敦俊在考察明朝初年城隍祭祀制度的過程中，也發現在信仰上，政權與民眾之間存在著統一與悖離共存的狀態。因為洪武三年改制依據的只是儒臣的觀念，沒有任何現實的社會基礎。濱島敦俊引用史料證明，明代中期（15 世紀中期）之後，城隍神恢復了神像，並賦予其姓名、稱號，也有主持廟宇的道士等。也就是說，三年改制無法在民間牢固的城隍信仰中扎下根，最後流於空泛的觀念。（濱島敦俊，2008：126-129）巫仁恕（2000）亦引用史料證明，15 世紀開始，地方官在執行城隍祀典儀式的態度上已大不如前，城隍祭祀制度所規定的規格也呈現混亂的狀況，廟宇頹敗的情形也愈形嚴重。而後，於明清之際更出現了兩類城隍廟：1.與行政機構相對應的城隍神，如巡府、布政使、按察使、糧巡道、漕運總督，甚至是江南織造的城隍，這類城隍可稱為「冥界的業務官僚」；2.在不具特別行政地位的市鎮中出現的市鎮城隍。這些都是不存

在於典制之中的。

　　另外，有兩篇以城隍信仰為例，從朝廷和群眾相對立的兩個面向，探討清朝政治的論文。一為 Stephan Feuchtwang 的 "School Temple and City God"（1977），一為巫仁恕的〈節慶、信仰與抗爭——明清城隍信仰與城市群眾的集體抗議行為〉。前者的主旨在於探討中國官方宗教的角色。作者認為，學宮與城隍廟是縣級城市中最古老，也是最持續不斷的城市面貌，是故以之為官方宗教最重要的特徵從而切入研究。在該文的論證中，作者提出，官方的規範、執行的儀式，以及收編民間神祇至祀典都是一種國家控制的形式。不過，一旦對照官方與民間在宗教的實踐面向，便突顯出官方宗教的操作限制。作者並以城隍信仰在官方與民間宗教之間的角色轉換為例證明之，例如城隍神在官方的祭壇致祭時，是以木主來表示，然而當官方祭祀的層級越低時，平民百姓會加入官員的祭祀活動中，同時也會拿出城隍神的神像祭拜。此外，城隍神雖為各地祭屬的主祭，但是祭祀城隍神並非官方定制的祭祀，而在民間，城隍神的聖誕卻是城隍神主要的慶典。在這些實際情況中，地方官會迎合或是認同民間的信仰，因此也能看到官方宗教和民間信仰並非壁壘分明的。

　　巫仁恕的〈節慶、信仰與抗爭——明清城隍信仰與城市群眾的集體抗議行為〉（2000）一文則是探討群眾集體抗議事件和民間信仰、節慶儀式之間的實質關係。作者發現，在民間信仰的各神祇中，群眾最常利用城隍神的節慶與儀式，置入其集體抗議行動。之所以如此，作者將原因歸於明代中期之後城隍信仰的變化。其中特別是城隍神陰間司法審判官的性格成為了

民眾與官方抗衡的象徵，其衍生的儀式活動也被群眾轉化利用，將他們的行動合法化。所以，明清以來的城市民變，相當程度上也和民間信仰的神祇有關，而且有些神祇的官僚形象是與社會抗爭的形象並存的。因此，作者也強調，在探討漢人社會公共空間時，是不可忽略寺廟和廟會的。

同樣以帝國晚期的城隍信仰為研究主題的還有 Angela Zito 的 "City Gods, Filiality, and Hegemony in Late Imperial China."（1981）一文。這是一篇純粹從文獻分析的角度來探討城隍信仰的研究著作。作者挑選了四篇與城隍神有關，且分別代表民間、地方官及中央三種立場陳述的文獻，進行深入的分析。作者認為透過文字隱喻，可以看出城隍信仰與孝道（後嗣祭祀）、國家霸權之間的同質性，亦即以禮為核心建立上下秩序，也是以祭祀為中心界定各自的身分屬性。不過這篇單純文獻分析的研究著作，舉證的文獻顯然不夠，而且在城隍信仰與孝道（後嗣祭祀）、國家霸權的連結上，聯想多過於實際的宗教、政治論述，因而顯得論證過程太過薄弱。

二、體制外的市鎮城隍廟

濱島敦俊在〈明清江南城隍考——商品經濟的變遷與農民信仰〉（2011）一文中探討的即是清代市鎮城隍廟。明朝中期之後，江南農村社會的經濟變動促成了市鎮的形成，這種商業化、城市化的發展，也使得信仰成長改變，其中即包括了鎮城隍的出現。多數鎮城隍廟所奉祀的為其所在地的州縣、府城隍神，若非如此，則常是透過張天師而由玉皇大帝敕封的。濱島敦俊表示，商品經濟的發展，使得農民日常生活的圈子超越了

村的範圍，而以特定市鎮為中心。在宗教上，則以解錢糧[4]的習慣建立起連結村廟、鎮城隍廟（或鎮上的廟），甚至於上一級廟的農民信仰圈。也就是說，鎮城隍的形成，是民間把以皇帝為首的垂直政權級別延伸到更下層，體現出垂直階序的統屬理念。

第三節　當代城隍信仰研究

在中國帝制時期，政治與信仰的依附關係到了當代在某些地區仍未斷去，只是因為當代與過去的政治形態不同，而會產生不同的關係模式。徐李穎（2010）考察新加坡的城隍廟，發現隨著新加坡政府對於宗教管理的需要，形成民間信仰逐漸向佛教、道教這兩種制度化宗教靠攏的趨勢，造成新加坡城隍廟歷史發展的一個特色就是在佛道之間確立定位。從各城隍廟的發展來看，這是一個理性化的進程，亦即去除巫術，發展知識性、制度型的宗教走向。也可以說，這是隱形的國家力量在新加坡民間信仰的發展上，起了引導力量的結果。

另外一篇關於臺灣的研究，是黃有興的《澎湖馬公城隍廟志》。該書的內容除了詳細地記載澎湖馬公城隍廟的沿革發展、神明配置、建制儀式、建築器物和組織活動等。作者還走訪全臺城隍廟，紀錄下各廟創建年代、建別（官建、民建）、沿革和主祀神的由來。這些完整的基礎資料足資後續研究臺灣城隍信仰的人參考。

---

[4] 民間仿效現世徵稅體系，設定神廟間的上下級關係，上納、收取紙錢。（濱島敦俊，2011：119。）

第五章　本書研究說明

第一節　研究核心概念

　　本研究要探討的是漢人信仰中城隍神的角色與職能，在這一章，筆者分兩個部分說明本研究的核心概念。一是本研究要探討的主題：角色；一是本研究探討主祀神角色的切入點：陪祀神。

　　華人的超自然世界形同一個社會，其中的神祇是社會化的，彼此之間有父子關係、手足關係、同袍關係、上下權力關係，甚至分工職責等。並且，在大多數的廟宇中，祂們是以群體的方式出現的。

　　廟內供奉的各神祇之間存在的關係，定義了祂們各自的角色，同時也只在祂們所處的微型社會有意義。例如在家庭這個微型社會中，存在著父子和手足的關係，還有父親、兒子、兄、妹這些角色。但職場關係中就不存在這樣的關係和角色，而是有著上下權力、同事這樣的關係，以及管理者、下屬、出資者、受雇者等角色。

　　回應到本研究的主要提問：「城隍神的角色為何？」筆者即是要透過前述廟宇這個微型社會，以及存在其中的社會關係來探討城隍神的角色。

一、角色

「角色」在辭典中的定義為：一個人在團體中，依其地位所擔負的責任或所表現的行為。[1]在角色的定義裡，第一個重點就是「團體」。一個人獨自存在於這個世界，便不擁有與他人的互動和相對關係。然而，角色是成立於個體之間的互動關係中，並且對應於關係兩端的相對立場而有的。所以，角色是屬於在兩個個體以上的群體中才得以成立的概念。

那麼，想要探討個體的角色，就無從自個體本身來切入，必須要從個體與他者的相對關係來探討。

其次，既然說角色是成立於個體之間的互動關係中，並且對應於關係兩端的相對立場而有的。那麼，一個個體與其他不同的個體之間，會擁有不同的關係，例如家庭關係、同事關係、同學關係……，所以，一個個體會在不同的關係中身具對應的角色，那麼一個個體就不只具有一個角色。此外，即使是同樣的兩個個體之間，也有可能具有超過一對的相對關係，例如，兩個人他們是父子，也是師生，那麼兩組對應於不同關係的角色，就會出現在這一對個體身上。如此可以看出，角色是一個相對的概念。

所以可以說，要瞭解一個個體的角色，就要先瞭解與之在關係中對應的對象，從其相對關係來切入。

但「角色」這樣的概念如何應用在認識民間信仰的神祇上呢？華人的超自然世界如同 Arthur Wolf 所提出的：漢人的超

---

1 參考教育部《重編國語辭典修訂本》（資料來源：https://dict.revised.moe.
   edu.tw/dictView.jsp?ID=97271&la=0&powerMode=0，2023/08/29。）

自然世界觀是傳統中國社會景象的確實反映。確實華人的超自然世界形同一個社會，神祇是處在社會結構之中的，這點從廟宇內的祀神可以看出來。

我們在廟宇中看到的神祇幾乎都不是單獨出現的，大型的漢人祠廟中，所祀神從高層至低層隨著官階由高至低配置，宛若帝制官僚依序排班。而且官僚間彼此也有統屬、分工及監督的關係。此外，也有一些廟宇中，供奉的除了主祀神之外，還有祂的妻子、兒女這些家庭成員。

城隍廟內的城隍神也是一樣的。所以，透過分析城隍神在關係中對應的對象——陪祀神的性質，及二者之間的關係，可以得出城隍神（主祀神）的角色。例如，一座城隍廟內陪祀有曹司、輔相、文武班這類古時官府裡的次級官員和基層差役，這些陪祀神與古時候地方行政中心的人員、職務配置是相同的，而城隍神位居廟內中心的最高位，是地方行政中心的主管——地方官。由是便得出城隍神的角色。

另外，在角色的定義裡，寫到了這個概念的實質作用：依其地位所擔負的責任或所表現的行為。社會學家涂爾幹（Emile Durkheim）是最早應用角色概念的學者之一，他的《社會分工論》一書，也不時以「角色」一詞表示「職務」的意義。在探討城隍神的角色時，其角色的實質作用，亦即其職務，也是其所擔負的責任，就是筆者要一併探討的「職能」。如前段所述，城隍神深具地方官角色，其職能即同地方官一般，是負責地方的文治武功，亦即使民安居樂業、身家平安。

二、陪祀神

　　陪祀神,指的是廟內除了坐鎮正殿中心位的主祀神,和暫時寄居奉祀在寺廟的客神之外,其他奉祀在廟內的神祇。其起源和定義分別詳述如下。

　　有主、有從的祭祀傳統,在上古禮制中即有。漢‧鄭玄在《周禮疏》中,提到《古尚書》已記載了「從祀」之禮:「《古尚書》說:六宗,天地神之尊者,謂天宗三,地宗三。天宗:日、月、星辰,地宗:岱山、河、海。日月屬陰陽宗,北辰爲星宗,岱爲山宗,河爲水宗,海爲澤宗。祀天則天文從祀,祀地則地理從祀。」[2]「從」,有跟隨之意,[3] 那麼跟隨著一起受祀,代表了什麼意義呢?唐朝‧杜佑的《通典》〈郊天‧上〉寫道:「[東晉]成帝咸和八年,正月郊天,則五帝及佐天文等凡六十二神從祀。」[4] 也就是在祭天之時,列於從祀之位的六十二位神祇,以其佐助天文,而得一同受祀。這樣的祭祀概念,彰顯出漢人超自然世界觀裡的層級和群組概念,層級即為有上下、統屬的分別,而群組則包括了性質和職務的類分。這樣的概念,常見於現在民間信仰廟宇內祀神配置的操作,也就是說,我們看到有主有從的廟內的祀神配置,有其久遠的信仰根底。

---

[2]　(漢)鄭玄,《周禮疏》附釋音 卷 18,清嘉慶二十年南昌府學重刊宋本十三經注疏本,[中國基本古籍庫],頁 410。

[3]　參考教育部重修國語辭典修訂本「從」。
　　資料來源:http://dict.revised.moe.edu.tw/cgi-bin/newDict/dict.sh?cond=%B1q&pieceLen=50&fld=1&cat=&ukey=-487847211&serial=7&recNo=143&op=f&imgFont=1（2015/01/09）

[4]　(唐)杜佑,《通典》卷 42〈禮二‧吉一‧郊天（上）〉,清武英殿刻本,[中國基本古籍庫],頁 497。

除了從祀之外，還有稱為配、配食、配享的。《周易》中即有：「象曰：雷出地奮，豫。先王以作樂崇德，殷荐之上帝，以配祖考。」[5] 的說法。三國・王弼的《周易注疏》解釋道：「『以配祖考』者，謂以祖考配上帝。用祖用考，若周夏正郊天配靈威仰，以祖後稷配也；配祀明堂五方之帝，以考文王也。故云『以配祖考』也。」[6] 也就是在祭祀上帝時，以周的先祖後稷為配，而在明堂之上供奉五方之帝，則以文王為配。「配」，在南朝時期的字書《玉篇》裡釋義為：「匹也；媲也。」[7] 也就是有媲美之意。因此，在祭祀之中為配者，有與主祭對象之功德相當的意義。例如《禮記》記載的郊祭之禮：「郊之祭，大報天而主日，配以月。」[8] 另外，這樣的祭祀方式也成為人們對先人崇德報功，表達高度敬意的方式。例如前述周朝以祖先配上帝。也有如漢・鄭玄《周禮注疏》所寫的：「社、稷、土、谷之神，有德者配食焉。共工氏之子曰句龍，食於社；有屬山氏之子曰柱，食於稷。湯遷之而祀棄。」[9] 簡而言之，配、配食這樣的祭祀方式，源自於古老的禮制觀念，而主、配之間並無從屬與上下的關係，其概念是二者之間

---

[5] （三國）王弼，《周易注疏》周易兼義上經需傳卷 2，清嘉慶二十年南昌府學重刊宋本十三經注疏本，[中國基本古籍庫]，頁 80-81。

[6] 同上註，頁 81。

[7] 參考教育部重修國語辭典修訂本「配」。
資料來源：http://dict.revised.moe.edu.tw/cgi-bin/newDict/dict.sh?cond=%B0t&pieceLen=50&fld=1&cat=&ukey=-140246121&serial=2&recNo=6&op=f&imgFont=1（2015/01/09）

[8] （漢）鄭玄，《禮記》卷 14，四部叢刊景宋本，[中國基本古籍庫]，頁 272。

[9] （漢）鄭玄，《周禮疏》附釋音周禮注疏卷 18，清嘉慶二十年南昌府學重刊宋本十三經注疏本，[中國基本古籍庫]，頁 410。

的功德能相匹配，而配者尚能作為主者的陪襯，如月與日。同時，這也成為人們對先人崇德報功的方式。

除了從祀與配食，隨著時間的發展，廟內的祀神越來越多元，所以當代用來描述廟內祀神的詞彙多出許多，如配祀、陪祀、同祀、旁祀、脅祀（挾侍、挾祀、協祀）、隸祀和寄祀。然而，這些詞彙並沒有一個獲得普遍共識的定義。為了使本研究的研究範圍有個明確的基礎，筆者參考前述的漢人祀神概念，並比較三位專家阮昌銳（1982）、林進源（1994）和林承緯（2007）的廟內祀神分類及定義，進而提出本研究的看法。

前述三位專家分類方式的差別有二。第一個在於阮昌銳將廟內祀神先分為「主神」，以及主神之外的所有神明「屬神」二類。林進源和林承緯則將阮昌銳歸入「屬神」之中的同祀神與寄祀神兩種，單獨放在「客神」一個類別之中，與主神、屬神並列，成為第三個分類項。第二個差別在於他們對於從祀、配祀神的定義。阮昌銳和林承緯都將神的僚屬這一類神祇稱為配祀神，林進源則稱之為從祀神。而阮昌銳和林承緯的從祀神則是屬於一個較大的分項。阮昌銳的從祀神包括了配偶神、分身神、配祀神、挾侍和隸祀神，林承緯的從祀神則是配祀神、挾侍神和隸祀神。三種分類方式的對照表如表 5-1 所示。

關於這些分類方式，筆者有幾點看法：

（一）所謂的「同祀神」與主神既然沒有宗教上的關係，而「寄祀神」也不是廟宇規劃內的神祇，那麼阮昌銳的同祀與寄祀神是不宜列入屬神之中的，因為這兩者與主神並無主、屬關係。

（二）「客」指的是不屬於主體的部分，是寄居的。而同祀神

　　雖然與主神沒有從屬或是宗教上的關係，但仍是屬於廟宇規劃內的、長期供奉的神祇，因此不宜歸為客神。

（三）阮昌銳與林承緯都將主神的僚屬稱為配祀神。然而，考究古代祭祀禮制中「配」的定義，是沒有從屬與上下關係的，因此不宜將這一類神祇歸為配祀神。反而是同祀神，也就是在廟宇規劃之中，與主神沒有從屬關係的神祇宜稱為配祀神。

（四）根據上古傳統的祭祀概念，與主神有上下、統屬關係，以及性質和職務關聯的是為從祀，因此主神的僚屬宜稱為從祀神。

（五）廢廟之神、神明會和軒社的神、暫時寄居在廟內的神這類神祇因為不屬於主體編制內的神，宜稱為客神，與主神並列為一個分類項。

（六）除了客神之外的所有神祇，都是屬於廟宇主體的一部分，而這個部分又有主、次之分，主者即稱為主神，次者筆者以「陪祀神」稱之。因為「陪」，有「伴隨」之意，例如「陪伴」、「陪同」[10]，稱為陪祀神既表現了主／陪的對比，又不涉及上下從屬的關係。

　　依據以上幾點原則所做的分類請參考表 5-2。

　　接下來，再進一步釐清本研究欲探討的陪祀神範圍。由於本研究的目的在於透過廟內的陪祀神去探討各城隍廟的獨特性，並分析該廟城隍神的角色與職能。因此，無論主祀神為

---

[10] 參考教育本重編國語辭典修訂本（資料來源：http://dict.revised.moe.edu.tw/cgi-bin/newDict/dict.sh?cond=%B3%AD&pieceLen=50&fld=1&cat=&ukey=859277697&serial=1&recNo=0&op=f&imgFont=1。2013/06/13）

何，各廟宇都會供奉的神祇，或是同級別神祇都有的侍神，這些無法彰顯出城隍信仰特色或是地方差異的神祇就不含括進本研究探討的範圍，例如：1.主神的分身神；2.同級別神祇都會配置的，站在主祀神左右，彰顯主神品位的挾侍神；3.幾乎所有廟宇皆有，且無特別專屬性的的隸祀神。也就是說，本研究欲探討的祀神包括了家屬神、從祀神和配祀神。

表 5-1　廟內祀神分類對照表

阮昌銳（1982）			林進源（1994）		林承緯（2007）		
主神：某一寺廟主要奉祀的神明。			主神		主神		
屬神	從祀	配偶神：如城隍爺夫人。	屬神	家屬神：主神的妻妾子女	屬神		親屬神：主神的配偶、子女、兄弟。
		分身神：將同一神像數個並祀在神龕內或神龕前的神案上。		分身神：神的代理，可應信徒需要被奉請至臨時祭壇辦事。			分身神：主神的代像。
		配祀神：與主神有某種關係的屬神，如與祭祀神務有關的配祀。例如城隍的配祀有文武判官……。福德正神配祀虎爺。		從祀神：神的僚屬。例如城隍的文武判官……，註生娘娘的十二婆姐，土地公的虎爺。		從祀神	配祀神：主神的幕僚。例如關羽的周倉、關平，天上聖母的千里眼、順風耳，城隍爺的判官。
		挾祀神：站在主祀神左右的侍神，如佛祖的文殊、普賢菩薩，王爺級的劍童、印童。		挾祀神：站在神的左右，以提高主神的品位。如王爺級的劍童、印童。在職務上較從祀神與主神			挾祀神：立於主神左右兩旁的屬神，其目的在於突顯主神的地位。如帝格的劍監、

阮昌銳（1982）		林進源（1994）		林承緯（2007）	
		的關係密切。		印監。	
	隸祀神：主神們共同有的屬神，如門神、佛寺的伽藍爺、護法、十八羅漢等。	隸祀神：共同從屬於各神，如伽藍、韋馱、十八羅漢、四大金剛等。		隸祀神：共同屬於一些神明的屬神，如五營兵降、中壇元帥、三十六神將等。	
同祀	與主神並無宗教上的關係，只是為寺廟所祭祀的神而已。例如鄉土神：如地方神、同祖神。普信神：如註生娘娘、土地公、媽祖、太子爺。守護神：如與地方人民職業有關的行業神，例如農村祀五谷大帝，漁村祀王爺、媽祖。	客神	同祀神：和主神同祀於廟中，彼此之間並無從屬或其他宗教上的關係。如鄉土祇、深得當地居民信仰的祭神、與當地多數居民職業有關的神祇、廢廟的祭神。	客神	同祀神：共同被供奉於廟堂中，不過兩者之間並沒有任何從屬關係，一般也稱為「副祀神」。包括：（1）與廟宇關係者的故鄉有關係的祭神。（2）深得當地居民信仰的神明。（3）與當地多數居民職業有關的神明。（4）自遠地廟宇請來的神祇。
寄祀	供於主神前的神案上，如神明會的神、廢廟的神、民眾的神、流轉無主的神。		寄祀：暫時寄居奉祀在寺廟的神祇，被奉祀的緣由，與同祀神並無多大差別。		寄祀：不再有祭祀活動的神祇，神明會、軒社所屬的神像，迎來作客般的神祇。

資料來源：

（1）阮昌銳（1982：2~19-2-20）；

（2）林進源（1994:46~61）；

（3）林承緯（2007：168~175）。

表 5-2　廟內祀神分類表

主神		
陪祀神	家屬神：主神的妻妾子女	
	從祀神：神的僚屬。例如城隍的文武判官……，註生娘娘的十二婆姐，土地公的虎爺。	
	配祀神：和主神同祀於廟中，彼此之間並無從屬關係。如鄉土神祇、深得當地居民信仰的祭神、與當地多數居民職業有關的神祇、廢廟的祭神。	
	分身神：神的代理，可應信徒需要被奉請至臨時祭壇辦事。	
	挾祀神：站在神的左右，以提高主神的品位。如王爺級的劍童、印童。在職務上較從祀神與主神的關係密切。	
	隸祀神：共同從屬於各神，如伽藍、韋馱、十八羅漢、四大金剛等。	
客神：暫時寄居奉祀在寺廟的神祇，如神明會的神、廢廟的神、民眾的神、流轉無主的神。		

第二節　研究範圍

　　由於過去沒有從陪祀神這個角度去探討主祀神的角色與職能的研究，因此，本研究設定一個大樣本的資料收集範圍作嘗試，以期在一個時、空的大比例尺觀看位置，觀察出樣本之間的相同、差異、普遍、獨特、承襲和變化。

　　在時間軸上，本研究的範圍是從唐朝到當代。而空間的範圍，歷史時期是整個中國，當代則是臺灣本島。歷史的部分，主要是作為當代臺灣本島調查結果的對照組，以瞭解臺灣本島

城隍廟現況的新與舊。

　　當代臺灣本島的範圍，以筆者論文寫作時期的 2013 年 5 月份自內政部全國宗教資訊系統下載的資料中，主祀城隍神或以城隍為廟名的宮廟為調查範圍。根據該份資料，臺灣本島有 94 間主祀城隍神和以城隍為廟名的宮廟。然而經筆者實地查訪，其中位於高雄市杉林區的威聖廟，和大樹區的順安宮分別主祀開彰聖王與媽祖，應該是登記有誤，因此不列入本研究範圍之中。因此共計 92 間城隍廟，其列表請參考附錄一。

第三節　研究方法

　　本研究為了定位在一個大比例尺的觀看位置，所以採取大樣本的資料收集方式。資料收集的方式包括了歷史文獻收集和當代臺灣本島城隍廟的田野調查兩種。由於收集到的資料數量很多，因此以表格方式歸納，以不同時期切割表格，中國以唐、宋、元、明、清各朝分別列表，臺灣則以清領、日治時期和當代三個時期分列。

　　列表之後的工作，即是分析陪祀神襯托出的城隍神角色與職能。並將得到的歷史中國與當代臺灣本島城隍神的角色與職能，在時間軸上比對，從而透過城隍神角色與職能的發展，探討當代臺灣城隍信仰內涵的不變與變。不變的是為城隍信仰的根底，而變的則是因應時代環境需要而出現的新詮釋型態。

　　最後，則借用兩位學者提出的相關概念來檢視本研究得出的城隍信仰內涵，一為杜贊奇（Prasenjit Duara, 1988）從關帝神話的探討而提出的「復刻符號」（superscribing symbols），

一為李豐楙（2009、2010a、2010b）疏理王母傳說、玄女神話和五營信仰與形式而提出的「本相與變相」。

以下就幾項重點工作分別說明：

一、歷史文獻收集

城隍廟的相關描述多存在於廟志、碑刻、地方志、筆記之中。本研究將資料蒐集範圍訂在《中國基本古籍庫》和《中國方志庫》兩個古籍數位資料庫，並以「城隍廟」為檢索詞條，收錄關於城隍廟陪祀神的記載。雖然資料庫於筆者論文撰寫時尚未詳盡收錄所有的方志與文集，然而本研究目的在於收集足夠的資料，以呈現各時期城隍廟陪祀神型態的概略輪廓，因此仍然足夠做為分析基礎，以得出本研究欲探討的初步結論。

史料中的資訊，有的為方志祠廟類或城隍廟記中直接記載的廟內祀神，有的為「某某廟／祠，在城隍廟」的記述，有的敘述為「某某人，……肖其像祠於城隍廟」。本研究將這類記載都收錄整理，以期盡量得到各朝代城隍廟內陪祀神的紀錄。

至於臺灣本島城隍廟陪祀神的歷史資料，清領時期以收錄許多臺灣方志和臺灣文獻的中研院臺史所《臺灣文獻叢刊》線上資料庫，以及日治時期的《臺灣日日新報》數位資料庫作為資料檢索範圍。而日治時期，則以西元 1929 年來臺進行宗教調查的宗教調查官增田福太郎對城隍信仰和城隍廟進行現況調查的結果[11]，以及《臺灣日日新報》作為資料檢索範圍。

---

[11] 增田福太郎的調查結果都記錄於 1942 年出版的著作《東亞法秩序序說：民族信仰を中心として》一書之中。筆者以該書的譯本《臺灣漢民族的司法神：城隍信仰的體系》作為參考。

二、田野調查

筆者以碩士論文寫作時期的 2013 年 5 月份自內政部全國宗教資訊系統取得的 92 間城隍廟為依據，於 2011 至 2014 年間走訪了宜蘭縣、花蓮縣、南投縣、苗栗縣、高雄市、雲林縣、新竹市、嘉義市、嘉義縣、彰化縣、臺中市、臺北市及臺南市 13 個縣市的城隍廟，共計 67 座，記錄下每間城隍廟內供奉的陪祀神作為分析的資料。

三、城隍神角色與職能的分析

自各城隍廟紀錄下的陪祀神資料，透過本章第二節所說明的概念來整理，分析出陪祀神組合、特質，以及與主祀神關係而塑造出的城隍神角色與職能。並將得出的結果在時間和空間上比對，以瞭解城隍神角色在歷史發展上的演變，以及城隍神在不同地理區位的角色定位。

如同人在生活中扮演著多元的角色，隨著信仰的發展累積，城隍神也有多元的角色。而且一座城隍廟所呈現出的城隍神角色也許超過一種，這並不矛盾。但本文的分析，是針對明顯呈現出城隍神某一種角色的陪祀神組合來做歸納，也是為了簡化本研究龐大樣本量的分析，以及說明上的單純，因此個案的列舉，就以呈現出單一城隍神角色的城隍廟來說明。

四、理論檢視

本研究最後會借用兩位學者提出的概念來檢視本研究得出之城隍神角色的信仰內涵。這兩位學者主要都是將歷經長時間

發展的神話版本，透過比對和分析，探討其中變與不變的敘述與特質。不變的敘述與特質杜贊奇稱之為神話的連續性，李豐楙稱之為本相；變的部分杜贊奇稱之為神話的斷裂性，李豐楙稱之為變相。以下就二位學者的概念分別說明：

杜贊奇以「復刻符號」（superscribing symbols）（Duara, Prasenjit, 1988）的概念對關帝的神話進行研究，探討在歷史發展過程中，神話的連續性與斷裂性之間的關係。杜贊奇的「復刻符號」是一種符號演化模式，指的是神話和符號的改變不會趨向於徹底的斷裂，而是會保留多數版本中共同的畫面和順序，但通過「復刻」從而確立新的意義，亦即增加或重新發現新的元素，或者是賦予既有的元素一個獨特的觀點。

例如，關帝保護者的形象，被佛教僧侶當成廟宇保護者，被農村村民轉成他們的社區保護者。作為重然諾、忠誠代表的關帝被在異地經商的商人轉成鼓勵對契約誠信的角色，從而逐漸地被當成了財神，也被當朝者轉成忠於既有權威的象徵。也就是說，在關帝神話的發展過程中，一些元素為不同的群體提供了共同的素材，但各群體仍然會復刻關羽的形象以適應自身特定的環境。

另一位學者李豐楙，則是疏理王母傳說、玄女神話，和五營信仰與形式而提出「本相與變相」的概念（李豐楙，2010b）。「變相」也就是形式上的變化，正如同禮文、禮器，可以各因所宜而自由調整，至於形式背後的「本相」就如同禮意一般，是其不變的中心理念。這樣的概念是要解釋漢人神祇具有的多面性，其背後是有道精神命脈連通神祇的變相與本相，而仔細探究之後，便會發現終究是萬「變」不離其

「本」的。

　　以玄女為例，在漢朝，早期道派根據天書神授的敘述模式，將玄女納入道教的傳法譜系。唐朝時，流傳李靖輔佐李淵、李世民運用的是九天玄女傳予黃帝的兵法。而《水滸傳》裡的宋江和吳用則是經由九天玄女傳達天命，而展開替天行道的梁山大業。不管是傳道法、傳兵法或傳天命，這些敘述都是受到玄女的本相「傳遞天命的使者」所啟發，只是在不同時期、不同人的需求之下，玄女承擔了不同的宗教職能。

第六章　中國歷史上的城隍廟陪祀神

　　這一章開始，正式進入本書的研究內容。以下以年代做切割分成三節：唐朝、宋朝、元朝；明朝；清朝。並分別說明各朝代的陪祀神內容。

　　關於陪祀神的資料，筆者將《中國方志庫》和《中國基本古籍庫》兩個數位古籍資料庫之中關於城隍廟內陪祀神的記載逐條收錄，內容列於下文中。然而其中有些內容無法判斷所祀神為何，就不寫入陪祀神欄位。此外，關於陪祀神入廟奉祀的年代，若文中記載死後百姓即因感念其德而祀於城隍廟內，筆者即將該筆資料歸入受祀者死亡時的朝代。若僅寫著城隍廟內祀有某位已故者，那麼，因為無法判斷是在哪個朝代奉於城隍廟內，其過程也或許有經過搬遷，筆者就將該筆資料歸於文獻撰寫的朝代。

第一節　唐、宋、元朝的城隍廟陪祀神

一、唐朝的城隍廟陪祀神

　　在本研究的檢索範圍中，收集到關於唐朝時期城隍廟陪祀神的描述有 4 筆記載。這 4 筆記載提及的城隍廟地點分布於江蘇省、浙江省及福建省。其中有 3 筆資料記載以儀衛陪祀於廟內。而蘇州城隍神春申君的廟中，還以家屬和職官下屬（朱

英、李園）陪祀。第 4 筆文獻則記載以兩位已故名宦陪祀。其
內容詳列於下表：

表 6-1　唐朝城隍廟陪祀神列表

編號	陪祀神類別	陪祀神	地區	內文	出處
1	家屬、職官下屬、儀衛	門客、僕夫、家屬、儀衛	吳郡（今江蘇省蘇州市）	〈新修春申君廟記〉趙居貞今邦牧所居，使臣所理。故宮之內，故事備聞。於是大葺堂庭，廣修偶像，春申君正陽而坐，朱英配享其側，假君[（春申君之子）]西廂視事，上客東室齊班。李園死士，庚方授鉞。僕夫閑駿，辰位呈形。大雪久冤之魂，更申如在之敬。家屬穆穆展哀榮也，儀衛肅肅振威名也，巨木擁腫而皆古，小栽青蔥而悉新。總之一門是謂神府。正名於黃相，削訛議於城隍。	（清）董誥，《全唐文》卷296，清嘉慶內府刻本，[中國基本古籍庫]，頁2990-2991。
2	儀衛	侍衛、兵	睦州（今浙江省杭州市）	〈移城隍廟記〉呂述睦州城隍神廟，舊在城內西北隅。……[元和]五年正月十九日，廟成，遷神像焉。神坐後分畫侍衛於左右壁，其門左右	（宋）董弅，《嚴陵集》卷7〈雜著碑銘題記〉，清文淵閣四庫全書本，[中國基本古籍庫]，

編號	陪祀神類別	陪祀神	地區	內文	出處
				畫兵仗屏之，南北列木寓馬。	頁 47。
3	儀衛	儀衛	紹興（今浙江省紹興）	〈鎮東軍牆隍廟記〉錢鏐 故唐右衛將軍總管龐公諱玉，……衆情追仰，共立嚴祠，鎮百雉之崗巒，宰軍民之禍福。殿堂隆遽，儀衛精嚴，式修如在之儀，仰託儲靈之廕。	（清）王昶，《金石萃編》卷 119，清嘉慶十年刻同治錢寶傳等補修本，[中國基本古籍庫]，頁 2265-6。
4	名宦	張文琮（建州刺史）陸長源（建州刺史）	建寧府（今福建省南平建甌市）	張文琮，山東武城人，永徽中為建州刺史……既去，民祀之於城隍廟之左廡。陸長源，字泳之，吳人，建中初為建州刺史……使君既去，民祀之城隍廟右廡。	（明）謝純，《（嘉靖）建寧府志》卷 6〈名宦_唐〉，[中國基本古籍庫]，明嘉靖刻本，頁 87。

　　如前表所示，在唐朝時期，有以職官下屬、家屬（子、夫人、子孫）和儀衛，以及已故名宦作為城隍廟陪祀神的記載。首先，在前三筆文獻中，城隍廟被描述為官府的樣子，廟內配置有儀衛和馬匹。唐・趙居真的〈新修春申君廟記〉[1]中，甚至還記載廟內配置有春申君之門客朱英、春申君的兒子、僕夫以及家屬之像。與〈鎮東軍牆隍廟記〉兩篇文章，都強調廟內

---

[1] 春申君被認為是蘇州城隍神，因此在 David Johnson 的文章（1985）中，〈新修春申君廟記〉也列為城隍研究的史料之一。

的配置如所奉城隍神在世之儀。筆者認為，透過在廟內配置家屬和儀衛的塑像或畫像，能夠達到莊嚴廟內氛圍的目的，並可透過模擬神祇在世時的日常環境，完整信仰者對於神祇世界的想像，同時也是為了滿足神祇在超自然世界所需。

第二種類別的陪祀神是已故名宦。陪祀於唐朝城隍廟中的已故官員為張文琮和陸長源二人。根據《（嘉靖）建寧府志》的記載，他們分別於唐高宗和唐德宗時任建州刺史，因在世時有惠政，為民所仰，故歿後民眾將其祀於城隍廟內的左右兩廡。也就是說，供奉已故名宦作為陪祀神的城隍廟是位於這些名宦生前所治之所。這與城隍神的傳說相當接近。以唐朝的三位城隍神為例，紹興（越州的行政中心）城隍神龐玉、筠州（現江西高安縣）城隍神應智頊，以及南豐（現江西南豐縣）城隍神游茂洪在過世前都分別為越州、高安縣和南豐的地方官。（參考 David Johnson, 1985：372-373、375-378）筆者認為，因為祂們和城隍神一樣有惠政於民，所以人們將之供奉於城隍廟內作為陪祀。

二、宋朝的城隍廟陪祀神

本研究收集到宋朝城隍廟陪祀神的資料一共有 12 筆，內容提及的城隍廟地點分布於四川省、江西省、江蘇省、浙江省、陝西省、湖南省及福建省。根據各筆資料中，廟記、廟碑撰文者的所屬年代，以及歿後陪祀者的生存年代來研判，這 12 筆資料中，有 10 筆是南宋時期的記載。在所有的資料裡，以忠勇死節之士陪祀的總計有 5 筆，儀衛有 3 筆，名宦有兩筆，夫人亦有 2 筆。最後，職官下屬以及於當地顯靈驗治病事

蹟的康王各有 1 筆。其內容分別列於表 6-2：

表 6-2　宋朝城隍廟陪祀神列表

編號	陪祀神類別	陪祀神	地區	內文	出處
北宋					
1	忠烈	項德[2]	婺州（今浙江省金華市）	項德，武義人，宣和間寇陷婺州，德率百餘人與戰，俘馘甚多，方繕甲謀復。鄰邑適王師至，欲會合殲之，賊聞盡銳，邀德於黃姑嶺下，德力戰而死，邑人哭聲振山谷，圖像於城隍廟歲時祀焉。	（明）李賢，《明一統志》卷 42 金華府，清文淵閣四庫全書本，[中國基本古籍庫]，頁 1458-1459。
2	家屬、職官下屬	夫人、吳勝、余克、錢起	瑞州府（今江西省宜春市、高安市）	本府 高安縣附 城隍廟在府治鳳山西，唐·刺史應智頊有功於民，歿祀之。宋·宣和六年始賜廟額，累封靈佑昭應忠惠廣烈王。配梅氏累封靈惠協佑廣助嘉德妃。其下獲封將軍者，吳勝曰翊贊，余克曰助順，錢起曰助應。	（明）熊相，《（正德）瑞州府志》卷 4，明正德刻本，[中國基本古籍庫]，頁 54。
南宋					
3	忠烈	岳飛	武寧縣（今江西省九	岳忠武廟在十二都龍興寺。宋·紹興元年，忠武王岳飛追斬趙萬於朱	（清）何慶朝，《（同治）武寧縣

---

[2] 「項德，武義人，郡之禁卒（牢房看守）也。」（（明）胡宗憲，《（嘉靖）浙江通志》卷 40，明嘉靖四十年刊本），[中國方志庫]，頁 1946。

編號	陪祀神類別	陪祀神	地區	內文	出處
			江市武寧縣）	家山趨江州，憩此，鄉人立廟祀之。一在城隍廟，今廢。 按宋‧邑令張子仁記，岳忠武遺像在城隍廟內。	志》卷 11，清同治九年刻本，[中國方志庫]，頁 470。
4	忠烈	岳王	崇德縣（今浙江省嘉興桐鄉市）	城隍廟，在縣西南隅，語溪館東。考證邑令臧元士[3]增創門道兩廊，開路東出，岳王祠附於內。	（元）徐碩，《（至元）嘉禾志》卷 12 祠廟‧崇德縣，文淵閣四庫全書本，[中國方志庫]，頁 84。
5	名宦	徐尹（縣尉）	於潛縣（今浙江省杭州臨安市）	於潛縣 城隍廟，舊在白雲菴下。隆興初，葉衡宰邑徙于縣西酒務之側。徐縣尉尹保義，有捍禦方寇金人之功，因繪像祠于廟廡，名曰全節。	（宋）潛説友，《（咸淳）臨安志》卷 74 祠祀四，清文淵閣四庫全書本，[中國基本古籍庫]，頁 639。
6	忠烈	五忠：司馬承孟彥卿趙民彥劉玠	潭州（今湖南省長沙市）	〈乞潭州譙王等廟額狀〉 奏爲潭州創立譙王承，及紹興死事之臣孟彥卿、趙民彥、劉玠、趙	（宋）朱熹，《晦菴集》卷第 19，四部叢刊景明嘉靖本，[中國基

---

[3] 「臧元士，朝奉郎，淳祐十一年十月到任。」（（元）脫因，《（至順）鎮江志》卷 15，清道光二十二年丹徒包氏刻本，[中國方志庫]，頁 842。）

編號	陪祀神類別	陪祀神	地區	內文	出處
		趙聿之		聿之等廟乞賜勑額伏候勑旨事　具位臣朱熹臣前任知潭州日，伏準紹熙五年七月七日大赦內一項節文：歷代忠臣烈士祠廟損壞，令本州支係省錢修葺。……此五人者皆以忠節没於王事，而從前未有廟貌，無可修葺，無以仰稱聖朝襃顯忠義之意，遂牒。本州於城隍廟內創立祠堂，象五人者，并考譙王本傳，并象其參謀數人，立侍左右各立位。……乞降付尚書省。	本古籍庫]，頁313。
7	忠烈	范旺	順昌縣（今福建省南平市順昌縣）	范旺，順昌人，少有志操，為縣巡檢司軍校。紹興初，順昌盜俞勝等作亂，官吏皆散，土軍陳望者素樂禍，與射士張袞謀舉砦應之。旺叱之曰：「吾等父母妻子皆受國家廩食以活，今力不能討賊，反更助為虐，是無天地也。」凶黨怒，剔其目而殺之。一子曰佛勝，年二十，以勇聞。賊詐以父命召之至，則俱死。妻馬氏亦死。賊既平，旺死迹在地隱隱不没，邑人驚	（明）陳道，《（弘治）八閩通志》卷69人物，明弘治刻本，[中國方志庫]，頁1320。

編號	陪祀神類別	陪祀神	地區	內文	出處
				異，為設像城隍廟，歲時祭享。六年，轉運使以狀間詔贈承信即更立祠，號忠節。二十八年，復詔，立愍節廟以祀之。	
8	名宦	萬諤[4]（縣令）	延平府沙縣（今福建省三明市沙縣）	萬縣令祠 在縣舊城隍廟，祀宋縣令萬諤。詳見名宦志祠，有給事中張致遠記。	（明）陳道，《（弘治）八閩通志》卷60 祠廟‧延平府沙縣，明弘治刻本，[中國方志庫]，頁1081。
9	儀衛	侍衛	雙流縣（今四川省成都市雙流縣）	〈雙流縣城隍廟記〉任淵風俗淳厚，士民哀予，踈拙不忍累之。抑神之庇既是賴，遂以餘力增飾祠宇。繪塑之工，各致其巧，侍衛儼列，扁榜崇麗，氣象葱鬱，神用燕娛。……紹興三十年記。	（宋）程遇孫，《成都文類》卷33，清文淵閣四庫全書補配清文津閣四庫全書本，[中國基本古籍庫]，頁303-304。
10	儀衛、家屬	諸衛、侍從、	涇陽縣（今陝	〈金雲陽縣移修靈應城隍廟記〉	（清）周斯億，《（宣

---

[4] 「萬諤，字叔康，饒州人。紹興間知沙縣。寬厚，有惠愛於民。廣寇犯閩境，諤被曹檄，督餉事。慨然率巡檢吳鑄、尉陳永忠，以鄉兵千餘人逆拒之。賊遁追躡逾日，履險墮空。從□還治，卒。民感其忠義為立祠。」（（明）陳道，《（弘治）八閩通志》，卷38 秩官，明弘治刻本，[中國方志庫]，頁687。）

編號	陪祀神類別	陪祀神	地區	內文	出處
		夫人	西省咸陽市涇陽縣）	……正隆三年，歲次丁丑八月十五日，住持道士介至柔上石寧州醫助教李仁孝刊其文曰：……於是卜日鳩工，修崇起造，屋宇肇新，壯麗相副，塑神相貌，及諸衞、侍從者環列左右，各盡恭虔之容，仍廣其後殿以爲燕寢之次，故配以夫人位焉。	統）涇陽縣志》重修涇陽縣志卷 2，清宣統三年鉛印本，[中國方志庫]，頁165-166。
11	儀衞	輿衞	建康府溧水縣（今江蘇省南京市溧水縣）	〈建康府溧水縣重修正顯廟碑〉左承議郎提舉兩淛路市舶王端朝詞并書 溧水東門之側有廟曰正顯，蓋城隍神白君祠也，君諱季康唐元和間人……紹興十年，故戶部侍郎李公朝正寔宰溧水，有祈必獲，以聞于朝，錫廟額曰：正顯。……邑人錢雰、朱抃等，以廟宇朽弊，徧走大家傍及喜捨，寸積銖絫，日盈月溢，增新廣舊，不陋不華。爲外門三楹，中門如之，正殿三楹，後寢亦如之。挾以副宇，繚以周廊，獻殿處中，露臺高峙，丹青繪事，輿衞悉備，炳煥光采標冠一時，寂	（清）王昶，《金石萃編》卷 149，清嘉慶十年刻同治錢寶傳等補修本，[中國基本古籍庫]，頁2918-2919。

編號	陪祀神類別	陪祀神	地區	內文	出處
				屋五十間。……乾道元年冬十一月甲子左朝奉郎知縣事李魚立石。	
12	康王（靈驗神祇）	康王	鎮江府（今江蘇省鎮江市）	康王祠，在城隍廟西廡。宋‧紹興壬午，郡人艾欽文建。時郡人大疫，欽文業醫，夢神授香蘇飲方，乃煮藥於庭。病者飲之輒瘥，遂建此祠。元‧延祐六年，加封威顯昭惠聖順忠烈王。天歷己巳重修。舊志按：浮梁景德鎮有宋石刻云：「王姓康名保裔，洛陽人。仕周，以戰功為東州押班。父死，宋太祖以保裔代之。後與契丹戰死之，真宗贈侍中，已而靈跡顯著於信之弋陽。熙寧中，封英顯侯。慶元間，封威濟善利孚應英烈王。」	（清）高龍光，《（乾隆）鎮江府志》鎮江府志卷之 17，清乾隆十五年增刻本，[中國方志庫]，頁1424-1425。

與唐朝對照，宋朝多了許多以忠勇死節之士作為陪祀的例子，而且這些忠勇死節之士並非全由朝廷官員為立表率或褒獎而設位，也有因邑人、鄉人感念其節而祀的。如宋永志（2006）在他的論文中所分析的，南宋初期連年兵禍，因此附會前代忠勇死節之士為城隍神的趨勢甚強。從陪祀神來看，如此的忠勇死節之士若不為城隍，也能於城隍廟中列於陪祀之

位。相信這與宋朝政治環境不安定，以及宋室南渡之後與閩越
「信鬼尚祀」[5]的觀念結合，產生了相當多的人格化祠神有
關。而且，與名宦相同的是，這些烈士幾乎都在其受祀的城隍
廟所在地區犧牲的（除了武寧縣和崇德縣城隍廟內陪祀的岳
飛），亦即與名宦相同，和其所祀地區皆有地緣關係。

　　再者，這些忠勇捐軀的烈士在漢人的信仰中被歸為兇死，
如此非自然死亡的靈魂處在一種不安定的狀態，也會引發世人
的不安定心理。因此就必須透過「正常處置」的方式，安頓這
些靈魂，讓祂們進入一個新的位置，成為安定的魂神。所謂的
「正常處置」，即為入土、點主成神，使靈魂能夠依憑木主而
享有香火。而且這種戰死沙場的英靈據信因為志業未竟，而擁
有較強的靈力，故民間認為這類神靈能展現較強的護境、驅疫
能力，而建祠膜拜。（參考李豐楙，1994。）而城隍神自唐朝
開始即掌有冥籍，也有人死後即先被帶往城隍神面前審判功過
的傳說，亦即在人們的信仰中，帶了主掌冥間的標誌。那麼，
在兇死的靈魂轉為安定的魂神，進而成為享有香火的神靈之
前，這個尚未完全確定的狀態，相信能經由將神主安奉在城隍
神廟內而獲得保證。筆者認為，這也是將烈士之主安奉於城隍
廟內列為陪祀的原因。

　　至於表 6-2 中編號 12 的例子，是康王入夢傳授湯藥配
方，使得郡內人民得以從疫疾之中痊癒。因為出現了如此的靈
驗事跡，夢中授得藥方的醫師艾欽文便為康王在城隍廟內立祠

5　《宋史‧地理》：「福建路，蓋古閩越之地。其地東南際海，西北多峻
　　嶺。……其俗信鬼尚祀，重浮屠之教。」（元）脫脫，《宋史》卷 89 地理
　　志第四十二，清乾隆武英殿刻本，[中國基本古籍庫]，頁 960。

崇拜。《（乾隆）鎮江府志》記載，康王於契丹之戰死於沙
場，後於眞宗時獲追贈侍中之職，隨著靈跡顯著，後更屢獲賜
封。紹興年間，康王則顯靈跡治癒郡人之疫。[6] 這種於沙場兒
死之後展現驅疫的能力，正符合前段所述的民間信仰。而治病
的康王，則與《夷堅志》裡記載城隍協助巫師治病的靈跡展現
出相同的神能。

三、元朝的城隍廟陪祀神

　　元朝的城隍廟陪祀神資料一共有 6 筆，內容提及的城隍廟
地點分布於浙江省和江蘇省，都位於華東地區。在這 6 筆資料
所提及的城隍廟裡，有 3 間以已故名宦陪祀，2 間以家屬陪
祀，其中 1 間同時祀有家屬與職官下屬。而其餘的 1 間則以求
子神（祺壇石）陪祀。其內容分別如下：

表 6-3　元朝城隍廟陪祀神列表

編號	陪祀神類別	陪祀神	地區	内文	出處
1	名宦	楊澤（縣尹）	台州府（今浙江省台州市）	楊澤。《赤城新志》：「以從事郎為黃巖縣尹，存心恤民，父老肖其像祠於城隍廟。」	（清）嵆曾筠，《（雍正）浙江通志》卷 154 名宦_台州府_元，清文淵閣四庫全書本，[中國方

---

[6] （清）高龍光，《（乾隆）鎮江府志》卷之 17，清乾隆十五年增刻本，頁 1424-1425。

編號	陪祀神類別	陪祀神	地區	內文	出處
					志庫]，頁3661。
2	名宦	哈散沙（達魯花赤）	松江府（今上海市）	哈散沙，字允中，阿兒溫氏。至正十一年，爲達魯花赤時，兵興，民苦徭役。沙抑彊，植弱以均之，文事武備，厥政克修。鈔法不行，民無糴。沙告僚吏曰：「吾爲民師帥，忍坐視老弱餒死溝壑乎？吾將以坐倉粟，糶以賑民。秋穫，糴以補之，吾責塞矣。」衆謹然曰：「唯相公命。」遂發粟，及勸富民月糶。官置半印簿帖，書其口與糶，數簿給糶。家帖給糶者，逐月對帖糶之。卒無閉糴憂，所活甚衆，郡民孫明重建城隍廟成，肖沙像祠之。	（明）顧清，《（正德）松江府志》卷23宦蹟上，明正德七年刊本，[中國方志庫]，頁361。
3	名宦	馬莊敏公[7]	金陵（今江蘇省南京市）	馬莊敏公祠一在城隍廟東廡，一在報恩光孝觀東廡，今存。市西、水西門、東嶽廟、青溪上	（元）張鉉，《（至大）金陵新志》卷9，

---

[7] 「馬莊敏公光祖，《宋史》〈本傳〉：『馬光祖，字華，父婺州金華人。寶慶二年進士，調新喻主簿，已有能名，從真德秀學改知餘干縣。……咸淳三年，拜叅知政事。五年，大知樞密院事兼知政事，以監察御史曾淵子言罷，給事中盧鉞復繳奏新命，以金紫光祿大夫致仕。卒，諡莊敏。』」（（清）李紱《陸子學譜》卷17門人下，清雍正刻本，[中國基本古籍庫]，頁292-293。）

編號	陪祀神類別	陪祀神	地區	內文	出處
				四祠並廢。	清文淵閣四庫全書本，[中國方志庫]，頁223。
4	家屬	夫人、子孫	西湖（今浙江省杭州市）	城隍廟，宋已前在皇山，舊名永固。紹興九年，徙建於此，宋初封其神為保順通惠侯。咸淳間，加輔正康濟廣德顯聖王。元時，繪神之夫人、子孫像于後寢。	（明）田汝成，《西湖遊覽志》卷12，明嘉靖本，[中國基本古籍庫]，頁95。
5	家屬、職官下屬	父親、僚屬	台州府黃巖縣（今浙江省台州市）	城隍廟。《台州府志》：「在縣治東三十步，始建無玫。宋紹興三十年，令龔滂重建。元大德五年修。」林昉〈黃巖州城隍廟記〉：「黃巖故有城隍廟，於縣治東。吳越時，封永寧侯，入宋賜廟之額曰顯衛端平。乙未宰辛安世斥新焉，又十有一年，當淳祐乙巳，更封廣靈侯，侯之陰功載在命誥。又七年，而封侯之父曰啟祐侯，然皆不明言其姓某諱某。……於是州人鳩材傭工，宏瓻寢廟，次聖父殿，次寮屬左右序，次門樓，中為永寧閣，大小總一百五十有六楹。」	（清）嵇曾筠，《（雍正）浙江通志》卷222祠祀_台州府_黃巖縣，清文淵閣四庫全書本，[中國基本古籍庫]，頁5538。

編號	陪祀神類別	陪祀神	地區	內文	出處
6	求子神	禖壇石[8]	金陵（今江蘇省南京市）	禖壇石。按《通典》，江東太廟門北有石，文如竹葉，小屋覆之。宋文帝元嘉中修廟所得。陸澄以為晉孝武時郊禖石。然則江左亦有此禮矣。或曰百姓祀其傍，或謂之落星石。今在城隍廟內。	（元）張鉉，《（至大）金陵新志》卷11上，清文淵閣四庫全書，[中國方志庫]，頁1579。

　　元朝的陪祀神主要還是名宦、家屬和職官下屬。而這個時期才開始出現在記載中的城隍廟陪祀神有求子神。早在宋朝的《括異志》中，已記載了一則向城隍神求子嗣的故事。（參考本文 45 頁）因此在職能上，城隍神與禖壇石有某部分的重疊。

四、小結

　　由於本研究僅以《中國基本古籍庫》和《中國方志庫》做為資料檢索範圍，因此本章提出之城隍廟陪祀神的型態並無法

---

[8] 禖壇石為求子之神。其典故於《通典》中的說明為：
「高禖　周、漢、後漢、魏、晉、北齊、隋、大唐　制月令、仲春玄鳥至之日，以太牢祠於高禖。高辛氏之代，玄鳥遺卵，娀簡吞之生契。後王以為媒官嘉祥而立其祠。又月令章句曰：『高，尊也。禖，祀也。吉事先見之象也。……玄鳥至時，陰陽中萬物生故，於是以三牲請子於高禖之神。居明顯之處，故謂之高。因其求子，故謂之禖，以為古者有媒氏之官，因以為神。……魏禖壇有石，青龍中造。許慎云：『山陽人以石為主。』」（（唐）杜佑《通典》卷55〈禮十五‧吉十四〉，清武英殿刻本，[中國基本古籍庫]，頁655-656。）

作為絕對的斷代分析。但是仍可以初步地描繪出城隍廟陪祀神的歷史發展過程與變化。以下分就「陪祀神的類型」、「陪祀神襯托出的城隍神角色與職能」，以及「城隍神角色的地理分布」三項說明。

（一）陪祀神的類型

　　根據本節的整理，唐、宋、元三個時期的城隍廟陪祀神，有三種類型：圍繞著主祀神為中心的附屬神明；與主祀神成神經歷接近、彰顯主祀神精神的神祇；與城隍神職能相同的神祇。自唐朝開始，即有以圍繞著主祀神為中心的附屬神明（家屬、儀衛、職官下屬）和與主祀神成神經歷接近的神祇（名宦）於城隍廟內陪祀的祭祀習慣。到了宋朝，另外一種與主祀神成神經歷接近的忠勇死節之士，以及與城隍神職能相同的神祇（治病的康王）開始出現於陪祀之列。

1. 圍繞著主祀神為中心的附屬神明包括了家屬、儀衛和職官下屬。城隍廟以這類神祇陪祀，呈現出信仰者對於神明世界的想像如同人間社會一般。而且，將這個世界落實於實體的信仰空間，也是信仰者對神明表達崇敬的奉獻行為。同時，職官下屬與儀衛的陪祀，還有協助主祀神職務執行，以及壯大主祀神氣勢的效果。

2. 與主祀神成神經歷接近、彰顯主祀神精神的神祇包括了名宦及忠烈。在許多城隍神的故事中，城隍神成神之前就是名宦及忠烈。《禮記・祭法》中寫道：「夫聖王之制，祭祀也。法施於民，則祀之。以死勤事，則祀之。以勞定

國，則祀之。能禦大災，則祀之。能捍大患，則祀之。」[9]
名宦和忠烈都符合儒家的受祀標準，而且，名宦與城隍神
代表著相同的功績：有惠政於民。忠烈則與城隍神一樣彰
顯了忠勇捍衛的精神，並也能透過將兇死的英靈祀於冥司
神的廟中，安定其魂神。

3. 與城隍神職能相同的神祇包括有治病的康王，及賜子嗣的
祺壇石。不過，這一個類型的陪祀神在本研究收集到的資
料中比例尚少，僅各有一例。

（二）陪祀神襯托出的城隍神角色與職能

從唐、宋、元時期的陪祀神類型中，本研究歸納出城隍神
與陪祀神的相對關係可以分為兩個體系：一為官府體系，一為
地方守護體系。

1.官府體系

在廟內以職官下屬、儀衛和家屬陪祀，正如同古代官府的
配置一般。這反映出信仰者對於神祇世界的想像，也反映出廟
內的主祀神城隍在超自然世界裡擔任的角色，就是官府的主人
「地方官」。

另外，以地方上的名宦陪祀，意義上等同延續官員生前的
精神，於死後協助超自然世界裡的地方官執行職務。也就以陪
祀的身分，襯托出主祀神地方官的角色。

因此，古時候地方官的職務內容「文治武功」也是城隍神
的職能，亦即使民安居樂業，身家平安。

---

9 （漢）鄭玄，《禮記》卷 14，四部叢刊景宋本，[中國基本古籍庫]，頁
268。

　　2.地方守護體系

　　城隍神自興起之初，在傳說中就扮演守護城池、軍事防禦的角色。在城隍廟內以民間認為能展現較強護境能力的忠烈作為陪祀神，則是在實體空間上強化城隍神「地方守護神」的角色形象，提升「守土防禦」的職能效力，以滿足人們的信仰需求。

（三）城隍神角色的地理分布

　　本文為了說明簡單，將中國分成七個地理分區：東北、西北、華北、華中、華南、華東和西南，涵括的省份分別為：

　　東北：遼寧省、吉林省、黑龍江省。

　　西北：陝西省、甘肅省、青海省、寧夏回族自治區、新疆維吾爾自治區。

　　華北：北京市、天津市、河北省、山西省和內蒙古自治區。

　　華中：河南省、湖北省和湖南省。

　　華南：福建省、廣東省、廣西壯族自治區和海南省。

　　華東：山東省、江蘇省、安徽省、浙江省、江西省和上海市。

　　西南：四川省、重慶市、雲南省、貴州省和西藏自治區。

　　由於本研究沒有收錄到這個時期東北與華北地區的城隍廟陪祀神資料，因此無法瞭解這兩個地區的情況。再者，因為唐朝和元朝收集到的資料筆數較少，且集中在華東和華南地區，因此較難作地區間的比對。除了前述兩種情況之外，本研究收集到資料的地區幾乎都呈現出城隍神地方官的角色，只有華中地區目前沒有這一種角色的資料。而宋朝開始出現的地方守護

神角色，則分布在華東、華中和華南地區。（參考圖 6-1、圖
6-2、圖 6-3）

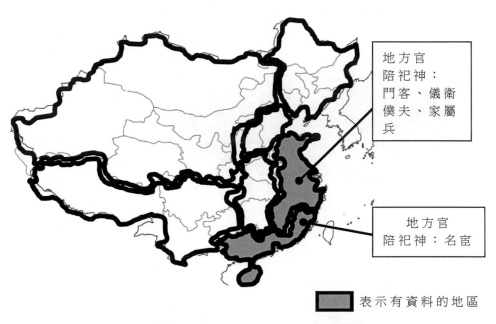

地方官
陪祀神：
門客、儀衛
僕夫、家屬
兵

地方官
陪祀神：名宦

表示有資料的地區

圖 6-1　唐朝城隍神角色地理分布

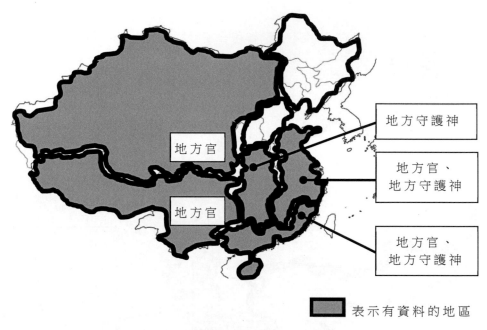

圖 6-2　宋朝城隍神角色地理分布

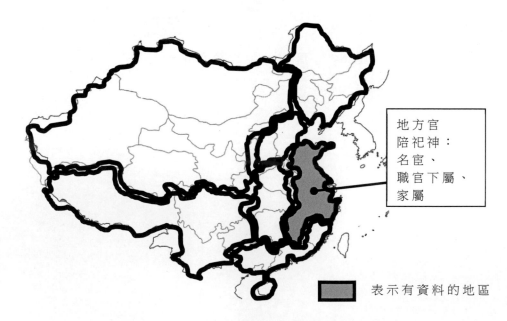

圖 6-3　元朝城隍神角色地理分布

第二節　明朝的城隍廟陪祀神

　　本研究收集到關於明朝時期城隍廟陪祀神的資料有 29
筆。這 29 筆資料所描述的城隍廟共計 26 間，其地點分布於東
北的遼寧省，西北的陝西省，華北的山西省、北京市，華東的
山東省、江蘇省、安徽省、江西省、浙江省、福建省，華中的
河南省、湖北省、湖南省，華南的廣西壯族自治區、廣東省，
和西南的雲南省。在這些城隍廟中，有 8 間以職官下屬（曹
司、輔相、文武班）陪祀，5 間以已故名宦陪祀，而奉有官員
生祠的則有 4 間，3 間設有儀衛陪祀，供奉土地公的亦有 3
間，以轄下城隍神陪祀的有 2 間。另外，有 6 間城隍廟內的陪
祀神包括了觀音、社令、丁公、痘神、文昌君、青山神、聖
母，以及八蜡。內容請見附錄二。

　　明朝時，城隍信仰進入國家的宗教體制之中，與國家的官
僚結構套疊成一套官定信仰體制，分為都、府、州、縣四個級
別。每個行政城市都建有城隍廟，其祭祀並且列入國家祀典。
還按全國各級官署廳堂之制規範各城隍廟的廟制，連座椅、書
案都同規格。在這樣的轉變之下，城隍廟儼然為超自然世界的
官府。於是，廟內也開始出現了不同於以往的曹司、輔相，和
文武班這類的陪祀神。顯然是以模擬人間官府配置，安排職官
下屬協助主祀神之職。

　　由於明朝的城隍信仰體制化，各地城隍廟依其所在行政區
而有級別之分。當這個超自然世界的官僚結構形成之後，城隍
廟內也開始出現了以轄下城隍作為陪祀神的祭祀方式，如同人
間的官員排班。如此便與廟內配置儀衛一樣，除了能夠彰顯主

祀城隍神的地位，也能莊嚴、壯大廟內的神聖氛圍。

再者，明朝時期開始出現在城隍廟陪祀之列的還有「生祠」，亦即在世官員的祠位。生祠的源起，是為了紀念官員功德，而於其在世時為之建立祠廟。其目的有二，一是為賢官報功與祈福，一是人們為自己禱祀求福。這種祠祀始於漢朝，《史記》裡面即記載了燕相欒布、齊相石慶皆有人們為立生祠。[10] 然而，自唐朝開始，生祠才廣見於史籍之中。《唐六典》規定：「凡德政碑及生祠，皆取政績可稱，州為申省，省司勘覆定，奏聞，乃立焉。」[11] 亦可見得設立生祠是有一個官定申報及審核的程序。

參考方志裡的記載，生祠的形式或為獨立的建築，有正廳、有廂房，或為亭子的形式。然而，也有附祀的。生祠為地方公祠，但不入國家祀典，其祭祀和修葺的費用得靠地方自行籌募。（參考趙克生，2006：128）因此可以想像，也許在財務的考量之下，地方選擇將官員生祠附祀於其他的設施建築之中。在古代，地方的公共建築空間主要是公署、學宮、倉廩、祠廟和寺觀。在這幾種型態的空間裡，就屬學宮與祠廟、寺觀較適合作為生祠的附祀場所。因此，許多生祠附祀於佛寺和學宮之中。另外，也有些許附祀在書院，和廟宇、宮觀中的。

---

[10] 「欒布者，梁人也。……復為燕相，燕齊之間皆為欒布立社，號曰『欒公社』。」（（漢）司馬遷，《史記》卷 100〈季布、欒布列傳〉第四十，清乾隆武英殿刻本，[中國基本古籍庫]，頁 986-987。）
「萬石君，名奮，其父趙人也，姓石氏。趙亡徙居溫。……少子慶……為齊相，舉齊國皆慕其家行。不言而齊國大治，為立石相祠。」（（漢）司馬遷，《史記》卷 103〈萬石、張叔列傳〉第四十三，清乾隆武英殿刻本，[中國基本古籍庫]，頁 998-999。）

[11] （唐）李林甫，《唐六典》卷 4，明刻本，[中國基本古籍庫]，頁 49。

　　最後，明末的城隍廟陪祀神開始呈現一種多元的景象。明初太祖實施的城隍信仰體制化，規範城隍神的級別、稱號和祭祀規格。之後，更降旨規定城隍廟內禁止供奉其他神祇。[12]然而明初過後，地方官在執行城隍祀典儀式的態度大不如前，而讓民間有空間發展出民間的城隍儀式。之後，嘉靖年間又開始出現不具國家體制地位的「鎮」城隍廟。可見得在明一朝，城隍信仰的發展從極端統一，漸而朝向多元發展。這一趨勢，也在陪祀神的發展中展現。嘉靖年間之後，城隍廟內的陪祀神有土地公、八蜡、社令、觀音、痘神、青山神、聖母和丁公這些神祇。由於這些個案較為多元，也與清朝的發展相當接近，因此於下節探討。

　　總結來說，由於明朝的城隍祭祀進入祀典，成為官方宗教，廟宇的建築和神像都有法定規制，所以陪祀神的型態在中國各區、各行政層級也都相當統一。在明末之前城隍廟內出現的陪祀神不出職官下屬、儀衛、名宦和轄下城隍這幾種，屬於角色相對關係中的官府體系，展現出城隍神「地方官」的角色。

第三節　清朝的城隍廟陪祀神

　　清朝時期城隍廟陪祀神的資料總計有 197 間，這些城隍廟分布的地點有東北的吉林省、黑龍江省，西北的陝西省、甘肅省，華北的北京市、天津市、山西省和河北省，華東的上海

---

[12] 「是年（洪武三年）六月二十一日，又降旨各處城隍廟屏去間雜神道。」（（明）丘濬，《大學衍義補》卷 61，清文淵閣四庫全書本，[中國基本古籍庫]，頁 584。）

市、山東省、安徽省、江西省、江蘇省和浙江省，華中的湖北省、湖南省、河南省，華南的福建省、廣東省、廣西壯族自治區和海南省，西南的四川省、貴州省和雲南省。

　　相對於之前的時期，清朝城隍廟陪祀神的種類多出了許多。（參考表 6-4）而單就清朝時期各地區的城隍廟陪祀神來比較，東北、西北和西南地區的祀神類型是相對簡單，一間廟裡的陪祀神數量也較少的。其餘的地區，也有一間城隍廟內就有多於七種類型的陪祀神，例如華中的城步縣城隍廟就祀有龍神、火神、閻羅、家屬、觀音、道教神、財神、驅蝗神和名宦。（陪祀神資料請見附錄三。）

　　接下來，分就「陪祀神的類型」、「陪祀神襯托出的城隍神角色與職能」，以及「城隍神角色的地理分布」三個部分說明。

表 6-4　唐朝至清朝城隍廟陪祀神一覽表

	儀衛	名宦	家屬	職官下屬	忠烈	康王—靈驗	求子/順產神	道教神	生祠	土地神	轄下城隍	觀音	農業神	治病驅疫神	文運神	社令	丁公
唐	●3	●1	●1	●1													
宋	●3	●2	●2	●1	●5	●1											
元		●3	●2	●1			●1										
明	●3	●5		●8					●4	●3	●2	●1	●1	●1	●1	●1	●1
清	●10	●27	●7	●36	●9		●8	●10	●4	●23	●16	●14	●12	●13	●7	●2	●3

	青山神	忠臣	晴雨神	冥司神	財神	地祇	地方義勇	馬神	花神	旗纛	地藏	百姓公	節婦	玉皇大帝	太歲	灶王	關帝
唐																	
宋																	
元																	
明	●1																
清		●26	●23	●9	●9	●6	●3	●2	●2	●1	●1	●1	●1	●1	●1	●1	●1

	三靈侯—靈驗	鎮海侯—靈驗	碧霞元君	總管神	家畜飼養神	寺廟護法神	包公	文、周二公	劉備、張飛	勸善大師	驃騎將軍、夫人	儒學者
唐												
宋												
元												
明												
清	●1	●1	●1	●1	●1	●1	●1	●1	●1	●1	●1	●1

一、陪祀神的類型

　　清朝的城隍祭祀大致上承襲明朝，為重要的官方宗教，各級城隍神也同樣與行政體系對應，形成結構化的科層體制。城隍廟的陪祀神，一部分也延續過去的習慣，以職官下屬、名宦、轄下城隍、儀衛、忠烈、家屬和生祠列陪祀之位。（依資料出現次數排序）在本研究收集到的資料裡，所有清朝城隍廟中，最為普遍的陪祀神職官下屬與名宦分別有 36 與 27 例。然而，相較於過去，不同的是自明末即開始發展出的多元景況。其中，最常列於陪祀之位的是忠臣（列位於昭忠祠）、土地公和晴雨神，其次，則是觀音。

　　清朝城隍廟內設立的昭忠祠，是始於嘉慶皇帝之時。《清史稿》記載：「嘉慶七年，始令各省府城建昭忠祠，或附祀關帝及城隍廟，凡陣亡文武官暨兵士、鄉勇，按籍入祀。」[13]更確切地說，是四品以下的文職、三品以下的武職，及兵丁、鄉勇死後附祀於關帝廟和城隍廟，如果兩廟內均無空間屋宇，才擇別廟地址，設立牌位，並各依官職之大小序定位次。[14]因為是官定的設位祭祀，因此設有昭忠祠的城隍廟分布全國各區域的省、府、州、縣城隍廟中。在本研究收集到的 198 間城隍廟裡，有 26 間設有昭忠祠。

　　其次，與城隍神同樣都是屬於職位神，也同樣是土地境域之神，職務所轄有一定的地理範疇的土地公也是城隍廟內相當

---

[13] 《清史稿》卷 87，志六十二／吉禮六／昭忠祠／段 6242，[漢籍全文資料庫]。

[14] （清）阮元，《（道光）廣東通志》卷 145 建置，清道光二年刻本，[中國方志庫]，頁 1444。

常見的陪祀神。這兩類神祇的差別在於城隍神的轄區行政層級較高，土地公的轄區較低，範圍也較小。而且，自宋朝開始，即有城隍神與土地公在職務上有上、下從屬關係的記載。宋·郭象的《睽車志》裡有一則故事，內容即提到一位新任的土地神須向城隍神秉報任職之事。[15] 這樣的上下關係、職務關聯，到了明末開始，便以主、陪祀神的列位呈現於城隍廟內。從本研究收集到的清朝資料分析，以土地公做為陪祀的城隍廟計有 23 間，其級別有府、州、縣、廳，分布於東北、西北、華北、華東、華中、華南及西南，可以說是全國各區域各級城隍廟皆有的陪祀神供奉習慣。

另外一種常見的城隍廟陪祀神是晴雨神。晴雨神指的是火神與龍神，《（道光）寶慶府志》的〈禮書〉記載：「祈雨及於龍神，祈晴及於火神，禜祭特於城門，皆雨暘不時之祭也。」[16] 亦即龍神與火神為人們祈求晴雨所祭之神。而自唐朝開始，城隍神已有放晴降雨之能，經常為雨暘不時的祈禱對象。與城隍神有相同職能的龍神與火神，到了清朝，成為城隍廟內常見的陪祀神，祀於府、州、縣、廳各級城隍廟內。在本研究的資料中，有 23 間城隍廟以晴雨神陪祀，其中只有城步縣（今湖南省邵陽市）城隍廟同時祀有龍神與火神，其餘僅祀有龍神或火神。祀有龍神的城隍廟分布於華北、華東、華中、西南和西北，祀有火神的城隍廟分布於華北、華東、華中、華南，二者分布的差異可能與地方氣候有關。

---

[15] （宋）郭象，《睽車志》卷 5，清文淵閣四庫全書本，[中國基本古籍庫]，頁 27-28。

[16] （清）黃宅中，《（道光）寶慶府志》卷第 87 書六_禮書一，清道光二十七年修民國二十三年重印本，[中國方志庫]，頁 5153-5154。

　　再者，則是觀音。觀音廟在明、清時期相當普遍，分布於全國各區域。在方志的記載中，尤其常見在華北、華東、華中、華南和西南地區。此外，觀音也常作為陪祀神，出現在不同的祠廟中，如東嶽廟、主山昭應廟（主神：山靈）、天后廟、關帝廟、藥王廟等。[17] 也就是說，在明末至清，觀音不僅是普遍受到供奉的祀神，也是許多祠廟的陪祀神，包括城隍廟。在本研究收集的資料中，共計有 14 間城隍廟供有觀音作為陪祀神，其地點分布於華東、華中和華南，其中，有州和縣級城隍廟。

　　次於前述的昭忠祠、土地公、晴雨神和觀音，城隍廟內較

---

[17] 本文所舉案例資料來源如下：

東嶽廟：（明）林應翔，《（天啟）衢州府志》卷之 13〈西安東嶽廟記〉，明天啟二年刊本，[中國方志庫]，頁 1658-1662。

主山昭應廟：（明）周希哲，《（嘉靖）寧波府志》卷 15 志十一，明嘉靖三十九年刊本，[中國方志庫]，頁 1303。

天后廟：（清）明誼修，《（道光）瓊州府志》卷 8，清道光修光緒補刊本，[中國方志庫]，頁 801。

（清）吳大猷，《（光緒）四會縣志》編二下，民國十四年刊本，[中國方志庫]，頁 712-713。

關帝廟：（清）黃宅中，《（道光）寶慶府志》卷第 87，清道光二十七年修民國二十三年重印本，[中國方志庫]，頁 5158-5159。

（清）黃應培，《（道光）鳳凰廳志》卷之 4，清道光四年刻本，[中國方志庫]，頁 228。

（清）吳兆熙，《（光緒）善化縣志》卷之 30，清光緒三年刻本，[中國方志庫]，頁 2279。

藥王廟：（清）黃應培，《（道光）鳳凰廳志》卷之 4，清道光四年刻本，[中國方志庫]，頁 260。

翰伯廟：（清）吳大猷，《（光緒）四會縣志》編二下，民國十四年刊本，[中國方志庫]，頁 715。

晏公廟：（清）吳大猷，《（光緒）四會縣志》編二下，民國十四年刊本，[中國方志庫]，頁 720。

赤帝宮：（清）余良棟，《（光緒）桃源縣志》卷之 2，清光緒十八年刊本，[中國方志庫]，頁 373。

為多見的陪祀神是與城隍神職務相同的其他神祇，包括了治病驅疫神、農業神和冥司神。治病驅疫神則有痘神、瘟神和藥王，農業神有驅蝗神（劉猛將軍、金姑娘娘）和八蜡[18]，冥司神有閻羅和東嶽。宋朝時，城隍神協助治病的傳說早已出現。而唐朝時，城隍神也已經是百穀豐收、蟲獸不危害的祈求對象，也是持有冥籍，能命鬼使捉拿命終之人的神祇。也就是說，治病驅疫、農業、冥司都已是城隍神的神職。和主祀神職能相同的神祇被供於廟中的陪祀之位，可以和主祀神共同執行職務。

從供奉這三類陪祀神之城隍廟的地理區位及數量來看，以治病驅疫神作為陪祀的城隍廟分布區域包括了東北（瘟神）、西北（瘟神）、華北（藥王）、華中（瘟神）、華東（痘神、藥王）。而供奉農業神為陪祀神的城隍廟分布於西北（驅蝗神）、華北（八蜡）、華東（八蜡、驅蝗神）、華中（八蜡、驅蝗神）和華南（驅蝗神）。陪祀冥司神的城隍廟則分布於華北（冥司之神）、華東（閻羅）、華中（閻羅、東嶽）和華南（閻羅、東嶽）。以數量來看，以治病驅疫神陪祀的城隍廟有13間，包括了府與縣級城隍廟，其中，藥王有5例，瘟神7例，痘神有3例。（會昌縣、陵縣城隍廟同時祀有藥王與痘神）農業神則出現在12間城隍廟裡，包括了府和縣級城隍廟，劉猛將軍有7例，八蜡有5例，金姑娘娘（治蝗神）有一

---

[18] 八蜡，八蜡祭中的第八蜡，指的是昆蟲，因此，八蜡廟也俗稱蟲王廟。清乾隆的《任邱縣志》裡記載：「八蜡廟，在先農壇左。……今按：八蜡見《禮記》，昆蟲其八也。蓋祭主昆蟲者，近世概曰：虫王廟，似乎僅有昆蟲之祭。」（（清）劉統，《（乾隆）任邱縣志》卷之2，清乾隆二十七年刊本，[中國方志庫]，頁165。）

例。（良鄉縣城隍廟同時祀有劉猛將軍與八蜡）最後，以冥司神為陪祀神的城隍廟計有 9 間，包括了府、州、縣級城隍廟，閻羅王有 6 例，東嶽 2 例，另有 1 例僅以「冥司神」記載。

再接下來的三類陪祀神是 1.道教神祇；2.日常祈禱的神祇，包括財神、求子／順產神，和文運神；與 3.地祇。道教神祇自元朝就出現在城隍廟的陪祀神之列，然而明初，太祖統一全國廟制，摒去了雜神。到明末，道教神祇又開始出現在城隍廟中。在本研究收集到的資料中，供奉於城隍廟內的道教神祇有三官、真武（玄天上帝）、呂祖、三霄，和天地水火四帝，以道教神祇作為陪祀神的城隍廟共計有 10 間，分布於西北（三官、三霄）、華北（真武）、華中（真武、呂祖），與華東（三官、真武、呂祖、四帝），出現於府和縣級城隍廟中。最遲在唐末時，城隍神已被納入道教神仙體系之中。[19]到了元朝，朝廷更以道士主持城隍廟，也將主持城隍廟的道士封為道官，因而道教與城隍神建立起了直接的關係。所以自元朝開始，道教的最高神三清便出現在城隍廟內，而到了清朝，許多的道教神開始作為城隍神的陪祀神。

其次，有財、有後是中國人生活中的基本滿足。因此財神、求子／順產神是為漢人信仰中普遍供奉的神祇，主祀這些

---

[19] 南北朝天師祭酒使用的科儀手冊《赤松子章曆》，裡面的〈謝先亡章〉即有向城隍神上奏章的內容：「闔家惶怖，仰憑大道，告訴向臣，求乞章奏，都謝城隍社廟神祇，諸部將軍，大小虛耗，十二禁忌，一切先亡，並蒙解釋，具如所列。」（（南北朝）佚名，《赤松子章曆》卷 4，明正統道藏本，[中國基本古籍庫]，頁 46-47。）
雖然《赤松子章曆》為「南北朝時期」天師祭酒所使用的科儀手冊，但是根據傅飛嵐（2003）的說法，此書有些章文還受到了唐代特有之信仰和實踐的影響，其中即包括了城隍信仰。也就是說，傅飛嵐認為，城隍信仰於唐朝才進入《赤松子章曆》一書之中。

神祇的祠廟普遍可見，而這些神祇也常是其他祠廟的陪祀神。在〈中國方志庫〉中以「財神祠」搜尋，即可看到財神附祀於關帝廟、文武帝君廟、東嶽廟、藥王殿等廟內的記載，而以求子／順產神陪祀的祠廟有東嶽廟、后土廟、泰山廟、藥王殿、文昌祠等。在清朝，這些日常祭拜的神祇也被奉入城隍廟作為陪祀神。（城隍神能夠賜人子嗣之傳說出現的宋朝時，而元朝時，求子神已開始出現於陪祀神之列。）供奉財神為陪祀神的城隍廟在本研究的資料中共計有 9 間，分布於西北、華東、華北、華中與華南，皆為縣級城隍廟。以求子／順產神為陪祀神的城隍廟則有 8 間，分布於西北、華東、華中、華南與西南，其中有府、州、縣三級城隍廟。

此外，在中國人「萬般皆下品，唯有讀書高」的觀念下，學業仕途也是種普遍的祈求。因此文運神也經常供奉在各祠廟內。明朝時，即有天下各城隍神彙送鄉試榜冊子至文昌帝君之處，以及城隍神有司掌科場功名之權的傳說。到了明末，在城隍廟的實體空間中，文昌神已列於陪祀之位。而此節所提的清朝城隍廟所祀之文運神除了文昌帝君之外，還包括有奎星與蒼頡。這些城隍廟共計有 7 間，分布於華東、華中與華南，其中包括有府和縣級的城隍廟。

第三，則是地祇。自明初開始，即有將城隍神與地祇合祀於山川壇的祭祀習慣。源於城牆與城壍概念的城隍神具有土的屬性，所以被視為地祇之一。清朝城隍廟陪祀神中的地祇，包括有山神、河神、土母，以及僅以「地祇」記載的神祇。以地祇作為陪祀神的城隍廟共計有 6 間，分布於華北、華東、華中、華南和西南地區，其中包括了州和縣級的城隍廟。

　　最後，在本研究收集到的清朝城隍廟陪祀神的資料中，尚有一些零星的陪祀神個案，其中包括了在地方上死亡的義勇及百姓公，獲得推崇的儒學者和節婦，軍事祭祀的旗纛與馬神，漢人祠廟中常見的神祇玉皇大帝、太歲、灶王、關帝。以及地方上靈驗的神祇或是習慣祭祀的神明，如山西的三靈侯[20]、上海的鎮海侯[21]、山東的碧霞元君、江西的丁公與社令、江蘇的花神與總管神；與因為地方需求及偏好而供奉的家畜飼養神（圈神）、寺廟護法神（韋馱）、包公、佛教神祇（彌勒佛）……等。

　　整體而言，若以地理分區來看，在東北地區，6 間城隍廟最常出現的陪祀神是土地公（4 間），其次是瘟神（2 間）和忠臣（2 間）。至於職官下屬、轄下城隍、名宦、家屬和晴雨神這些全國各地常出現的陪祀神在東北則不現蹤跡。西北地區 14 間城隍廟最常見的陪祀神是職官下屬（5 間）、土地公（4 間，其中有 2 例是與職官下屬一同祀於一間城隍廟中）和瘟神（3 間）。而西南地區 13 間城隍廟最常見的則是忠臣（5

---

[20] 《（成化）山西通志》：「三靈侯廟有七。……三侯者，曰孚靈侯，唐宏，字文明。咸靈侯，葛雍，字文樂。浹靈侯，周武，字文剛。皆周屬王臣，諫王不聽，去。客吳，吳王厚禮之。會楚侵吳，三人各以神策迎楚兵，楚懼而降。吳王欲大加封賞，不受。宣王即位，復歸周。後救太子靖王之難，宣王邊三臣于東兗，治民有惠政，沒並加侯封，歷秦、漢、隋、唐，至宋真宗因其顯應，賜號三原真君。凡民有禱輒應，故各州縣多祀之。」（（明）李侃，《（成化）山西通志》卷之 5，民國二十二年景鈔明成化十一年刻本，[中國方志庫]，頁 450-451。）

[21] 《（光緒）嘉興府志》：「施府君廟，一名靈顯侯廟，在縣北五里土。神施府君，宋人，諱伯成，九歲為神。幾百餘年有禱輒應。……明勒封護國鎮海侯《吳志》。案：黃濤古蹟詩注云：『在杉青閘上，以護國鎮漕勒封。相傳為宋‧施全里人，患瘡者禱之立愈。』」（（清）許瑤光，《（光緒）嘉興府志》卷 10，清光緒五年刊本，[中國方志庫]，頁 1043。）

間），其次則是龍神（2 間）。在這三個區域的城隍廟裡，完
全沒有出現觀音、冥司神和文運神這三類的陪祀神。

　　華北地區的 18 間城隍廟，最常出現的陪祀神是忠臣（4
間）和土地公（4 間）。其次，則是職官下屬（3 間）和晴雨
神（3 間）。華東地區的 86 間城隍廟裡，最為多見的陪祀神
為職官下屬與名宦。而華中地區的 38 間城隍廟中，以農業神
做為陪祀的數量和比例是全國各區最高的（6 間）。華東和華
中地區，以晴雨神陪祀的城隍廟數量也不少。此外，相較於其
他區域，這兩個地區常將地方上靈驗神祇或是地方上習慣祭祀
的神祇供奉於城隍廟內做為陪祀神，例如山東的碧霞元君、江
西的丁公、江蘇的花神和總管神。最後，華南地區最常見的陪
祀神則是名宦（6 間）與職官下屬（5 間）。

二、陪祀神襯托出的城隍神角色與職能

　　清朝時期的城隍廟陪祀神種類相較於過去多出了許多，城
隍神與陪祀神之間關係體系也變得多元。透過整理出城隍神與
陪祀神之間的社會關係、陪祀神的職能和特性，歸納出的關係
體系包括有官府體系、地方守護體系、陰間官府體系、地祇體
系、無主魂體系和國家防禦體系，襯托出的城隍神角色共計有
6 種：地方官、地方守護神、陰間執法官、地祇、鬼王，和國
家防禦守護神。這些城隍神角色與陪祀神的關係如下表所示：

表 6-5　清朝城隍神角色與城隍廟陪祀神關係表

城隍神的角色	陪祀神（角色夥伴）
地方官	職官下屬、儀衛、家屬、名宦、轄下城隍
地方守護神	忠烈、農業神、晴雨神、驅疫治病神
陰間執法官	閻羅、東嶽大帝、鬼使
地祇	地祇
鬼王	百姓公
國家防禦守護神	旗纛

　　同明朝一樣，城隍神的地方官角色是以職官下屬、儀衛、家屬、名宦、轄下城隍作為陪祀而展現出的。而地方守護神的角色與過去不同的是，除了以強調護境能力的忠烈作為陪祀，還有以農業神、晴雨神和驅疫治病神作為陪祀，強調不同的地方守護功能。

　　前二者之外，接下來的 4 種角色都是清朝時期才出現的：

1. 以閻羅和東嶽大帝這些冥司神，和鬼使作為陪祀神，營造廟內的陰間法庭氛圍，同時協助城隍神陰間執法的職能，如此襯托出的是城隍神「陰間執法官」的角色。

2. 「地祇」這個角色的概念來自於明朝時期將城隍神與地祇合祀於山川壇的祭祀習慣。因此這種類型的城隍神，其陪祀神也同為地祇。

3. 自明朝開始，城隍神即擔任厲壇主祭的角色，負責監管境內無祀鬼神能有所歸，不在陽間為祟。基於這樣的概念，地方人士為了管住一些無主的兇死之魂，會將祂們以「百姓公」之名供奉於城隍廟內，以確保地方平安，這也就突顯出城隍神鎮壓諸鬼的「鬼王」角色。

4. 以「旗纛」這種國家軍事性的祭祀對象作為陪祀，明顯是為強調城隍神「國家防禦守護」的角色。

職能為角色所展現的實質作用／能力和責任。從前述城隍神的角色衍生出的清朝時期城隍神職能，本研究歸納出 8 類：文治武功、守土防禦、放晴降雨、護佑農作豐收、陰間執掌審判、治病驅疫、司掌科場功名，和國家軍防。這些職能與陪祀神的關係如下表所示：

表 6-6　清朝城隍神職能與城隍廟陪祀神關係表

城隍神的職能	陪祀神
文治武功	職官下屬、名宦
守土防禦	忠烈
放晴降雨	龍神、火神
護佑農作豐收	農業神（劉猛將軍、金姑娘娘、八蜡）
治病驅疫	瘟神、痘神、藥王
陰間執掌審判	冥司神（閻羅、東嶽、地藏）、鬼使
司掌科場功名	文運神（文昌、奎星、蒼頡）
國家軍防	旗纛

三、城隍神角色的地理分布

（一）地方官

地方官角色是中國各地普遍的城隍神角色，在本研究所收集到的資料中，只有東北地區沒有。在其餘的區域中，除了華中和西南地區之外，這種類型的城隍廟都佔了 40%以上。（參考圖 6-4）

（二）地方守護神

城隍神地方守護神的角色出現在全國各區，不過，不同區域所祀的陪祀神有些差異。東北和西北地區主要是以瘟神陪祀，強調的是保護地方不受疫疾侵襲的職能。華北、華中和華南多數是以農業神和晴雨神陪祀，強調保障生計和身家安全的守護力量。西南地區只有晴雨神。而華東地區，則是以忠烈和治病驅疫神（有瘟神、藥王和痘神）為最多，強調城隍神保障地方安全和不受疫疾侵襲的地方守護能力。（參考圖 6-5）

（三）陰間執法官

陰間執法官角色只出現在華北、華中、華東和華南地區。其中，又以華中和華南的比例較高。華北地區的 1 間城隍廟內是以「冥司之神」作為陪祀。華中地區 5 間城隍廟內的陪祀神有東嶽、閻羅和鬼使。華東地區的 2 間城隍廟陪祀的是閻羅。而華南地區的兩間城隍廟的陪祀神則是東嶽和閻羅。（參考圖 6-6）

（四）地祇

這種類型的城隍神雖然數量不多，但是範圍較廣，分布於華北、華中、華東、華南和西南地區。（參考圖 6-7）

（五）鬼王

這類城隍神在本研究的資料中僅有 1 例：贛州府贛縣的城隍廟（今江西省贛州市）。（參考圖 6-8）

（六）國家防禦守護神

這類城隍神在本研究的資料中也僅有一例：廣西桂林府臨桂縣的城隍廟（今廣西壯族自治區桂林市）。（參考圖 6-9）

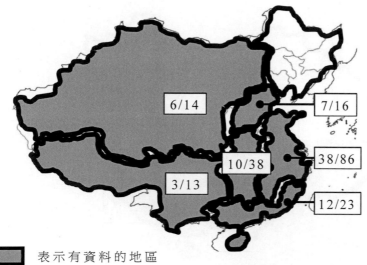

表示有資料的地區

格子內的數字，分母是城隍廟的總數，分子是地方官角色
的城隍廟數量。

圖 6-4 清朝城隍神「地方官」角色地理分布

表示有資料的地區

格子內的神祇，是各地區城隍神地方守護神角色的主
要陪祀神。

圖 6-5 清朝城隍神「地方守護神」角色地理分布

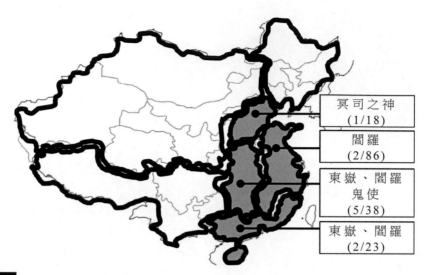

冥司之神
(1/18)

閻羅
(2/86)

東嶽、閻羅
鬼使
(5/38)

東嶽、閻羅
(2/23)

表示有資料的地區

格子內的神祇，是各地區城隍神陰間執法官角色的陪祀
神，下面數字為比例。

圖 6-6　清朝城隍神「陰間執法官」角色地理分布

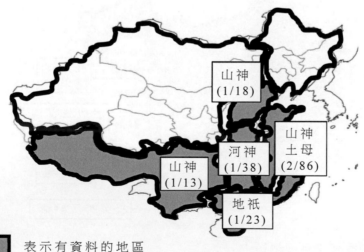

山神
(1/18)

山神
土母
(2/86)

河神
(1/38)

山神
(1/13)

地祇
(1/23)

表示有資料的地區

格子內的神祇，是各地區城隍神地祇角色的陪祀神，
下面數字為比例。

圖 6-7　清朝城隍神「地祇」角色地理分布

表示有資料的地區

格子內是城隍神鬼王角色的城隍廟所在地。

贛州府
贛縣

圖 6-8　清朝城隍神「鬼王」角色地理分布

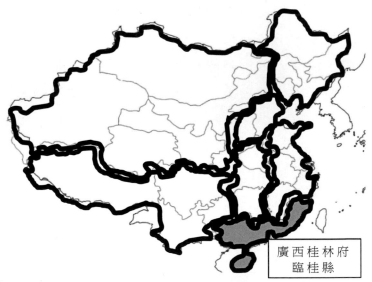

表示有資料的地區

格子內是城隍神國家防禦守護神角色的城隍廟所在

廣西桂林府
臨桂縣

圖 6-9　清朝城隍神「國家防禦守護神」角色地理分布

第四節　　總結

依據本研究在資料庫的方志和廟記中收集到的資料，歷史時期的中國城隍廟陪祀神，在明朝之前，有 3 種類型：1. 圍繞著主祀神為中心的附屬神明，包括職官下屬、儀衛和家屬。2. 與主祀神成神經歷接近、彰顯主祀神精神的神祇，包括名宦和忠烈。3. 與城隍神職能相同的神祇，有治病的神祇和求子神。其中，忠烈和治病的神祇是宋朝才開始出現於陪祀神之列，求子神則是元朝才出現的。

到了明朝，城隍祭祀進入祀典，成為官方宗教，城隍信仰帶有強烈的行政體制意涵，而且廟宇的建築和神像都有法定規制，並且秉去雜神，所以陪祀神的型態在中國各區、各行政層級都相當地統一，廟內的陪祀神不外乎職官下屬、儀衛、名宦和轄下城隍。

而從明末至清，陪祀神的種類反而以倍數成長。除了前兩段所提及的這些陪祀神之外，與城隍神職能相同的神祇多了晴雨神、農業神、治病驅疫神、冥司神，和文運神。另外還有1. 與城隍神屬性相同的土地公和地祇（包括山神、河神、土母）。也有不屬於以城隍神為中心的附屬神祇，也並不是與城隍神具有相同屬性、職能相同的神祇，也不是具有與城隍神相同成神經歷、彰顯相同精神的神祇：2.經常是人們日常祈禱的神祇，滿足的是信仰者的世俗需求。例如觀音和財神；3. 佛教神和道教神；4. 地方靈驗神祇或是地方習慣祭祀的神祇。

接下來，從城隍神與陪祀神的相對關係來分析城隍神的角色，可以歸納出明朝之前的角色有二，一是以職官下屬、儀衛

和家屬陪祀襯托出的地方官角色；一是以忠烈陪祀襯托出的地方守護神角色。明朝時，城隍神的角色則統一定調為地方官。到了清朝，隨著陪祀神的成長，城隍神的角色也多元了許多。除了地方官和地方守護神之外，還有陰間執法官、地祇、鬼王，和國家防禦守護神的角色。

而職能為角色所展現的實質作用／能力和責任，從前述城隍神的角色衍生出的城隍神的職能，在明朝之前有二，一是負責地方的文治武功，亦即使民安居樂業，身家平安；一是負責守土防禦。明朝時，隨著地方官角色的統一定調，其職能也明確的是負責地方的文治武功。到了清朝時期，則開展出更多的職能，包括有文治武功、守土防禦、放晴降雨、護佑農作豐收、陰間執掌審判、治病驅疫、司掌科場功名，和國家軍防。

最後，將城隍神的角色與地理區位做個套疊，筆者歸納出，在有收集到陪祀神資料的地區中，地方官一直是歷代、各區都呈現出的城隍神角色（只有清朝時期的東北地區沒有這類資料）。而宋朝開始出現的以忠烈陪祀的地方守護神角色，分布在華東、華中和華南地區。到了清朝，地方守護神角色則分布於全國各區，但是其中以忠烈作為陪祀的，主要分布在華東地區。另外，也有以瘟神（東北、西北），農業神和晴雨神（華北、華中、華南），晴雨神（西南），治病驅疫神和忠烈義勇（華東）作為陪祀的地方守護神角色，分別強調不同的守護職能。

其餘還有四種城隍神角色，都是清朝才出現的。這些角色的地理分布分別為：1. 陰間執法官：華北、華中、華東和華南地區。2. 地祇：華北、華中、華東、華南和西南地區。3.

鬼王：贛州府贛縣的城隍廟（華東，今江西省贛州市）。4.
國家防禦守護神：廣西桂林府臨桂縣的城隍廟（華南，今廣西
壯族自治區桂林市）。

　　總結來說，地方官和地方守護神的角色自唐宋時期發展至
今，是城隍神最傳統不變的形象。而以整體的發展趨勢來看，
在明朝時，因為官方定制的關係，全國城隍廟陪祀神限縮於某
些類型，城隍神的角色與職能因此統一定調。但是到了清朝，
陪祀神的類型反而加倍地成長，城隍神的角色與職能也隨之變
得多元。以地區差異來看，華北、華中、華南和華東地區則相
對而言產生了較多變異的形式。

　　另外，我們從這一章自歷史文獻中收集到的資料可以看
到，自有城隍廟的相關記載開始，城隍神在廟內就不是單獨出
現的，而這些其餘的神衹（陪祀神）與城隍神之間多數是具有
關係的，有上司—下屬、夫—妻這類的相對關係，也有地方守
護者—地方守護者、地衹—地衹的同質關係。我們從文獻中擷
取出的陪祀神即提供了其中一組關係的線索，經過分析，我們
也能知道陪祀神與主祀神的關係，或是祂們所處的關係體系。
因此透過推論，能夠得知主祀神的角色。

第七章　臺灣本島的城隍廟陪祀神

第一節　1945年之前的臺灣本島城隍廟陪祀神

一、清領時期

　　臺灣本島在漢人移民移入的初期即進入了清領統治。清康熙 23 年（西元 1684 年），臺灣成為清帝國的領地，設有行政區，並舉行科舉考試。在清帝國王化範圍之內，中國的政治、文化和宗教移植到了臺灣，城隍信仰也開始在臺灣扎根。以中國屬地的區位來看，臺灣本島屬於新開發區，而且幾乎每有行政區設立，其後即於城內建有該行政區的城隍廟，因此官祀城隍廟的建置早於民祀城隍廟。

　　清領時期的臺灣本島城隍廟共計有 31 座，其中官祀 15 座，民祀 17 座。（參考表 3-3）本研究收集到陪祀神資料的有 6 座，5 座為官祀，1 座為民祀。其中的官祀城隍廟陪祀神包括有職官下屬、家屬、名宦、觀音和土地公。這些之外，噶瑪蘭廳城隍廟陪祀的佛教神祇「三寶佛」，在本研究的中國城隍廟資料中並沒有出現。而恆春縣城隍廟的陪祀神記載，只寫了「神像二十二尊」，另外，臺灣府城隍廟的記載還有「雜祀諸神」，然而，所祀神不明。而唯一的一座民祀城隍廟大稻埕霞海城隍廟裡的陪祀神則有家屬與義勇公。

　　清領時期的臺灣雖然位於帝國邊陲，與中國內地也有一海峽相隔。不過以本研究收集到的資料和中國城隍廟的陪祀神比

較，臺灣本島的祀神類型並沒有什麼太大的不同，而且也沒有比較突出的一致現象。其內容詳如下表所示：

表 7-1　清領時期臺灣本島城隍廟陪祀神列表

編號	陪祀神類別	陪祀神	城隍廟	內文	出處
1	家屬、義勇公	夫人、義勇公	大稻埕霞海城隍廟（現位於臺北市）	右室神像城隍娘為鎮殿，是光緒十九年九間仔街阿仙舍創設，蓋兩邊有宮娥焉。	蔡奇泉〈霞海城隍爺沿革（二）〉《臺灣日日新報》，1925.07.05（大正14年），夕刊第四版。
				道光年間，海內陳金絨氏奉戴來臺，初安於艋舺八甲庄（即今之萬華八甲町）假店舖為祠廟，至咸豐三年（1853），章泉民鬥，神座累災被焚，先時海內林纂氏等急將金身護衛，遷徙於大稻埕杜厝街（即今之大橋町一丁目）陳金絨氏嗣，陳浩然氏之金同利舖中，是時保護神像，不顧捐軀，除林纂數氏外，奮鬥脫困，餘竟遭禍陣亡者有三十八人，海內派下感念為公受厄，共議配祀霞海城隍廟西廡，曰義勇公。	昭和九年（1934）《臺北霞海城隍廟沿革誌》（轉引自臺北霞海城隍廟官方網站 http://tpecitygod.org/about-god-04.html 2014/09/21）

編號	陪祀神類別	陪祀神	城隍廟	內文	出處
2	觀音、家屬	觀音佛祖、夫人	新竹城隍廟（現位於新竹市）	城隍廟，在廳署右側。乾隆十三年同知曾日瑛建，五十七年，袁秉義重修。嘉慶四年，清華捐建後殿，祀觀音佛祖。八年，胡應魁在西畔添建觀音殿，以後殿祀城隍夫人。道光八年，李慎彝修，三十年，黃開基重修。	（清）陳培桂，《淡水廳志》卷6〈志五・典禮志・祠祀〉，[臺灣文獻叢刊資料庫，第172種]，頁149。
3	名宦	蔣毓英（臺灣知府）諸神	臺灣府城隍廟（現位於臺南市）	〈新修郡城隍碑記〉蔣元樞 臺灣之設郡建官，創自康熙甲子，其置城隍祠，祀於郡署西偏，蓋即其一時興舉者……又祠附祀瀋陽蔣公毓英。	（清）謝金鑾，《續修臺灣縣志》卷7〈藝文（二）・記・新修郡城隍碑記〉，[臺灣文獻叢刊資料庫，第140種]，頁510-11。
				查台郡城隍廟，在府署之西數武。廟制：前為頭門三楹，前為戲台，門內有廊，如川堂式，中為正殿，供奉神像，其後正屋三進，雜祀諸神。廟之左右，各啟小門，自頭門而至正殿，兩旁基址皆建	（清）蔣元樞，〈重修臺灣府城隍廟圖說〉《重修臺灣各建築圖說》，[臺灣文獻叢刊資料庫，第283種]，頁53。

編號	陪祀神類別	陪祀神	城隍廟	內文	出處
				廂屋五楹，復隔以牆，為僧人住居之所；右廊之北於牆間另闢□門，內建小屋三楹，周圍繞以高垣，廟制頗稱宏敞……	
4	觀音	觀音	鳳山縣城隍廟（現位於鳳山市）	觀音寺…… 一在雙慈亭後殿，屋二間（餘見「天后宮」條下）。 一在城隍廟後殿，屋三間（餘見「城隍廟」條下）。 一在關帝廟後殿，屋三間（餘見「關帝廟」條下）。	（清）盧德嘉，《鳳山縣采訪冊》丁部〈規制‧祠廟‧觀音寺〉，[臺灣文獻叢刊資料庫，第 73 種]，頁 170。
5	職官下屬、佛教神祇、土地公	諸司、三寶佛、土地神	噶瑪蘭廳城隍廟（現位於宜蘭市）	城隍廟，在廳治西街後，南向。嘉慶十八年官民合建。廟凡兩進。諸司塑在兩廊，堂上三楹。左祀三寶佛，右祀土地神。氣宇嚴凝，觀瞻肅穆。	（清）陳淑均，《噶瑪蘭廳志》卷 3（中）〈祀典‧蘭中祠宇〉，[臺灣文獻叢刊資料庫，第 160 種]，頁 116
6			恆春城隍廟（現不存）	城隍廟一座，在縣署左首。…… 案：是廟共計工料洋二千零八十三元	（清）屠繼善，《恆春縣志》卷 11〈祠廟‧城隍廟〉，[臺灣文獻叢

編號	陪祀神類別	陪祀神	城隍廟	內文	出處
				七角八尖八瓣・內：高令倡捐洋一百五十元，恆春合營官兵捐洋一百二十元；……知縣陳文緯籌款，裝塑神像二十二尊，合計工料洋一百六十元。	刊資料庫，第75種]，頁223。

二、日治時期

　　臺灣在西元 1895 年進入日治時期，之後，在日本政府的監督之下，民間信仰的發展空間受到相當的限制。除了許多寺廟被日本政府佔用作為官方用途之外，日本官方甚至認為民間信仰是種迷信思想，因此以態度上支持佛教，來引導島內信仰，企圖使之移轉。加上昭和 12 年（1937 年）的寺廟整理運動整併了不少民間信仰的廟宇，因此在日治時期的民間信仰發展是較為限縮的。

　　根據本研究的整理，日治時期的城隍廟共計有 37 間，有陪祀神資料的是 11 間。從資料裡的陪祀神類型來看，可以明顯看出陪祀神供奉的一致現象，就是多數都會供奉鬼使、職官下屬與家屬。這些類型與清朝時期的中國城隍廟陪祀神並沒有什麼差別，只是其中超過一半的城隍廟內配置有范謝將軍、枷鎖爺、牛馬爺、日夜遊巡這些負責捉拿的鬼使，或是負責協助陰間審理的陰陽司、董排爺和李排爺。顯現出除了傳統的地方官角色之外，在日治時期，臺灣本島的城隍廟相當強調城隍神

的陰間執法官角色。詳細內容請參考下表。

表 7-2　日治時期臺灣城隍廟陪祀神列表

編號	陪祀神類別	城隍廟	陪祀神	出處
1	職官下屬、鬼使	臺北市昭明廟（調查時間1934/8，現位於臺北市）	文武判、八司、范謝將軍	增田福太郎，1999：55-60。
2	鬼使、轄區官祀城隍、家屬、土地公、地方義勇	大稻埕霞海城隍廟（現位於臺北市）	劍童、印童、文武判、六將、黑虎將軍、陰陽司、府城隍、夫人（內文：本廟主神：霞海城隍，其從祀於殿神像：劍童、印童、文判、武判、馬將軍、中將軍、金將軍、山將軍、謝將軍、范將軍、黑虎將軍。而正殿左側神像：府城隍、文判、陰陽司、印童，右室神像：城隍娘為鎮殿。……蓋兩邊有宮娥焉。）	蔡奇泉，〈霞海城隍爺沿革（二）〉《臺灣日日新報》，1925.07.05（大正14年），夕刊第四版。
		大稻埕霞海城隍廟（調查時間1929-1935年間多次調查）	文武判、牛馬爺、范謝將軍、金銀將軍（枷鎖爺）、夫人、土地公、義勇公（38名）	增田福太郎，1999：55-60。
3	職官下屬、鬼使、家屬、觀音、	新竹市城隍廟（現位於新竹市）	文武判諸神像、觀音佛祖、十八羅漢（內文：新竹城隍廟重修	〈新竹城隍廟工事十五日開建醮

編號	陪祀神類別	城隍廟	陪祀神	出處
	佛教神祇		工事目下，如後殿中殿觀音廳等，俱各完竣。所餘工程，惟前殿之新築及城隍爺、觀音佛祖、十八羅漢、文武判諸神像調塑，並內外部油漆工事等。而前殿完竣期，在於古曆陽月中旬。其前殿上棟式，當由新竹街協議員舉行。前殿新築工費，聞在四萬元左右。）	協議會〉，《臺灣日日新報》，1926 年 05 月 13 日，第 04 版。
		新竹市城隍廟（調查時間1929/06）	文武判、六司、董排爺、李排爺、二皂隸、四捕快、牛馬爺、范謝將軍、枷鎖爺、夫人	增田福太郎，1999：55-60。
4	職官下屬	臺中城隍廟（調查時間1934/07，現位於臺中市）	六神爺（六司）	增田福太郎，1999：55-60。
5	名宦、職官下屬、鬼使、家屬、觀音、土地公、求子／順產神	臺南府城隍廟（調查時間1936/01，現位於臺南市）	文武判、二十四司、大二爺、夫人、觀音佛祖、土地公、註生娘娘、臨水夫人、知府蔣毓英、地藏王菩薩（調查當時已不存）	增田福太郎，1999：55-60。
6	職官下屬、鬼使、家屬、觀音、	臺南縣邑城隍廟（調查時間1936/01，	文武判、二十四司、大二爺、縛爺、枷爺、鎖爺、夫人、十	增田福太郎，1999：55-60。

編號	陪祀神類別	城隍廟	陪祀神	出處
	佛教神祇、財神、求子／順產神	現位於臺南市）	八手觀音、釋迦佛、彌勒菩薩、臨水夫人、註生娘娘等	
7	鬼使、家屬	鹿港城隍廟（調查時間1934/07，現位於鹿港鎮）	文武判、三十六官將、夫人、十幾尊神像	增田福太郎，1999：55-60。
8	鬼使、家屬	彰邑城隍廟（調查時間1934/07，現位於彰化市）	文武判、范謝將軍、夫人、女兒	增田福太郎，1999：55-60。
9	職官下屬、鬼使、家屬	基隆市城隍廟（調查時間1933/03，現位於基隆市）	文武判、六司、日遊巡、夜遊巡、牛馬爺、第一夫人、第二夫人、公子	增田福太郎，1999：55-60。
10	家屬	宜蘭頭城城隍廟（調查時間1936/09，現位於頭城鎮）	夫人	增田福太郎，1999：55-60。
11	職官下屬、鬼使、家屬	宜蘭市城隍廟（調查時間1935/03，現位於宜蘭市）	董排爺（左班頭）、曹排爺（右班頭）、六科、夫人	增田福太郎，1999：55-60。

第二節　1945年之後的臺灣本島城隍廟陪祀神

　　根據 2023 年三月份內政部全國宗教資訊系統的資料，臺灣本島主祀城隍神的宮廟有 98 間。筆者於論文寫作時期的 2011 至 2014 年間，為了紀錄當代臺灣本島城隍廟的陪祀神，實際走訪了其中的 67 間。紀錄下來的臺灣城隍廟陪祀神將於「陪祀神的類型」這一分節說明，接著的「陪祀神襯托出的城隍神角色與職能」一節則是從陪祀神類型去看主祀神角色與職能的分析內容。

一、陪祀神的類型

　　在筆者走訪的臺灣本島的城隍廟中，有 3 間規模較小的廟，廟內僅祀有城隍神，無其他的陪祀神祇。[1] 而在其餘的城隍廟中，出現次數最多的陪祀神為福德正神（土地公），67 間城隍廟之中，就有 52 間以福德正神陪祀。其中，又有 30 間搭配了註生娘娘。在臺灣，以福德正神與註生娘娘一組作為陪祀神，是各種廟宇中常見的設置。

　　福德正神之外，城隍廟內最常見的陪祀神是鬼使。這類神祇是相當普遍的城隍廟陪祀神，也可以說是城隍廟的特色。在筆者走訪的城隍廟中，以鬼使作為陪祀的城隍廟共計有 51 間[2]。因為城隍爺為冥界之官，許多城隍廟內配置有負責捉拿、

---

[1]　（1）嘉義縣布袋鎮東港溪安宮；（2）臺南市北區小北城隍廟；（3）臺南市將軍區昌安宮。

[2]　沒有供奉鬼使作為陪祀神的 16 間城隍廟中，有三間是完全沒有供奉任何陪祀神的小廟（嘉義縣東港溪安宮、臺南市小北城隍廟、臺南市昌安宮）；有兩間是筆者調查時正在重新興建中，因此也許陪祀神沒有全數擺放出來

協助陰間審理、負責執行刑罰、專職巡視監察的鬼使。負責捉拿的是范謝將軍、牛馬將軍和枷鎖將軍。協助陰間審理的是文武判及陰陽司，負責執行刑罰的則是甘爺柳爺、董李排爺，以及專職巡視監察的日巡神、夜巡神。其中，以最為人所知的城隍爺隨侍鬼使范謝將軍為最多，佔了百分之 80。再來則是文武判官、牛馬將軍。

　　在福德正神之外常見的陪祀神依序分別為求子／順產神、家屬，和虎爺、觀音。在筆者的紀錄中有 38 間城隍廟內祀有求子／順產神，主要都是供奉註生娘娘。而以城隍神的家屬作為陪祀的城隍廟有 24 間，臺灣本島城隍廟內供奉的城隍神家屬，主要都是城隍夫人，少數城隍廟內也祀有城隍少爺。虎爺和觀音則各出現在 23 間城隍廟中，臺灣當代的祠廟與過去中國的漢人祠廟相同，觀音常作為陪祀神出現在不同的祠廟中。而虎爺則有一說為城隍爺的坐騎。在本研究所收集的城隍神祭文之中，發現從明朝開始即有許多祈求城隍伏虎的祭文。根據高佩英所著的《臺灣的虎爺信仰》一書，城隍廟中常看到神桌下供奉著虎爺，與城隍爺收服老虎的傳說有著密切的關係。民間也有傳說虎爺成為城隍神的腳力，因而受祀於城隍廟中。（高佩英，2005：100。）因此，臺灣許多廟宇中供有虎爺，而且虎爺除了是神明的坐騎之外，[3] 也具有守護廟宇、保佑孩童，以及帶來財運等能力。

　　接下來一種常見的陪祀神是地藏王菩薩，有 22 間城隍廟以地藏王菩薩作為陪祀。其餘的，是清朝的中國城隍廟也出現

（雲林縣土庫鎮城隍廟、雲林縣城隍廟）。

[3] 有傳說虎爺為土地公、保生大帝、城隍、媽祖的腳力。

過的陪祀神：職官下屬、太歲、道教神、文運神和佛教神。以職官下屬作為陪祀神的共計有 17 間，其中有 6 間是原來清領時期官祀系統的城隍廟。[4] 在筆者查訪的 7 間原官祀系統城隍廟中，有 6 間祀有職官下屬，其中也全部都有城隍神的家屬陪祀。而民祀城隍廟或日治、民國時期才興建的 59 間城隍廟有 11 間祀有職官下屬。就比例上來說，官祀系統的城隍廟祀有職官下屬的比例相當高，應是承襲了帝制時期城隍廟的配置概念和祭祀習慣。

再者，則是較具有臺灣特色的「媽祖」，以及「王爺」。臺灣有句俗諺說：「三月瘋媽祖，四月王爺生。」臺灣四面環海，海島的地理特性也使得海神信仰特別興盛，身為海洋守護神的媽祖，以及傳說和儀式與海洋關係密切的千歲爺／王爺，自然成為了臺灣的強勢信仰。根據 2023 年三月內政部的寺廟統計資料，全臺 9,194 間廟宇中，約有 1,032 間主祀媽祖，1,262 間主祀千歲／王爺／代天巡狩。臺灣如此普遍的媽祖和王爺信仰，在其他廟宇中也成為常見的陪祀神，城隍廟內亦然。在本研究的調查資料中，有 11 間城隍廟以媽祖作為陪祀神。千歲爺則有 9 間，其中有 4 間同時祀有媽祖與千歲爺，這9 間之中，有 8 間位於臺中以南。

另外，還有中壇元帥。中壇元帥的祭祀，源自於宋朝法派的五營信仰——東、西、南、北、中五個方位的仙兵，其角色是負責四域衛境。五營的衛境範圍或可為一個聚落，或可為一間廟宇，為漢人在宗教思維上賦予有形空間的無形結界。五營信仰延續至今，也變化發展出了哪吒信仰，亦即三太子、中壇

---

[4] 不包括原官祀系統，但廟毀之後於日治和民國時期易地重建的。

元帥，經常可見其單獨受祀。（參考李豐楙，2010a。）在臺灣的祠廟中，是相當普遍的陪祀神。在筆者走訪的臺灣城隍廟中，有 10 間祀有中壇元帥。

再接下來的陪祀神為關帝、農業神、月老和財神。關帝為武財神，與財神同為臺灣相當普遍的祈禱對象，在祠廟中，或為主祀神，也或為陪祀神。農業神為與城隍職能相同的神祇，清朝時期即已出現在城隍廟中作為陪祀神。然而清朝的中國城隍廟陪祀的農業神為驅蝗神和八蜡，當代臺灣的城隍廟所陪祀的農業神皆為神農大帝。而月老，則是近期臺灣相當熱門的祭拜神祇，祀有月下老人的城隍廟中皆祀有城隍夫人，共計有 7 間，其中，尤以大稻埕的霞海城隍廟最為香火鼎盛，甚至吸引許多日本遊客前往祭拜。

其餘的陪祀神，則有玉皇大帝（5 間）、大眾爺／百姓公（5 間）、冥司神（4 間）、功德主／信徒祿位（4 間）、地祇（4 間）、包公（3 間）、移民祖籍神（3 間）、拓荒開墾先賢（3 間）、名宦（2 間）、治病驅疫神（3 間）、地方靈驗神祇（2 間）、地方義勇（2 間）、鍾馗（1 間）、忠烈（1 間）、灶王（1 間）、康府元帥（1 間）、齊天大聖（1 間）、岳飛（1 間）、孔子（1 間）、小兒守護神（1 間）、濟公（1 間）。其中，較為特別的是呈現出臺灣移民地特性的移民祖籍神和拓荒開墾先賢。臺灣漢人的信仰，幾乎是移植自中國漢地的，祭祀祖籍地的神祇，能加強移民者原鄉身分的認同與印象。而祭祀拓荒開墾先賢，除了感念先人之外，也是在新世界立足的標記。因此在信仰中心——祠廟，也會展現出新、舊氣象。（臺灣本島城隍廟陪祀神列表請參考附錄四。）

　　如前所述，根據筆者走訪臺灣城隍廟所記錄下來的，城隍廟內陪祀神的選擇與配置看起來相當紛雜多元，陪祀神的類型多達三十幾種。而且，大致上來說，隨著祠廟的空間規模，廟內祀神的配置也有不同的規模。在一些規模較大的祠廟中，信仰者將他們宇宙觀中有序的神祇組織，以神像的擺設具體地呈現出來。例如嘉邑城隍廟，最高樓層供奉玉皇大帝，接下來依序有三清、其他道教神祇、佛教神祇，再來則是正殿的城隍神，和其他的神祇。而最小規模，也有僅祀著主祀神城隍爺的城隍廟。亦即若祠廟具有足夠的空間，任信仰者將其腦中對於信仰世界的認識視覺化，那我們就可以透過廟內的祀神去瞭解信仰者概念中的超自然世界景象。

　　除了祠廟的空間規模影響著陪祀神配置的規模之外，接下來要討論的則是廟內的陪祀神透露出的訊息。首先，從一個地方或區域的祠廟裡奉祀的陪祀神，可以看出該地區的強勢信仰。一地的強勢信仰通常與神祇的靈驗性，和地方的生活文化有密切關聯，將該類神祇供奉於其他廟宇中作為陪祀神，能滿足信徒多元的祈禱需求，也能增加廟宇的香火。在臺灣，福德正神、觀音媽、求子神（註生娘娘）、媽祖、王爺和關聖帝君都是各類廟宇中相當常見的主、陪祀神。[5] 所以在臺灣的城隍廟中，這些神祇亦不例外地，皆為出現比例頗高的陪祀神。

　　第二，廟內的主、陪祀神關係顯現出漢人信仰的神明是社會化的。在漢人的祠廟中，常見以主祀神的家眷作為陪祀神。

---

[5]　以註生娘娘為主祀神的廟宇較少見，根據 2013 年五月自內政部全國宗教資訊系統下載的資料，以註生娘娘為主祀神的廟宇共計有 4 間。但註生娘娘是相當普遍的陪祀神。

漢人將自己的神明人格化，神明擁有人的外貌、社會關係，甚至於有人的性格與需求。所以，我們祭拜神明時，上供人們也吃的食物。我們也給神明做衣裳和帽冠，給神明刻奴僕和侍婢像供使喚，也為神明娶妻。土地公和城隍爺娶親就是我們常聽聞的故事和實例。在人們的信仰概念中，為神明娶妻是神明的真實需求，同時也是人們獻給神的禮物。而供在城隍廟內的夫人與少爺在信仰者的心中，也具有神力和管轄的職權，例如城隍夫人著名的能力就是替人管丈夫，大稻埕霞海城隍廟還提供信徒請回城隍夫人加持過的「馭夫鞋／幸福鞋」，避免人夫趴趴走。此外，神祇系統也是擬帝制官僚的，例如在大型宮廟中，所祀神從高層至低層隨著官階由高至低配置，宛若帝制官僚依序排班。而且官僚間彼此也有統屬、分工及監督的關係。所以，透過觀察漢人祠廟內的陪祀神，可以瞭解，在漢人的信仰邏輯中，多數的神祇是人格化、社會化的。

第三，祠廟中的陪祀神，經常是與主祀神職務相關的神祇。因為一方面可以協助主祀神執行職務，一方面也能在儀式上協同進行。而且更進一步地，廟內選擇供奉的陪祀神還能顯現出該廟信徒想特別強調主祀神的某方面職能，如此一來可以滿足地方特定的信仰需求，一來也可以成為該廟主神的專長服務項目。

二、陪祀神襯托出的城隍神角色與職能

如前所述，民間信仰的廟宇中，許多神祇都處在社會關係的鏈結之中，祂們彼此之間也經常是職務相關的。因此，廟宇內所有供奉的神祇構成了一個我們能夠去認識主祀神的脈絡。

若以語言符號來比喻的話,主祀神就像是主詞,主詞雖然自有定義,但是將主詞放在一個多字詞組成的句子中,透過主詞與其他字詞的相對關係,主詞的角色便能更加釐清。因此,同一個主詞在不同的句子脈絡中,可能會具有較深層的差異。這就與我們在當代城隍廟中看到的現象相同。

　　當代臺灣本島所有的城隍廟供奉的都是城隍神,但廟內配置的陪祀神各有出入。搭配的陪祀神不同,構成的關係體系也不同,亦即由陪祀神和主祀神構成的微型社會類型不同,從而城隍神的角色也會不同,這就是城隍神共相背後較深層的差異。從臺灣本島當代城隍廟的陪祀神來看城隍神,本研究歸納出的關係體系包括有官府體系、陰間官府體系、無主魂體系和地方守護體系,襯托出的城隍神角色共計有四種:地方官、陰間執法官、鬼王和地方守護神。這些城隍神角色與陪祀神的關係如表 7-3 所示:

表 7-3　臺灣當代城隍廟的城隍神角色

城隍神的角色	陪祀神	案例
1. 地方官	職官下屬、皂隸、家屬	新竹市新竹都城隍廟、苗栗縣城隍廟、彰化縣彰邑城隍廟、嘉義市城隍廟、臺南市臺灣府城隍廟、臺南市安平城隍廟、高雄市鳳山區城隍廟、宜蘭縣宜蘭市城隍廟
2. 陰間執法官	鬼使、冥司神	高雄森安宮、高雄大樹霞海城隍廟、臺南恩隍宮、臺南首邑縣城隍廟
3. 鬼王	地藏王菩薩、大眾爺／百姓公	五結鄉八大庄一百甲城隍廟、羅東城隍廟、蘇澳城隍

城隍神的角色	陪祀神	案例
		廟、蘇澳鎮隘丁城隍廟、蘇澳港城隍廟、蘇澳鎮南方澳城隍廟
4. 地方守護神	行業神、祖先神	嘉義縣朴子市育黎宮、嘉義縣鹿草鄉城隍廟、花蓮瑞穗保安宮、臺北市大稻埕霞海城隍廟、苗栗縣出礦坑城隍廟、臺南市北門區城隍宮

1. 「地方官」角色鮮明的城隍神，其祠廟的規劃及陪祀神配置必類似於官府。所以主祀神位前的左右會有次級官員（如六司、十八司、二十四司）及皂隸，以莊嚴殿內氛圍，同時也為協助城隍神執行官務之用。此外，通常也如古時官府，建有後殿或側殿安置城隍神的家屬。以嘉義市城隍廟為例，正殿所供奉之城隍神像，雙手握著古時候朝臣朝會時所執的奏板（圖 7-1），其前方左右各立一位師爺塑像，後殿還供有夫人，以及十八司。

這類地方官角色較為鮮明的城隍神，幾乎都是原清領時期的官祀系統城隍廟，有高雄市鳳山區城隍廟、臺南市臺灣府城隍廟、宜蘭縣宜蘭市城隍廟、新竹市新竹都城隍廟、苗栗縣城隍廟、嘉義市城隍廟，和彰化縣彰邑城隍廟。（其分布請參考圖 7-2）這八間城隍廟都以職官下屬或家屬陪祀，而彰邑城隍廟只置有家屬陪祀，但正殿旁還供有風雲雷雨山川的木牌，為帝制時期壇祭所留存的祭祀習慣。另外一間非屬官祀系統的臺南安平城隍廟，正殿祀有二十四司，並於後殿供有城隍夫人。這間雖不是原清領時期官

祀系統的城隍廟，但是於清乾隆時期，由水師協鎮沈廷耀所建，之後也都由武官陸續修建，因此官方的氛圍較為濃厚。

圖 7-1　嘉義城隍爺（筆者拍攝）

新竹都城隍廟

苗栗縣城隍廟

宜蘭市城隍廟

彰邑城隍廟

嘉義市城隍廟

臺灣府城隍廟

安平城隍廟

鳳山城隍廟

圖 7-2　當代臺灣本島城隍神「地方官」角色分布

2. 具有「陰間執法官」形象的城隍神，殿內必配置協助執法
的鬼使，其職司有負責捉鬼的、協助審理的、負責執行刑
罰的，以及負責巡視監察的。除了這些鬼使，為強化廟內
冥間的意象，也為了強化城隍神在冥間執法的職能，廟宇
還會以冥司神陪祀，如十殿閻羅王、東嶽大帝。

圖 7-3　當代臺灣本島城隍神「陰間執法官」角色分布

本研究歸納出這種類型的城隍廟有 4 間，都位於臺灣的臺
南和高雄地區。（其分布請參考圖 7-3）高雄市旗山區的森
安宮，城隍神兩邊排有六將鬼使，一邊的側殿祀有十殿閻
羅，並放置刑具。（圖 7-4）高雄市大樹區霞海城隍廟內，

奉有鬼使之外，還有十殿閻羅和東嶽大帝陪祀。臺南市恩
隍宮則在城隍神前排列多尊半個人大小的鬼使，左右兩側
並供奉十殿閻羅，規模相當壯觀。（圖 7-5）臺南首邑縣城
隍廟的鬼使陣仗雖沒有恩隍宮來得大，可是城隍神前羅列
的鬼使們一張張表情嚴肅又冷峻的臉，都被香煙燻得黑黑
的，營造出陰森又肅穆的感覺。（圖 7-6）此廟每年為了避
免農曆七月鬼門關之後應該返回陰間的好兄弟繼續逗留陽
間搗亂作怪，會進行收鬼魂儀式。這個在農曆八月進行的
夜巡活動，是該廟在地方上相當著名的活動。

圖 7-4　高雄市旗山區森安宮閻羅殿內放置的刑具
（筆者拍攝）

圖 7-5　臺南市恩隍宮正殿（筆者拍攝）

圖 7-6　臺南首邑縣城隍廟（筆者拍攝）

3. 本研究歸納為「鬼王」的城隍神，在地方上較為強調其鎮
   壓／領導地方鬼祟的能力。這類城隍神有個特點，即都是
   由「大眾爺」升格的。大眾爺這類魂神一開始是無名百姓
   公，而後，人們為使之享有香火不為祟，為眾魂立廟，再
   以大眾爺為名祭祀。在傳說中，大眾爺為陰司，為鬼中的
   酋長，能統轄孤魂。因此，也能使該地不安份的鬼魂穩定
   下來。等到大眾爺享有一定的香火，或是擁有相當規模的
   信徒和廟宇空間之後，有的大眾爺便升格為城隍神，有的
   廟則是加祀城隍神為主祀神，大眾爺廟便順勢升格為城隍
   廟。

   這種型態的城隍廟內，通常祀有在民間信仰中被奉為幽冥
   教主的地藏王菩薩。地藏王菩薩的象徵是慈悲與渡化，救
   拔亡者脫離苦痛的地獄。另外，也有些廟內繼續祀有大眾
   爺、百姓公作為陪祀。不管是救拔，或是統轄孤魂，其目
   的都是為了使鬼祟安定，使地方平靜。

   這種類型的城隍廟都位於宜蘭縣境內，共計有 6 間：羅東
   城隍廟、蘇澳城隍廟、蘇澳鎮隘丁城隍廟，和五結鄉八大
   庄一百甲城隍廟、蘇澳鎮南方澳城隍廟、蘇澳港城隍廟。
   其中的羅東城隍廟、蘇澳城隍廟，和蘇澳鎮隘丁城隍廟皆
   建於墓區旁（圖 7-7、圖 7-8）。[6] 而羅東城隍廟、八大庄
   一百甲城隍廟、南方澳城隍廟廟內都祀有大眾爺／百姓
   公，南方澳城隍廟早期祭拜的百姓公骨骸，也還埋在廟的
   後方。六間廟中，除了八大庄一百甲城隍廟之外，都祀有
   地藏王菩薩。而蘇澳城隍廟和蘇澳港城隍廟還設有靈骨塔

---

[6] 羅東城隍廟旁的墓區已於日治時期遷移。

供人置放先人遺骨。（各廟分布請參考圖 7-9）

圖 7-7　宜蘭縣蘇澳城隍廟旁的墓地（筆者拍攝）

圖 7-8　宜蘭縣隘丁城隍廟後方是一片墓地（筆者拍攝）

八大庄一百甲城隍廟
羅東城隍廟
隘丁城隍廟　蘇澳港城隍廟
蘇澳城隍廟　南方澳城隍廟

圖 7-9　當代臺灣本島城隍神「鬼王」角色分布

4. 城隍神自起源之初即為各地區的「地方守護神」，歷經了
　 十幾個世紀，不管城隍神的傳說如何發展，職能如何地擴
　 大，這樣的概念一直是城隍信仰的基礎。但是自清朝開始
　 漢人赴海外移民，以及近代各式交通的便捷，使得傳統的
　 祭祀範圍擴大了。再加上分香盛行，都導致某些城隍廟的
　 轄區概念產生了模糊。因此，當代臺灣本島城隍神的地方
　 守護概念與歷史中國的有些不同。

在臺灣許多的傳統漢人聚落中，仍有規模較小的城隍廟以類似村廟的形式存在，這些廟宇的城隍神都是扮演著地方守護神的角色，有的廟中沒有供奉其他陪祀神，有的則是簡單地以土地公和註生娘娘陪祀。除了這些之外，從陪祀神襯托出的地方守護神角色，筆者歸成兩種型態分別說明：（1）地方產業指向；（2）地方族群指向。

（一）地方產業指向

　　屬於地方產業指向這種類型的城隍神是以行業神作為陪祀。這種類型的城隍廟有四座：嘉義縣朴子市育黎宮、嘉義縣鹿草鄉城隍廟、花蓮瑞穗保安宮和臺北市大稻埕霞海城隍廟。這四座城隍廟都是清領時期所建，供奉的也都是清領時期漢人移民自原鄉奉迎來臺的城隍神。育黎宮和鹿草城隍廟供奉的是福建泉州安溪城隍，保安宮和霞海城隍廟供奉的是福建同安霞海城隍。就地區環境的產業型態來看，育黎宮、鹿草城隍廟和保安宮都位處於農業區位的聚落裡，而霞海城隍廟則是位於商業屬性的街市聚落中。（各廟分布請參考圖 7-10）

　　這種地方產業指向的地方守護神以下分成農業與商業兩種個案分別探討：

a. 農業型態的有三間城隍廟，分別為嘉義縣朴子市育黎宮、嘉義縣鹿草鄉城隍廟，和花蓮瑞穗保安宮，都是座落於以農業為主要產業的聚落裡。

　　漢人移民來臺時，臺灣南部是最初的落腳點，位於嘉義的朴子和鹿草都是較早有漢人移墾的地帶，於是開始發展起農業。朴子市雖然在清領時期中葉之前具有港口的功能，因而商業活動熱絡，但街區之外的平原還是以農業為主。（參考張君

豪，2000：29-33）朴子之外，鹿草在明鄭時期也被列為屯墾開發的重點地區，直到現今，以筆者論文寫作時期的嘉義縣主計處 2011 年統計資料計算，[7] 鹿草鄉的耕地面積就佔了 80%，農戶口則佔了 48%，是個標準的農業鄉鎮。朴子市的耕地面積雖然所佔比例沒有鹿草高，但當時也佔了 63.3%。另外，花蓮縣瑞穗鄉的保安宮位處的聚落，周圍也是一片廣闊的農田，鄉內農地面積與鹿草鄉接近，2011 年計有 4281.67 公頃。[8]

　　這三個地區都以農業為主要產業，農作的收穫影響著當地人的生計，因此這三間城隍廟內都祀有五穀先帝／神農大帝這位護佑農作的神祇做為陪祀神。此即陪祀神與地方產業連結的型態之一。

b. 商業型態的城隍廟是座落於臺北市迪化街商圈裡的大稻埕霞海城隍廟。

　　清朝咸豐年間，一群同安人自艋舺遷移至大稻埕，形成聚落，陸續開起店鋪商號，從事買賣和貿易。同時，因為淡水河道的艋舺段逐漸淤淺，艋舺的商業漸漸轉移至大稻埕，使得大稻埕成為了臺北的商業中心，此時最為重要的產業是茶葉的集散產銷。到了日治時期，大稻埕的商業活動仍然活絡，最大的營售項目包括有茶葉、中藥和棉布。（參考宋光宇，1993：300-322）而自光復至今，這裡已成為全臺布料、中藥和南北貨最大的批發零售市場。迪化街商圈南北介於南京西路到民權

---

[7] 資料來源：http://ebas1.ebas.gov.tw/pxweb2007P/Dialog/Statfile9C.asp?strCC=10 （2014/11/28）。

[8] 按 2011 年花蓮縣主計處統計資料計算，資料來源：http://static.hl.gov.tw/files/11-1054-4569.php （2014/11/28）。

西路之間，僅長一公里，東西橫寬約三百公尺左右。在這樣的範圍裡，就有約 83 間的布行，其中有 70 間聚集在永樂布業商場裡，而中藥行則有 74 間。[9] 這樣密集且活絡的商業中心，因而有許多知名的企業家從此崛起，如新光紡織的吳火獅、臺南紡織的吳修齊、吳尊賢等。

迪化街商圈中的永樂布業商場成立於明治 41 年（1908年），原名「公設永樂町食料品小賣市場」，當時日本的商人將日本印花的布料大量的輸入臺灣，將這裡當作布料進口的批發中心。光復以後，雖然日本商人離開臺灣，但政府的鼓勵和廠商的研發使得這裡成為了全臺灣最大的布料批發零售中心。[10] 迪化街的中藥行則集中在城隍廟到民生西路口這一段，這裡是國內中藥重要的零售與批發市場。日治初期，迪化街上中藥行寥寥可數，藥材是由南北貨業者兼帶而來，後來因藥材種類繁多，更需要專業人才判斷藥材品質的好壞，才自行從香港、上海、日韓等地進口，並逐漸成為臺北主要的藥材批發地。而現在，迪化街有一百多家中藥行，其中 90%是批發商，已成為全省最大的中藥批發中心。（參考張永賢，2012：63。）

透過前述的說明可以知道迪化街商圈是個商業活動沸騰的社區，看每年採買年貨的人潮就可以知道。其零售業興盛之

[9] 布行數量統計資料來源：中華黃頁網路電話簿 https://www.iyp.com.tw/（2014/11/29），永樂布業商場官方網站 https://sites.google.com/site/ylfabricmarket/（2014/11/29）。

中藥行數量統計資料來源：亞太中醫藥網/醫藥名錄/臺北市中藥商 http://www.aptcm.com/aptcm/home.nsf （2014/11/29）。

[10] 〈永樂布業商場官方網站〉https://sites.google.com/site/ylfabricmarket/

外，更是全國布業和中藥的批發中心，經濟產值不容小覷。而位於迪化街中心的霞海城隍廟，廟內祀神龐雜多元，據稱為臺灣神像密度最高的廟宇。其中所祀之神包括了當地最重要的布匹業和中藥業的行業神媽祖和神農大帝。也因為地方做生意的人為多，供有五路財神和武財神關公。另外，迪化街商圈自清末以來即因商業繁榮而成為藝旦聚集的區域，因應這些業者、酒家女或舞女等的需求，也供奉特種行業的行業神天蓬元帥作為陪祀神。這即是陪祀神與地方產業連結的型態之二。

以上歸納出陪祀神與地方產業連結的兩種型態，突顯出該廟的區位，和信徒的身分與需求。也可以說，廟和主祀神的屬性是以特定的對象及地區為核心而被建構的。因此，城隍神的陪祀神都具有滿足地方需求的地方守護功能，而該城隍神則是擔任「地方守護神」的角色。此外，和過去「屬地」的城隍神不同，如花蓮保安宮和大稻埕霞海城隍廟雖然供奉的同是屬於福建同安霞城的霞海城隍神，但是隨著信徒移居之後的所在區位不同，而因應人們新的需求，發展出不同的陪祀神型態，便轉型成為了「屬人」的地方守護角色。

大稻埕霞海城隍廟

朴子市育黎宮

鹿草城隍廟

瑞穗保安宮

★ 商業型態的地方守護神

● 農業型態的地方守護神

圖 7-10　當代臺灣本島城隍神「地方產業指向之地方守護神」角
　　　　色分布

（二）地方族群指向

　　屬於地方族群指向這種類型的城隍神，是以祖先神作為陪
祀，將族群的歷史記憶銘刻在廟內，該廟便被標記上一庄、一

姓、一地的標誌。如此創造出的地域性，使得該廟及其主祀神具有強烈的地方守護神色彩。這類型的城隍廟三座：臺北市大稻埕霞海城隍廟、苗栗縣出礦坑城隍廟，和臺南市北門區城隍宮。（各廟分布請參考圖 7-11）

位於臺北市大稻埕的霞海城隍廟，在配殿內奉有義勇公。其緣由是道光年間，福建泉州同安人陳金絨帶著家鄉霞海城隍的神像來臺，於艋舺八甲街陳家的店鋪內奉祀。咸豐三年時，艋舺發生泉漳民鬥，民鬥的過程中，同安人供奉的霞海城隍神神座被焚。同安人敗退時，便帶著神像逃到大稻埕落腳。過程中，有 38 位同安人為護城隍神像而犧牲捐軀，這些人之後便被奉為義勇公祀於城隍廟內。每年農曆的三月初一和十一月初一，霞海城隍廟海內會的會長及委員會前往城隍廟為義勇公進行春祭和秋祭。（海內是霞海的別稱）

大稻埕霞海城隍廟的城隍爺來自同安，又有著同安義勇公的陪祀，形成鮮明的族群標誌。因此很自然地，該廟成為當地同安人的心靈寄託，而廟內的城隍爺則扮演該聚落的守護神。事實上，大稻埕霞海城隍廟的管理者皆由海內派下的陳氏子孫擔任，義勇公的春、秋二祭皆由海內會的會長及委員致祭，這都顯現出大稻埕霞海城隍廟鮮明的族群色彩。

位於公館鄉開礦村的出礦坑是個地處僻靜的小山城，以前被稱作「硫磺窟」或「磺窟」，是臺灣石油開採的發祥地，因而隨處可見油井及儲油設施。而出礦坑城隍神的歷史則可追溯自清光緒四年（1878 年），當時福建總督樂文祥出示證明給地方先民邱阿玉取硫磺油，但當時地方傳說出硫磺的地方，日後也會出現番王作亂，所以邱阿玉從廣東省梅縣白泥湖恭請城

隍爺來臺，安奉在礦場纜車旁。日本人佔領礦場後，邱阿玉便將城隍爺請到邱屋安奉。大正八年（1919 年），在出礦坑開墾的先民邱大滿十兄弟被原住民所殺，陰魂不散，地方不安。因此地方百姓商議請城隍爺安座現址，由當時日籍礦場主任五十豐協助支援水泥鋼索、鐵材等材料建造，同時把開山先民邱大滿安奉在城隍廟的右廂以地基主之名祀奉，紀念他的開山功勞。

當初先民為了採礦人的平安和採礦生活的安定而將城隍神奉迎至出礦坑，於是城隍神身負守護採礦人與開礦村的職責。又，亡故先民的牌位被奉於廟內，即是轉而成神守護地方，先民的採礦人身分成為了地方族群標誌，在城隍廟內作為陪祀神就更強化了出礦坑城隍神的地方守護角色。

最後一例，是臺南市北門區的城隍宮。城隍宮是三光村三寮灣曾姓聚落的角頭廟，在牆上所刻的興建委員會名單中，有將近一半的人姓曾。黃有興的全臺城隍廟調查紀錄中記載，北門城隍宮內供奉的城隍神是早期自大陸奉迎來臺的。筆者推測，也許是曾氏的祖先早期自原鄉攜帶來臺，因而廟內右側的神龕還供奉著曾氏族人的祖先牌位。在廟內供奉著祖先牌位，使得城隍宮宛如曾氏家廟，也就如同給這座城隍廟安上姓氏的標記。強調主祀神與該族群的關係，所要表明的，即是該城隍神為該姓氏聚落的守護神。

前面所舉三例具有族群指向之地方守護神角色的城隍神，都是先民自大陸奉迎來臺的。在移民時期，先民為了保護自己，建立了有形和無形的堡壘，族群的界線因此顯得更加清楚。同安人聚落的同安城隍神，和同安義勇公。出礦坑採礦村

落，特別迎來守護他們採礦生活安全的城隍神，以及殉難的採礦先人。曾姓聚落自己的角頭廟，以及曾姓祖先。這些共同的有形、無形符號都為該城隍廟劃設了一個信仰和守護的地界，而該城隍神就成為他們自己的地方守護神。

圖 7-11　當代臺灣本島城隍神「地方族群指向之地方守護神」
　　　　角色分布

最後，由於職能是角色所施展的能力，所以經過前面的角色分析，可以推論城隍神的職能包括有使民安居樂業，身家平安，以及陰間執掌審判、鎮壓地方鬼祟、護佑農作豐收、保障生計累積財富。但是除了這些之外，在當代多數城隍信徒的認知中，城隍神幾乎是萬能神了，什麼都管。因此在臺灣當代的城隍廟中，一間廟可能就供奉著相當多元的陪祀神，有求財的、求子的、求文運的、求治病的……。

不過城隍神仍有其獨有的，且無法被其他神祇所取代的職能。一個是陰間職掌與審判，一個是維持秩序、賞善罰惡。這兩種職能分別以鬼使和各司作為陪祀神。城隍廟內眾多的鬼使具有捉拿、協助陰間審理、執行刑罰，和巡視監察的功能，手中也都持有刑具、文簿等工具，以協助主祀神城隍陰間職掌與審判的職務。而另外一類陪祀神：各司，包括有賞善罰惡的（如延壽、速報、糾察、獎善、罰惡和增祿）、維持秩序的（如驅疫司、巡政司、警報司），以及負責行政的（如檢簿司、掌案司、典籍司和文書司等）各司司爺。這兩類陪祀神正是城隍神有別於其他神祇的的陪祀神配置，也突顯出城隍神無法被取代的職能。

第三節　總結

城隍神屬於職位神，是超自然世界裡的地方官，每位城隍神官名雖然相同，但是有各自的人物身分、背景、性格或專長。從各廟城隍神的來源來看，除了生前在地方上有德、有功的人死後擔任城隍神之外，還有由土穀神、土地公及大眾爺升

任的。而有的是因為地方行政層級升格，就將原本有的土穀神廟升格為縣城隍廟。[11] 在當代，也有例子是因為城隍廟轄區內的鎮長當選縣長，縣長便轉而為土地公加官晉爵。[12] 有的是因為某位土地公對民眾有求必應，護民有功，便顯神蹟暗示自己於天界已升格，要民眾協助正名。[13] 有的則是原來的大眾爺廟擴建，為使主神地位符合廟宇擴建的規模，而將大眾爺升格為城隍神。[14] 所以，即使同是城隍神，各廟還是有不同的屬性，諸如城隍神的來源和成神方式。

而且，城隍信仰在明末開始隨著漢人移民落腳臺灣，原本固著於土地的城隍神隨著信仰者出走、移居，又因為分香、分靈的頻繁，一位城隍神可能在不同地區有數間城隍廟，這些不同的城隍廟也會因為信徒的信仰需求而發展出不同的特質。所以，在看似一致的城隍信仰中，各城隍廟其實存在著個別差異。而構成這些差異的，包括了傳說故事、顯靈事蹟、儀式活

---

[11] 清‧李銘皖，《（同治）蘇州府志》：「城隍廟在鈕家巷，國朝雍正四年即土穀神張明廟改建。……國朝韓是升〈張武安君廟碑〉：『……公張姓名明，有名戎馬間。光武十三年，效忠於此。』宋‧真宗、徽宗兩朝，經宰臣丁謂張天覺，先後奏請封武安君，國朝雍正四年，析長洲縣為元和，而公遂為城隍神。」（清‧李銘皖，《（同治）蘇州府志》卷 37，清光緒九年刊本，[中國方志庫]，頁 4241。）

[12] 「宜蘭縣長林聰賢曾任兩屆羅東鎮長，並順利當選縣長，土地公等眾神加持功不可沒，昨到羅東福德廟為土地公加官晉爵。」（《自由時報》2010.9.23，資料來源：http://www.libertytimes.com.tw/2010/new/sep/23/today-so11.htm ）

[13] 「花蓮縣吉安鄉慶豐市場土地公，昨日下午升格為城隍爺。慶豐市場管理委員會會長賴志明說，土地公自六年前設立至今，凡事有求必應，鄉民求子、求姻緣、找項鍊都應驗，這次一連擲出七個聖筊，才確定土地公高昇『慶豐城隍爺』。」（《自由時報》2011.5.7，資料來源：http://www.libertytimes.com.tw/2011/new/may/7/today-north21.htm）

[14] 筆者於宜蘭縣蘇澳鎮頂寮城隍廟調查時，廟方透露大眾爺升格的緣由。

動，以及陪祀神。因此，從陪祀神來看城隍神的角色與職能，可以看到城隍神在實際信仰生活中的多元性。

以當代臺灣本島為範圍，本研究整理出的「城隍神—陪祀神」關係體系有四：官府體系、陰間官府體系、無主魂體系和地方守護體系，襯托出的城隍神角色分別為地方官、陰間執法官、鬼王和地方守護神。「地方官」角色的城隍神，其角色夥伴有職官下屬、皂隸和家屬。「陰間執法官」角色的城隍神，其角色夥伴有鬼使、冥司神作。「鬼王」角色的城隍神，其角色夥伴有象徵渡脫地獄的地藏王菩薩和大眾爺／百姓公。而「地方產業指向的地方守護神」，其角色夥伴為行業神。「地方族群指向的地方守護神」，其角色夥伴則是祖先神。

「地方官」角色鮮明的城隍神，這些城隍廟幾乎是原清領時期的官祀系統城隍廟，共計有 8 間。以「陰間執法官」為形象的城隍神，都分布於臺灣的臺南、高雄地區，共計有 4 間。「鬼王」城隍神，全都位於宜蘭縣境內，共計有 6 間。而「地方守護神」則分為地方產業指向和地方族群指向兩類，地方產業指向的包括了農業與商業，共計有 4 間，地方族群指向的則有 3 間。

以上這些角色的背後當然都有其各自的職能展現。但是，在當代多數城隍信徒的認知中，城隍神幾乎是萬能神了。所以在臺灣當代的城隍廟中，一間廟可能就供奉著相當多元的陪祀神，有求財的、求子的、求文運的、求治病的……。然而，不管一間城隍廟供了多少的陪祀神，城隍神仍然有祂獨有的，無法被其他神祇所取代的職能。一個是陰間職掌與審判，一個是維持秩序，賞善罰惡。這兩種職能分別以鬼使和各司為陪祀

神。同時，這兩類陪祀神也是城隍神獨特的祀神配置。

　　最後，我們從田野調查中收集到的臺灣本島城隍廟資料中也可以看到，城隍神在廟內幾乎都不是單獨出現的。而且因應廟宇所在地與信眾的需求，或是歷史背景，廟內配置有不同的陪祀神。這些陪祀神與城隍神之間的關係創造出的關係體系，在視覺上化成一種微型社會的場域。因此若走訪許多的城隍廟，光在視覺上就會發現其中的差異。而透過本文的分析，也可以發現塑造這種微型社會場域的，正是一套角色架構，亦即主祀神與各陪祀神，以及彼此關係所構成的架構。因此，要探討城隍神的角色，廟宇內的角色架構、陪祀神是很重要的線索。

第八章　結　論

　　本文的結論分為三個部分：1. 使用角色架構，從陪祀神去分析主祀神角色的研究方法。2. 城隍神的角色，以及城隍神角色的發展演變。3. 城隍神角色的發展過程中，不變的元素與根源。

　　首先是使用角色架構的研究方法。由於本研究的主要提問是：「城隍神的角色為何？」角色是屬於在兩個個體以上的群體中才得以成立的概念，而華人的超自然世界形同一個社會，祂們以群體的方式出現在廟宇中。廟內許多陪祀神都與主祀神處在社會關係的鏈結之中，祂們之間存在的關係，定義了祂們所處的微型社會，以及祂們的角色。這也就是本研究探討城隍神的角色所使用的概念架構。

　　從歷史文獻和當代調查的城隍廟陪祀神資料的確可以看到，許多城隍廟內的城隍神都不是單獨出現的。經過分析，城隍神與許多的陪祀神之間存在的關係，如上下職屬（上司—下屬）、家庭關係（夫—妻）、同質關係（地方守護者—地方守護者）等，告訴我們關係兩端的不只是某某神—某某神，而是角色—角色。祂們彼此之間的關係，與各自的角色又告訴了我們廟宇內存在的是甚麼樣的微型社會，例如官府、陰間官府、地方守護神祇群等。最後，這個微型社會，以及其中所有的角色建構成的一個關係脈絡，足夠讓我們推論出城隍神的角色，例如地方官、陰間執法官、地方守護神等。

　　對應研究方法所說的角色架構，則是主祀神與陪祀神之間
存在著屬於同一個群體（微型社會）的相互關係。所以一旦分
析出於關係另一端的個體特性，以及與主體之間的關係，便能
得出主體的角色。因此透過本書的研究過程，證明借用「社會
角色」的觀點來瞭解漢人神祇的角色有其適用性，而且陪祀神
的分析對於瞭解主祀神的角色更是具有關鍵性的功能。

　　其次是城隍神的角色。本研究於 2011 至 2014 年間記錄下
臺灣本島 67 座城隍廟的陪祀神，從這些陪祀神資料，筆者歸
納出當代臺灣本島城隍神的角色有四種：1.地方官，2.陰間執
法官，3.鬼王，4.地方守護神。對照表 8-1 歷史時期中國城隍
神的角色，可以看到臺灣本島城隍神的角色不脫離城隍信仰的
源頭——中國，清朝時期的中國城隍神就已經具有當代臺灣本
島所有的城隍神角色了。

表 8-1　歷史時期中國城隍神角色列表

唐朝宋朝元朝	地方官	地方守護神				
明初	地方官					
明末清朝	地方官	地方守護神	陰間執法官	地祇	鬼王	國家防禦守護神
陪祀神	職官下屬 名宦 儀衛 家屬	忠烈 農業神 晴雨神 驅疫治病神	閻羅 東嶽大帝 鬼使	地祇	百姓公	旗纛

　　　　　　　　表示在左列朝代，城隍神具有的角色。

　　這樣看起來，當代臺灣本島的城隍神、城隍信仰是相當地延續著中國的傳統。然而，在一個大概念之下的城隍神還是有屬於當代的、臺灣本島的表現形式與內涵解釋。首先是城隍神因應環境而被強化的角色，例如鬼王。因為在漢人移民的初期，許多人死於海難、疾病，或是與不同族群的械鬥，這些人死後沒辦法落葉歸根，而成為孤魂野鬼。因應這樣的環境，為了鎮壓、安定無主的魂神，臺灣城隍神的鬼王角色就被強化，以滿足人們的信仰需要。相較於歷史中國的城隍神，臺灣城隍神鬼王的角色是明顯的。

　　另外一個則是在既有的角色上，因應需求，使得角色的內容有新的轉向。例如同樣是地方守護神的角色，過去強調的是以農業神和晴雨神陪祀，護祐地方生計和家產；或是以忠烈陪祀，保護地方安全；或是以瘟神確保地方沒病恙。這樣的地方守護神角色，在當代則是轉向護祐地方經濟繁榮，以及因應臺灣族群的移民屬性而出現的族群守護者角色。

　　最後，從前述城隍神的角色來看，當代有不變，也有變的內涵。那麼，我們該如何看待這些變與不變，變與不變之間是斷裂的，亦或有其連續性呢？

　　在城隍信仰起源的初期，城隍神即是超自然界的地方官，和地方守護神。至今歷經一千多年的發展，這兩種角色仍然適應當代的信仰環境和需求而存在著。這兩種角色有一個共同的核心概念，即是「地方」。「地方」指的是地面的某一個特定地區。[1] 而「地方」的概念，與土不可分。就字形來看，地從

---

[1] 參考教育部重修國語辭典修訂本「地方」。http://dict.revised.moe.edu.tw/cgi-bin/newDict/dict.sh?cond=%A6a%A4%E8&pieceLen=50&fld=1&cat=&ukey=621429858&serial=1&recNo=2&op=f&imgFont=1 （2015/03/02）

土邊。《說文解字》寫道:「土之屬皆從土。」[2] 因此可以知道,地為土之屬。《說文解字》對「地」一字的解釋為:「元氣初分,輕清陽為天,重濁陰為地。」[3] 因此也可以知道,地屬陰。

而「城隍」原指城市聚落的防禦設施,是掘土成「隍」(即地塹),並將隍土堆積起來築「城」牆,成為地界上的防禦設施。因此,就成份來說,城隍的本質是「土」。而土即是地,屬陰,也就與前段「地方」的概念相通。也就是說,城隍屬地、屬陰。而屬地、屬陰的特質,就正是城隍信仰的根源,並且在這樣的根源之上,長出了城隍神的各種角色。筆者以圖8-1示意圖來表現各種角色與根源的關係。

以樹來比喻城隍信仰,有兩個意義:1. 我們看到城隍信仰開展出的多元樣貌有其固著的概念根源。2. 城隍信仰雖有一千多年歷史,但它仍然是活的,仍在生長。首先,如前段所分析的,城隍「屬地」、「屬陰」的特性是城隍信仰的元素和根源。其中「屬地」的特性,衍生出「地祇」的角色,以及「守土」的信仰功能,「地方官」與「地方守護神」的角色也從而成立。另外,「屬陰」的特性,則與冥間建立起聯想,「陰間執法官」、「鬼王」的角色便穿套在城隍神身上。因此,城隍神的多元角色,不脫離其根源的概念:土、地、陰。

其次,不同的時間、地理環境、政治環境、經濟環境等對於信仰會提供不同的條件,而人們也會有不同的需求,因此會

---

[2] (漢)許慎,《說文解字》卷 13 下,清文淵閣四庫全書本,[中國基本古籍庫],頁 206。

[3] 同上註。

塑造出不同的城隍神角色，例如城隍「地方守護神」的角色在
歷史的發展過程中，因為環境和需求的不同，而分化成為地方
防禦守護神、國家防禦守護神，到了當代臺灣，還發展出地方
產業守護神和地方族群守護神的角色。這個發展和變化的過程
一直在持續中，其中有創造，也有淘汰。所以說，城隍信仰是
活的。

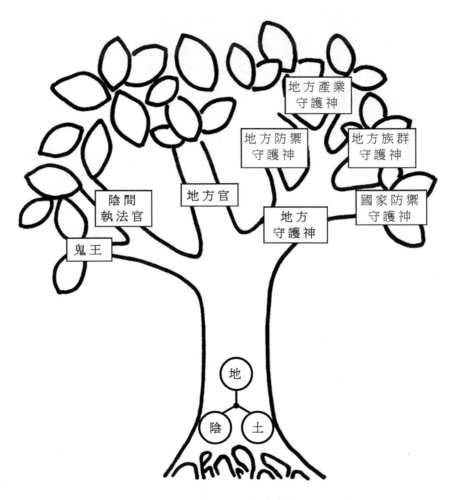

圖 8-1 城隍神角色與概念根源示意圖

　　城隍神的概念根源，是其一切變化的源頭。正如同李豐楙所謂的「本相」，也就是指漢人神祇各因所宜而產生的多面性，背後有著不變的中心理念。李豐楙表示，這個中心理念與變化的形式（變相）之間有道精神命脈連通，因此，萬變不離其本。（李豐楙，2009：26。）同樣地，城隍神的角色亦不脫離其概念根源。

　　之所以不脫離其概念根源，此處借用杜贊奇所說的「連續性」來解釋。首先，杜贊奇提出「復刻符號」這種符號演化模式，是將神祇當做一個符號。不同時代的不同群體因著自己的需求復刻這個符號，而復刻之後的各種說法（神話內容）在一個語意鏈之中相連。也就是對於符號的解釋，雖然有斷裂的，但也是「連續」的。因為，在這樣廣泛的文化範圍內，連續性能為一個說法提供合法性（legitimating power）。因此，不同群體對於神祇的解釋並不是隨意建構的。

　　如同前面探究城隍神的各種角色與城隍概念根源的關係，可以發現這兩者之間的確存在著連通的精神命脈，也就是展現出一種連續性。杜贊奇的解釋是，因為連續性能為一個說法提供合法性。延伸其說法，筆者認為，城隍神或說民間信仰神祇的各種角色必須要有合理的立基基礎方能成立，而且，其基礎是建立在一套文化知識或聯想邏輯上的。

　　最後，前述兩位學者主要都是使用神話作為分析的素材，他們是在文字中去比對關於主體神祇的描述，從而探究其中存在的不變與變的精神和形式。而本研究選擇的是將文字符號換成信仰者在實體空間中供奉的陪祀神，去看這些陪祀神是如何去「描述」主祀神的。從而提出在漢人宗教研究中一種未被關注的描述符號——陪祀神，並證明陪祀神在研究中的重要性。

附錄一

臺灣本島城隍廟一覽表

行政區	編號	區別	寺廟地址	寺廟名稱	主祀神	成立年	城隍神來源
宜蘭縣 11 間	1	五結鄉	錦眾村五結路一段 120 號	八大庄一百甲城隍廟	大眾爺	2009（民國 98 年）	大眾爺升格（以升格年作為成立年）
	2	冬山鄉	東城村香中路 508 巷 36 之 1 號	城隍爺廟	抗日義軍	1977（民國 66 年）	大眾爺升格
	3	宜蘭市	城隍街 10 號	城隍廟	城隍	1813（嘉慶 18 年）	原清官祀城隍
	4	頭城鎮	新建里吉祥路 1 號	頭城城隍廟	城隍老爺	1920（大正 9 年）	神像隨洪水漂來
	5	羅東鎮	大新里中正路 128 號	羅東城隍廟	城隍老爺	1934（昭和 9 年）	大眾爺升格
	6	蘇澳鎮	龍德里濱海路 93-1 號	龍德城隍爺廟	城隍爺	1985（民國 74 年）	大眾爺升格
	7	蘇澳鎮	隘丁里仁愛路 1 號前	隘丁城隍廟	城隍爺	待查	大眾爺升格
	8	蘇澳鎮	頂寮里頂寮路 4 巷 1 號	頂寮城隍廟	城隍尊神	1986（民國 72 年）	大眾爺升格

行政區	編號	區別	寺廟地址	寺廟名稱	主祀神	成立年	城隍神來源
	9	蘇澳鎮	蘇西里志成路旁	蘇澳城隍廟	康大人	1983（民國72年）	大眾爺升格
	10	蘇澳鎮	蘇東里埤岸路31號	蘇澳港城隍廟	城隍爺	1985（民國74年）	大眾爺升格
	11	蘇澳鎮	南建里內埤路146號	南方澳城隍廟	城隍爺	1994（民國83年）	大眾爺升格
花蓮縣2間	12	花蓮市	主睦里1鄰成功街169號	城隍廟	護國城隍	1934（昭和9年）	基隆來的移民從基隆城隍廟分靈（資料來源：黃有興）
	13	瑞穗鄉	富民村1鄰239號	保安宮	城隍尊神	1888（光緒14年）	霞海城隍
南投縣2間	14	竹山鎮	竹山里16鄰下橫街16號	靈德廟	城隍尊神	1925（大正14年）	福州城隍（資料來源：黃有興）
	15	埔里鎮	南門里12鄰南昌街185號	城隍廟	城隍尊神	1887（光緒13年）	
屏東縣6間	16	東港鎮	盛漁里延平路319號	東福殿城隍廟	城隍尊神	1947（民國36年）	有人拾一香火，乩示為城隍（資料來源：黃有興）
	17	屏東市	大同里南昌	屏東都城	城隍尊	1962	新竹都城隍

184

行政區	編號	區別	寺廟地址	寺廟名稱	主祀神	成立年	城隍神來源
			街 12 號	隍廟	神	（民國 51 年）	
	18	屏東市	勝利里青島街 76 號	屏東市安溪城隍宮	城隍尊神	1976（民國 65 年）	中寮安溪城隍
	19	琉球鄉	中福村三民路 198-13 號	琉球鄉城隍廟	城隍尊神	待查	
	20	萬丹鄉	寶厝村中興路二段 407 號	陳府城隍廟	陳府城隍	1947（民國 36 年）	大將爺升格
	21	潮州鎮	三星里壽星路 24 號	城隍廟	縣城隍	1946（民國 35 年）	土石靈驗，乩示為城隍（資料來源：黃有興）
苗栗縣 2 間	22	公館鄉	開礦村 9 鄰 134 號	出礦坑城隍廟	城隍爺	1919（大正 8 年）	廣東省梅縣白泥湖
	23	苗栗市	玉苗里米市街 5 鄰 34 號	苗栗縣城隍廟	城隍尊神	1889（光緒 15 年）	原清官祀城隍
高雄市 16 間	24	左營區	店仔頂路 1 號	舊城城隍廟	城隍尊神	1718（康熙 57 年）	原清官祀城隍
	25	前鎮區	明鳳三路 59 巷 21 號	大城隍公廟	城隍爺	待查	
	26	前鎮區	興旺路 331 巷 12 號	慈正宮	霞海城隍	1963（民國 52 年）	大眾爺升任

行政區	編號	區別	寺廟地址	寺廟名稱	主祀神	成立年	城隍神來源
	27	前鎮區	興旺路 416 號	明正堂	文海小城隍爺	待查	
	28	鼓山區	鼓山二路 223 之 3 號	城隍廟	文武城隍公	1937（昭和 12 年）	先人生前行善，死後受封（資料來源：黃有興）
	29	鹽埕區	富野路 81 號	高雄市霞海城隍廟	霞海城隍公祖	1936（昭和 11 年）	大稻埕霞海城隍
	30	大樹區	久堂村城隍巷 5 號	霞海城隍廟	霞海城隍尊神	1963（民國 52 年）	霞海城隍（從臺中某廟分香）（資料來源：黃有興）
	31	仁武區	考潭村仁心路 249 巷 39-1 號	仁心城隍廟	福德爺	1971（民國 60 年）	原為福德祠加祀城隍神
	32	仁武區	高楠村高楠五街 2 號	霞海城隍廟	霞海城隍	1973（民國 62 年）	高雄霞海城隍（資料來源：黃有興）
	33	岡山區	嘉峰路 60 巷 12 號之 1	發成金壇	城隍爺公祖	1993（民國 82 年）	生前行善，死後濟世受封（資料來源：黃有興）
	34	林園區	中厝村大義路 111 巷 6 號	城隍廟	城隍尊神	1992（民國 81 年）	

行政區	編號	區別	寺廟地址	寺廟名稱	主祀神	成立年	城隍神來源
	35	茄萣區	萬福村 16 鄰福德路 280 號	城隍廟	鄭元帥	待查	
	36	梓官區	梓義村城隍巷 3 號	梓宮中崙城隍廟	城隍尊神	1802（嘉慶 7 年）	首任城隍為乾隆時的鳳山舉人卓肇昌
	37	旗山區	太平里德義街 11 號	森安宮	都城隍	1947（民國 37 年）	新竹都城隍
	38	鳳山區	鳳崗里 17 鄰鳳明街 66 號	城隍廟	城隍尊神	1800（嘉慶 5 年）	原清官祀城隍
	39	彌陀區	文安村北 1 巷 4 號	城隍府	城隍爺	1984（民國 73 年）	溺水亡靈顯化（資料來源：黃有興）
基隆市 1 間	40	仁愛區	新店里忠一路 7 號	城隍廟	城隍爺	1887（光緒 13 年）	前清舉人江呈輝等創建（資料來源：黃有興）
雲林縣 5 間	41	土庫鎮	興新里 1 鄰 9 號	城隍廟	城隍尊神	1965（民國 54 年）	新竹都城隍
	42	土庫鎮	崙內里頂寮路 10-6 號	城南府	城隍尊神	待查	
	43	斗六市	中華路 318 號	雲林縣城隍廟	城隍尊神	1992（民國 81 年）	
	44	四湖鄉	施湖村中湖	城同府	城隍廟	1945	

行政區	編號	區別	寺廟地址	寺廟名稱	主祀神	成立年	城隍神來源
			街 1-1 號		公	（民國34 年）	
	45	虎尾鎮	東屯里 31 之 1 號	城隍廟	城隍	1978 （民國 67 年）	中寮安溪城隍
新竹市 1 間	46	北區	中山里 14 鄰中山路 75 號	新竹都城隍廟	都城隍	1748 （乾隆 13 年）	原清官祀城隍
嘉義市 4 間	47	西區	中正路 689 巷 1 號	西安宮	四城隍	1947 （民國 37 年）	中寮安溪城隍
	48	西區	北湖里 16 鄰北社尾 353 號	嘉義市鎮北宮	城隍爺	1917 （大正 6 年）	
	49	西區	吉安街 29 號	吉安宮	城隍尊神	1979 （民國 68 年）	中寮安溪城隍
	50	東區	吳鳳北路 168 號	財團法人臺灣省嘉義市城隍廟	城隍尊神	1715 （康熙 54 年）	原清官祀城隍
嘉義縣 11 間	51	太保市	東勢里 8 鄰 82 號	東安宮	城隍	1948 （民國 37 年，道光間另址初建）	安溪城隍
	52	水上鄉	三和村 4 鄰 20 號	合興宮	城隍爺	1964 （民國 53 年）	
	53	水上鄉	水上村 9 鄰外林 21 號	奉安宮	城隍爺	1859 （咸豐 9	大陸城隍分靈（資料來

行政區	編號	區別	寺廟地址	寺廟名稱	主祀神	成立年	城隍神來源
						年）	源：黃有興）
	54	水上鄉	水頭村吳竹街 53 巷 7 號	鎮安宮	安溪城隍爺	待查	安溪城隍爺
	55	布袋鎮	東安里 4 鄰過溝東勢頭 144 號	嘉義縣布袋鎮過溝安溪城隍廟	安溪三城隍爺	1985（民國 74 年）	中寮安溪城隍（靈感託夢）
	56	布袋鎮	東港里 23 鄰埔仔厝 227 號附 1	東港溪安宮	城隍爺	1926（大正 15 年）	主神生前行善，死後受封（資料來源：黃有興）
	57	布袋鎮	新民里新塭 342 號	新塭城隍廟	安海三城隍	1967（民國 56 年）	生前有功者，死後受封（資料來源：黃有興）
	58	布袋鎮	樹林里 4 鄰樹林頭 29 之 1 號	聖林宮	城隍爺	1981（民國 70 年）	安溪城隍
	59	朴子市	佳禾里 7 鄰東安寮 10 號	城隍宮	城隍	1990（民國 79 年）	溪水暴漲漂來神像（資料來源：黃有興）
	60	朴子市	大鄉里 3 鄰大康榔 196 號	育黎宮	城隍爺	清乾隆年間	（資料來源：黃有興）
	61	鹿草鄉	重寮村 17 鄰中寮 96	城隍廟	城隍爺	1775（乾隆 40	安溪城隍

行政區	編號	區別	寺廟地址	寺廟名稱	主祀神	成立年	城隍神來源
			號			年）	
彰化縣 5間	62	大村鄉	田洋村田洋巷 8 號	城隍廟	城隍爺	1944（昭和 19 年）	彰化縣城隍（資料來源：黃有興）
	63	田中鎮	東源里山腳路三段 259 巷 122 號	悟修堂	霞海城隍尊師	1971（民國 60 年）	贊天王天君乩示為霞海城隍建廟
	64	員林市	中正路 8 號	南壇宮	城隍爺	1753（乾隆 18 年）	
	65	鹿港鎮	順興里中山路 366 號	鹿港城隍廟	城隍爺	1839（道光 19 年）	石獅城隍
	66	彰化市	大同里民生路 129 巷 8 號	彰邑城隍廟	城隍爺	1733（雍正 11 年）	原清官祀城隍
臺中市 6間	67	北區	大誠街 131 巷 17 弄 12 號	財團法人臺灣省臺中市北臺中城隍廟	城隍尊神	1955（民國 44 年	鹿港石獅城隍（資料來源：黃有興）
	68	東區	十甲路 13 巷 2 號	財團法人臺灣省臺中市晉封威靈公都城隍廟	都城隍尊神	1966（民國 55 年）	新竹都城隍（資料來源：黃有興）
	69	南區	合作街 94 巷 50 號	臺中市城隍廟	城隍尊神	1889（光緒 15 年）	
	70	大甲區	朝陽里新政路 36 號	大甲城隍廟	威靈公都城隍	1958（民國 47	新竹都城隍（資料來

行政區	編號	區別	寺廟地址	寺廟名稱	主祀神	成立年	城隍神來源
						年)	源:黃有興)
	71	清水區	國姓里三美路50號	護安宮	城隍尊神	1976(民國65年)	新竹都城隍(資料來源:黃有興)
	72	豐原區	富春里復興路150巷7號	豐原城隍爺廟	城隍	待查	福建奉迎神像來臺(資料來源:黃有興)
臺北市4間	73	大同區	迪化街一段61號	臺北霞海城隍廟	霞海城隍	1958/1859(咸豐9年)	霞海城隍
	74	中正區	武昌街一段14號	財團法人臺北市臺灣省城隍廟	省城隍爺	1947(民國36年)	
	75	松山區	虎林街3號	臺北府城隍廟(昭明廟)	城隍爺	1927(昭和2年)	原清官祀城隍另址新建
	76	松山區	八德路四段439號	松山霞海城隍廟	霞海城隍	1975(民國64年)	霞海城隍
新北市2間	77	淡水區	忠寮里8鄰大竹圍5號	淡水鎮大王廟	城隍爺	待查	
	78	瑞芳區	基山里10鄰汽車路11號	昭靈廟	城隍	1923(大正12年)	乩示大稻埕霞海城隍投靈於神像(資料來源:黃有興)

行政區	編號	區別	寺廟地址	寺廟名稱	主祀神	成立年	城隍神來源
臺南市 15 間	79	中西區	青年路 133 號	臺灣府城隍廟	城隍尊神	1669 （明鄭時期）	原清官祀城隍
	80	中西區	開山路 289 號	小南城隍廟	朱公一貴		朱一貴等
	81	中西區	新美街 181 號	忠澤堂	城隍尊神	1945 （民國 34 年）	石獅城隍
	82	北區	東豐路 305 巷 51 號	恩隍宮	南邑天下第二都城隍爺	1977 （民國 66 年）	西港慶安宮
	83	北區	成功路 238 巷 52 號	臺南首邑縣城隍廟	城隍尊神	1711 （康熙 50 年）	原清官祀城隍
	84	北區	西門路四段 22 巷 29 號	小北城隍廟	城隍尊神	1968 （民國 57 年）	萬應公升格 （資料來源：黃有興）
	85	北區	長北街 196 號	小北鎮山城隍廟	鎮山城隍爺	1976 （民國 65 年）	首邑縣城隍 （鎮殿城隍），萬應公升格
	86	安平區	安平路 121 巷 1 號	城隍廟	城隍尊神	1749 （乾隆 14 年）	清‧水師協副總兵沈廷耀建
	87	七股區	看坪 52 之 12 號	境安宮	城隍爺	1913 （民國 2 年）	抗日義士
	88	北門區	三光村三寮灣 118 號	城隍宮	城隍爺	1970 （民國 59	大陸奉迎神像來臺（資

行政區	編號	區別	寺廟地址	寺廟名稱	主祀神	成立年	城隍神來源
						年）	料來源：黃有興）
	89	永康區	南興路 112 巷 82 弄 7 之 1 號	城隍宮	城隍爺	1980（民國 69 年）	淡水公升任
	90	白河區	內角里 5 鄰 60-1 號	太城宮	城隍	1897（光緒 23 年）	拾自他廟遺留神像（資料來源：黃有興）
	91	佳里區	鎮山里 1 鄰 四安街 58 號	四安宮	城隍爺	1877（光緒 3 年）	海上漂來杉木雕刻神像（資料來源：黃有興）
	92	將軍區	嘉昌村 19 鄰昌平 62-2 號	昌安宮	城隍尊神		從大排水溝拾得神像（資料來源：黃有興）
	93	鹽水區	水秀里土庫 136-2 號	（皇都府）竹安宮	城隍爺	1922（民國 11 年）	中寮安溪城隍

附錄二

明朝時期城隍廟陪祀神列表

編號	陪祀神類別	陪祀神	地區	內文	出處
1	職官下屬、儀衛	侍衛、曹司	壽陽縣（今山西省晉中市壽陽縣）	重修城隍廟記 閻芝　邑人 ……塑繪莊嚴神明之著也，侍衛森列宿直之儀也，曹司掌局信度之恪也，善惡分司報應之昭也。	（清）馬家鼎，《（光緒）壽陽縣志》卷 11，清光緒八年刊本，[中國方志庫]，頁 705。
2	職官下屬、儀衛	侍衛、文武班	武定州（今山東省濱州市惠民縣）	武定州重修城隍廟記……貌神，侍衛、文武班于兩偏亦貌，貌止于西、東廡下。善惡冥報，燿愚嚇俗，雖未皆合於古，不欲奪其舊也，某月某日告成。	（明）羅玘，《圭峰集》卷 11 記，清文淵閣四庫全書補配清文津閣四庫全書本，[中國基本古籍庫]，頁 127-128。
3	職官下屬、轄下城隍	二十司神、輔相、省城隍神	都城（今北京市）	都城隍廟 廟建於都城之西，中為大威靈祠，塑都城隍神像，後為寢祠，左右為掌善、惡二司，兩廡十八司，前為闡威	（明）佚名，《太常續考》卷 6，清文淵閣四庫全書本，[中國基本古籍庫]，頁 195。

編號	陪祀神類別	陪祀神	地區	內文	出處
				門，門外左右為鐘鼓樓，東西為道房，又前為順德門，又前為都城隍門。	
				御製城隍廟碑……舊有城隍廟在都城之西南隅，故陋甚矣，朕念弗稱其所主也，城完之日，令更造焉。中作正堂，後為神寢，堂之前為正門。自堂左右至門，翼以周廊，如官司之職掌，以案名者十二。廊東西中特起如堂者，二名左右司。正堂以祠都城隍之神，而旁以居其輔相者，各以序置門。	（明）陳循[1]，《芳洲文集》卷2視草，明萬曆二十一年刻後印本，[中國基本古籍庫]，頁30-31。
				國初定禮制，題其主曰城隍之神，未有封爵。茲乃偶象、冕服不知果何所始。余嘗至京都城隍廟，二門左右	（明）劉松，《（隆慶）臨江府志》卷13，雜志_存疑，明隆慶刻本，[中國基本古籍庫]，

---

[1] 根據中央研究院歷史語言研究所《人名權威》資料庫（http://archive.ihp.sinica.edu.tw/ttsweb/html_name/search.php）查詢結果，陳循致仕年約在明・宣德至明・天順年間，該時，明朝已遷都至北京。

編號	陪祀神類別	陪祀神	地區	內文	出處
				列各省城隍，皆有名姓。	頁222。
4	職官下屬	左右司神	績溪縣（今安徽省宣城市績溪縣）	【績溪縣】城隍廟在縣東……成化間，知縣吳珏縣丞江復重修，中堂五間，兩廊東西各八間，內門五間，外門一間，周遭繚以垣墻，龕座几案率備，甬道面路狹隘，購民地五十四步以接通衢，左右司神各有像。	（明）汪舜民，《（弘治）徽州府志》卷5，明弘治刻本，[中國方志庫]，頁258-259。
5	職官下屬	左右司神	宿州（今安徽省宿州市）	城隍廟，在州治之東，景泰間知州黎用顯建。正殿五間，後殿五間，穿堂三間，左右神司共三十四間，中儀門五間，正門三間，廟祝住房六間以上俱，知州萬本重建。	（明）曾顯，《（弘治）宿州志》卷上_祠廟明弘治增補刻本，[中國基本古籍庫]，頁14。
6	職官下屬	六卿	南安府（今江西省贛州市大餘縣）	城隍廟在寓賢祠之上，中為堂，後為後堂，東西為廊，前為儀門，門前為勒書閣。……協謀捐貲，以相其成。井庭門臺，重門列祠，凡為屋幾百二	（明）劉節，《（嘉靖）南安府志》卷11秩祀志一_廟祠，明嘉靖刻本，[中國基本古籍庫]，頁58-59。

編號	陪祀神類別	陪祀神	地區	內文	出處
				十楹，正殿龕座、後殿軒陛，像塑六卿，石凳、陽路、彤紫文華、黼黻具備。	
7	職官下屬	左右司神	京師（今江蘇省南京市）	城隍神廟式洪武三年，京師城隍廟成初，城隍舊祀卑隘，詔度地營築。既而中書省臣及尚書陶凱請以東嶽行祀改為廟，上可之。修飾既備，建左右二司，凱復請如前代，建六曹曰：吏戶禮兵刑工，二司左，曰左司之神，右曰右司之神。上命罷六曹，不必設左右二司，止稱曰左司神，右司神，仍命置神主，主用丹漆，字以金，旁飾以龍文，及是始成，命凱等迎主入廟，用王者儀仗。	（明）俞汝楫，《禮部志稿》卷84，清文淵閣四庫全書本，[中國基本古籍庫]，頁1320-1321
8	職官下屬	司屬	襄陽縣（今湖北省襄陽市襄陽市）	天順丁丑冬十月落成。前創門樓，次接三門。於是建前殿，以正神位。翼兩廊，以置司屬。又於正殿之南設拜	（清）甘定遇，《（乾隆）襄陽縣志》卷23，清內府本，[中國方志庫]，頁569。

編號	陪祀神類別	陪祀神	地區	內文	出處
				廳，置焚幣錢庫。	
9	儀衛	儀衛	石屏州（今雲南省石屏縣）	城隍廟記 御史 許鎡 州人……前堂後寢、門廡綽楔、垣繚庖湢、像設儀衛煥然一新。	（清）管學宣，《（乾隆）石屏州志》卷 5，清乾隆二十四年刊本，[中國方志庫]，頁 539。
10	名宦、生祠	許學宗（知縣）、生祠（知縣主觀光）	舒城縣（今安徽省六安市舒城縣）	許公祠，祀知縣許學宗，在城隍廟內。	（清）趙鳳詔，《（光緒）續修舒城縣志》續修舒城縣志卷 9，清光緒二十三年刊本，[中國方志庫]，頁 263。
				主觀光，字子聞，福建晉江人。天啟中，以進士令舒縣。……遷刑部主事，有富商奴吳榮，擁資數十萬，投魏璫反噬其主。璫敗繫獄，榮布賄求脫。觀光立擬斬，輿論稱快，舒人祠祀城隍廟內。《福建通志》	（清）趙鳳詔，《（光緒）續修舒城縣志》卷 28，清光緒二十三年刊本，[中國方志庫]，頁 613。
11	名宦	鄧顯（知縣）	永豐縣（今江西省上饒市廣豐縣）	鄧顯，正統間，知永豐縣，鼎新文廟，作興士類，勸農桑，興水利。捕殺強寇遇害，民咸哀之，肖像於城隍	（明）李賢，《明一統志》卷 51，清文淵閣四庫全書本，[中國基本古籍庫]，頁 1675。

編號	陪祀神類別	陪祀神	地區	內文	出處
				廟祀焉。事聞，贈光祿卿，謚恭毅。《省志》	
12	名宦	李遷梧（知縣）、徐欽（主簿）	吳江縣（今江蘇省蘇州市）	徐欽，正德末，主吳江簿。仁恕廉明，凡刑罪人，每至泣下。遇水旱，齋戒祈禱多獲奇應。卒於官，邑民即城隍廟西廡立像奉焉。……李遷梧，字茂陽，安邱人。嘉靖三十八年以進士授吳江知縣。……遷梧為治不要名譽，不尚敲朴，一本至誠，胥吏亦不忍欺。在任三年，邑大治後，萬曆丁亥復大水，士民追思其德，設木主城隍廟祀之。	（清）馮桂芬，《（同治）蘇州府志》，卷72名宦五_吳江縣，[中國方志庫]，清光緒九年刊本，頁2617-2619。
13	名宦	陳鉞（知縣）	華容縣（今湖南省岳陽市華容縣）	陳鉞，字汝威，溧水人，進士知縣。事公廉勤慎，興剔利害，芟植強弱，風績犖異，八月而邑太治。以病卒于官，民哀之如父母，刻像城隍廟祀焉。	（明）鍾崇文，《（隆慶）岳州府志》卷13宦蹟列傳_華容縣，明明隆慶刻本，[中國方志庫]，頁197。

編號	陪祀神類別	陪祀神	地區	內文	出處
14	名宦	李之仁（知州）	騰越州（今雲南省保山市騰沖縣）	知州李之仁，字思葵，貴陽舉人，[萬曆]四十二年任。與州之紳士張邦教等纂志三卷，曾有功德於民，城隍祠有像祀之。乾隆四十一年，爲列屋三楹崇祀。	（清）屠述濂，《（乾隆）騰越州志》卷 7，清光緒二十三年重刊本，[中國方志庫]，頁 287。
15	生祠	生祠（總制陳偉績）	撫州府（今江西省撫州市）	總制應城陳公偉績生祠記　　張昇　生祠出於人心感愛之不已，在古亦不多見……禮曰：能捍大患則祀之，是有功於民，緣人心報祀也。公攘除寇凶，非捍大患歟？禮合報祀，相率詣郡告於常熟陳侯言，爰擇城隍廟隙地，建祠一區。	（清）謝旻，《（康熙）江西通志》卷 130 藝文_明，清文淵閣四庫全書本，[中國基本古籍庫]，頁 3867-3868。
16	生祠	生祠（郭孔完）	咸寧省（今陝西省西安市）	公諱孔完，字元成，姓郭氏，別號前川，新鄉戒海人也。……咸寧缺官，守巡觀察使僉議咸寧省中鉅縣必得賢能者，乃可。遂以公白于撫按，委以掌之。興平有訟獄者亦赴咸寧以	（清）趙開元，《（乾隆）新鄉縣志》卷 26，清乾隆十二年石印本，[中國方志庫]，頁 944-946。

201

編號	陪祀神類別	陪祀神	地區	內文	出處
				辨。而曰郭公至公無私，城隍廟有生祠存焉。	
17	生祠	生祠（郡軍校林旺）	建寧府（今福建省南平市建甌市）	姓林名旺，初為郡軍校，正直，靈明郡人，生祠於城隍廟內之右。	（明）陳道，《（弘治）八閩通志》卷 59 祠廟_建寧府，明弘治刻本，[中國方志庫]，頁 1058。
18	轄下城隍	州縣城隍神	南寧府（今廣西壯族自治區南寧市）	南寧府城隍廟……其兩□則添設四州、四縣城隍神位，明所隸也，猶等而列之，秩其分也。	（明）方瑜，《（嘉靖）南寧府志》卷 5 祀典志，明嘉靖四十三年刻本，[中國方志庫]，頁 52。
19	土地公	福德祠	鄧州（今河南省南陽市鄧州市）	城隍廟 在州治西……嘉靖丙辰知州張僎復倡義民重修，僉政朱徵記曰：……正殿伍間，兩廊拾肆間，兩門捌間，其所因飭者。拜殿伍間，鼓樓壹座，化錢樓叁座，普生堂叁間，福德祠叁間，洗心堂叁間。	（明）潘庭楠，《（嘉靖）鄧州志》卷 13 祀典志_鄧州，明嘉靖刻本，[中國方志庫]，頁 429-431。
20	土地公	各鄉土地之神	桐廬縣（今浙江省杭州市	城隍廟。《桐廬縣志》：……隆慶五年，通判陳彝建	（清）嵇曾筠，《（雍正）浙江通志》卷 224 祠

編號	陪祀神類別	陪祀神	地區	內文	出處
			桐廬縣）	東、西二廊，立各鄉土地之神。	祀_衢州府桐廬縣，清文淵閣四庫全書本，[中國方志庫]，頁5572。
21	土地公觀音社令丁公	觀音、社令、土地、丁公	奉新縣（今江西省宜春市奉新縣）	萬曆二十一年，知縣馮梃復建正殿、寢殿。正殿之左有觀音堂，右爲官房，後廢其兩翼，爲十二鄉社令祠。前爲儀門 邑人甘懋德建 後裔重修。儀門之左爲土地祠，右爲丁公祠。	（清）呂懋先，《（同治）奉新縣志》卷4，清同治十年刻本，[中國方志庫]，頁515-516。
22	痘神、	痘神	襄垣縣（今山西省長治市襄垣縣）	城隍廟在縣治西南隅。洪武三年，縣丞魏惟明建造，（[明]）知縣蕭守身[2]重修，有圖。正殿五間，香亭三間，正殿東延壽祠一間，廣生祠一間，左司三間，賞善祠三間，官廳三間。正殿西增福祠一間，痘疹祠三間，右司三間，罰	（清）李廷芳，《（乾隆）重修襄垣縣志》卷之2，清乾隆四十七年刻本，[中國方志庫]，頁139-40。

---

[2] 蕭守身，明·嘉靖10年，嘉靖41年進士登科。（資料來源：中國歷代人物傳記資料庫 http://db1.ihp.sinica.edu.tw/cbdbc/cbdbkm?@8^1704303653^107^^^1^1@@925567449，2014/4/18。）

編號	陪祀神類別	陪祀神	地區	內文	出處
				惡祠三間，過廳三間。樂樓一座，東西大門二座，勅封亭一座，顯佑門一座，東西角門二座。大門三間，照墙一座，寢宮三間，東房三間，西房三間，三清殿四間，南房三間，西房五間，小房一間。	
23	文昌君	文昌祠	九江（今江西省九江市）	九江太守邢公生祠記　　葉向高[3]……公自奉廉不輕費一物，市肆晏然。至於學校祠廟先賢遺跡有可興人文裨風教者，不難出力，營之雖費無惜。嘗建文昌祠飾城隍廟，建武城祠祀先賢，繕思賢橋，暨浸月亭，百廢具舉又立社學。	（清）謝旻，《（康熙）江西通志》卷 133 藝文_明，清文淵閣四庫全書本，頁 3974-3975。
24	聖母（所祀神不	聖母	雷州府（今廣東省湛江市	城隍廟，在府治東鎮寧坊。……萬曆六年，廟宇傾壞，	（明）歐陽保，《（萬曆）雷州府志》卷 11 秩

---

[3] 作者葉向高為萬曆年間人，23 歲（萬曆十一年）登進士。（資料來源：中國歷代人物傳記資料庫 http://db1.ihp.sinica.edu.tw/cbdbc/cbdbkm?@8^1704303653^107^^^1^1@@820253780　2014/4/18。）

編號	陪祀神類別	陪祀神	地區	內文	出處
明）			雷州市）	郡守陳九仞脩建神堂大屋三間，扁書昭鑒二字，添建拱蓬耳房六間，俱塑神像。後蓋屋三間塑聖母像，耳房四間各有神像，外大門建樓二層，扁金字書城隍廟，兩傍塑神馬二像。	祀志_廟壇祠，明萬曆四十二年刻本，[中國方志庫]，頁208。
25	八蜡	八蜡	遼陽（今遼寧省遼陽市）	八蜡廟二。遼陽一，在城隍廟內。廣寧一，在城外東。嘉靖甲戌，總兵卻永建。	（明）畢恭，《（嘉靖）遼東志》卷2建置志_祠祀，明嘉靖刻本，[中國基本古籍庫]，頁74。
26	靑山神	靑山神	惠安縣（今福建省泉州市惠安縣）	廟之後殿有神像二，其一舊爲靈嶽之神，宋累封至靈惠王。其一即靑山張侯，宋累封至靈安王，其妻皆爲妃。初未置縣時，已有靈嶽廟，即今之城隍也，及李令建城隍，乃遷其廟於乾峰寺前，與靑山神同日受封，故鄉人合而祀之。其後乾峰寺前廟廢，復移像城隍後殿仍合祀之。	（明）張岳，《（嘉靖）惠安縣志》卷10典祀丘墓叢祀_典祠，明嘉靖刻本，[中國方志庫]，頁55。

附錄三

清朝時期城隍廟陪祀神列表

編號	陪祀神類別	陪祀神	地區	內文	出處
東　北　（6間）					
1	土地公	土地祠	長春府（今吉林省長春市）	城隍廟在城內西頭道街路北，正殿三楹，後殿三楹，儀門三楹，東西配廡各五楹，禪堂十楹，鐘樓一座，土地祠一楹大，門三楹，道光六年建。	（清）李桂林，《（光緒）吉林通志》卷26輿地志十四_長春府，清光緒17年刻本，[中國基本古籍庫]，頁449。
2	忠臣	昭忠祠	海龍縣（今吉林省梅河口市）	義勇祠　在縣城西南隅城隍廟院內。清光緒二十八年，依總管凌阿募款建修，又名昭忠祠。	（民國）王永恩，《（民國）海龍縣志》卷18，民國二十六年刊本，[中國方志庫]，頁1847。
3	土地公	土地	呼蘭府（今黑龍江省哈爾濱市）	巴彥州土地廟五，一附設城隍廟內。	（清）黃維翰，《（宣統）呼蘭府志》卷6，民國鉛印本，[中國方志庫]，頁488。
4	土地公忠臣	昭忠祠、土	阿勒楚喀城	土地祠，在城隍廟內。	（清）李桂林，《（光緒）吉林

207

編號	陪祀神類別	陪祀神	地區	內文	出處
	地	（今黑龍江省哈爾濱市）	昭忠祠，在城隍廟內。	通志》卷 26 輿地志十四 阿勒楚喀城，清光緒 17 年刻本，[中國基本古籍庫]，頁 454。
5	土地公瘟神	土地祠、瘟神殿	甯古塔城（今黑龍江省牡丹江市寧安市）	城隍廟在城東，正殿三楹，配廡五楹，禪堂三楹，瘟神殿一楹，土地祠一楹，大門三楹，康熙六十一年建。	（清）李桂林，《（光緒）吉林通志》卷 26 輿地志十四_甯古塔城，清光緒 17 年刻本，[中國基本古籍庫]，頁 452。
6	瘟神、秦叔寶	瘟神、秦叔寶	齊齊哈爾城（今黑龍江省齊齊哈爾市）	齊齊哈爾城中有城隍廟……城隍座東為瘟神，主救民疫癘，西為秦叔寶像。小說謂叔寶嘗為快手，故番子祀之。	（清）西清，《（嘉慶）黑龍江外記》卷 2，清光緒廣雅書局刻本，[中國基本古籍庫]，頁 56-58。
西　　北　　（14 間）					
7	求子神	聖母	固原州（今甘肅省固原市）	聖母宮，一名子孫宮，在州城隍廟內東院。	（清）王學伊，《（宣統）固原州志》地輿志，清宣統元年刊本，[中國方志庫]，頁 153。
8	土地公	土地	文縣（今甘肅省隴	城隍廟在縣東門內。康熙癸巳，知縣王國柱整修。乾	（清）何渾，《（乾隆）續修文縣志》建置

編號	陪祀神類別	陪祀神	地區	內文	出處
			南市文縣）	隆十七年，知縣孫巘因年久傾圮，督率居民補修正殿、後殿、儀門、大門、土地祠，俱整舊如新。	志，清乾隆刻本，[中國方志庫]，頁 27。
9	名宦	張公祠	兩當縣（今甘肅省隴南市兩當縣）	木瓜張公祠在城隍廟內。相傳為山東人，曾吏兩當，而有功德於民者。時代既遠，忘其郡縣與其名字，與其作吏之時，亦不知何以有木瓜之號。舊有祠，久廢。乾隆二十一年，見夢於知縣永安，醒而詢諸士民，得其狀遂移其像於廟內。	（清）費廷珍，《（乾隆）直隸秦州新志》卷 3 兩當縣，清乾隆二十九年刊本，[中國方志庫]，頁 280。
10	職官下屬	功曹	秦安縣（今甘肅省天水市秦安縣）	城隍廟在東街之北，南向。最後寢殿三楹，前有川堂，前為退思殿三楹，前為正殿三楹，前為露臺，前為綽楔。左、右為十功曹殿六楹，前為儀門三楹，上有戲樓。又前為大門三楹，外有綽楔，廟內殿東偏有娘娘廟。	（清）費廷珍，《（乾隆）直隸秦州新志》卷 3 秦安縣，清乾隆二十九年刊本，[中國方志庫]，頁 244。

編號	陪祀神類別	陪祀神	地區	內文	出處
11	職官下屬	諸曹	通渭縣（今甘肅省定西市通渭縣）	城隍廟舊在縣署東，正殿三楹，後殿三楹。諸曹殿各三楹，儀門、大門各三楹，地震俱沒。今因舊址重建正殿三楹，後殿三楹，大門三楹。	（清）張志達，《（乾隆）通渭縣志》卷 2，清鈔本，[中國方志庫]，頁 104-105。
12	職官下屬、土地公	功曹、土地	徽縣（今甘肅省隴南市徽縣）	城隍廟在北街，西向。後殿、前殿，殿各三間。左、右功曹殿各五間，前戲樓三間，外左、右土地祠各三間，每間坐土神三，謂十八里，里一土神也。前有坊，爲儀門，左、右有角門。前大門三間，外又爲坊三間。乾隆十六年知縣杜蔭重建。	（清）費廷珍，《（乾隆）直隸秦州新志》卷 3 徽縣，清乾隆二十九年刊本，[中國方志庫]，頁 273。
13	道教神、瘟神、龍神	三霄、瘟神、龍神	洮州廳（今甘肅省臨潭縣）	三霄廟，在本城城隍廟。瘟神廟有二，一在本城隍廟內，一在舊城文昌宮，明天啟乙丑建。	（清）包永昌，《（光緒）洮州廳志》卷 3，清光緒刻本，[中國方志庫]，頁 242。
				龍神祠有二，一在本城東甕城內，一在城隍廟內。每歲五月端午爲十八位	（清）包永昌，《（光緒）洮州廳志》卷 3，清光緒刻本，[中

編號	陪祀神類別	陪祀神	地區	內文	出處
				龍神賽會之所。	國方志庫]，頁245。
14	忠臣、驅蝗神	昭忠祠、劉猛將軍	同州府（今陝西省渭南市大荔縣）	昭忠祠在府城隍廟內，所祀各人，具載《府志》。……劉猛將軍廟，在府城隍廟內。	（清）周銘旂，《（光緒）大荔縣續志》卷6，清光緒十一年刻本，[中國方志庫]，頁245。
15	職官下屬、土地公	土地、曹司	綏德州（今陝西省榆林市綏德縣）	土地祠，一在州治儀門東，一在城隍廟。	（清）吳忠誥，《（乾隆）綏德州直隸州志》卷3，清乾隆四十九年刻本，鈔本配補，[中國方志庫]，頁165。
				〈重修城隍廟記〉州人　柳基昌……自內寢外堂及廊廡、曹司、門垣、坊樓統爲一新，雖規模未加於舊，而氣象已改。	（清）吳忠誥，《（乾隆）綏德州直隸州志》卷7，清乾隆四十九年刻本，鈔本配補，[中國方志庫]，頁568。
16	土地公	土地	保安縣（今陝西省延安市志丹縣）	城隍廟在縣治東，明·洪武中建。……康熙中，知縣于重徽建大門、顯祐坊。知縣孫廷錫重修二門、洪功坊，生員武第寵等十四人重修後兩廡及土	（清）彭瑞麟，《（咸豐）保安縣志》祠祀志卷3，清咸豐六年刻本，[中國方志庫]，頁37。

211

編號	陪祀神類別	陪祀神	地區	內文	出處
				地祠。	
17	財神、家畜飼養神	財神、圈神	清澗縣（今陝西省榆林市清澗縣）	城隍廟在縣治東南一百步，……大門內東偏為財神廟，西偏為圈神廟。	（清）鍾章元，《（道光）清澗縣志》卷3，清道光八年抄本，[中國方志庫]，頁125。
18	瘟神	瘟使	郿縣（今陝西省寶雞市眉縣）	嗣母祠、瘟使祠並在城隍廟。	（清）沈錫榮，《（宣統）郿縣志》政錄第三之上卷4，清宣統元年鉛印本，[中國方志庫]，頁149。
19	職官下屬	司曹	韓城縣（今陝西省渭南市韓城市）	重修城隍廟記 韓（[城縣]）之城隍廟由來舊矣。康熙三十六年歲丁丑，邑侯張諱廷元謁廟，見神像晦暗，棟宇垣墉半傾地，諭十社者民議重修焉。……德馨殿前地西隘，於東五尺有奇，則更置司曹，使地分相等。	（清）李恩繼，《（咸豐）同州府志》文徵錄卷下，清咸豐二年刻本，[中國方志庫]，頁36359-36360。
20	道教神、瘟神	三官、五瘟、聖母	漢陰廳（今陝西省安康市漢陰縣）	三官殿、五瘟殿、聖母殿俱附城隍廟。	（清）錢鶴年，《（嘉慶）漢陰廳志》卷3，清嘉慶二十三年刻本，[中國基本

編號	陪祀神類別	陪祀神	地區	內文	出處
					古籍庫]，頁161。
華　北　（18間）					
21	忠臣	昭忠祠	平定州（今山西省陽泉市平定縣）	昭忠祠　在城隍廟儀門西內祀陣亡官弁	（清）賴昌期，《（光緒）平定州志》卷3，清光緒八年刻本，[中國方志庫]，頁269。
22	職官下屬、三靈侯（靈驗神祇）	六曹司、皂隸、三靈侯、聖母	朔州（今山西省朔州市）	正殿五間，階前有臺，臺前有欄。左鼓樓，右鐘樓，內中牌坊一座三架。東西六曹司各三間，皂隸房各二間，東西畫廊六間。……三靈侯祠在廟院內左殿，廊門壁俱全。聖母祠在廟院內右殿，廊門壁俱全。廟西道院一所，內層正房三間，供三清神像。	（清）汪嗣聖，《（雍正）朔州志》卷4，清雍正十三年石印本，[中國方志庫]，頁291。
23	忠臣	昭忠祠	隰州（今山西省臨汾市隰縣）	昭忠祠，在城隍廟內西偏，內祀劉猛將軍、崔德、陣亡都司、王天德、牛復元、牛文禮、秦岳條、張志厚、關金榮、楊和、楊貴、張名務、秦士	（清）崔澄寰，《（光緒）續修隰州志》祠祀，清光緒二十四年刊本，[中國方志庫]，頁145-147。

213

編號	陪祀神類別	陪祀神	地區	內文	出處
				俊，俱陣亡兵丁、外省客游湮沒未報殉難士民忠魂、山西省湮沒未報殉難士民忠魂、山西省湮沒未報殉難團丁忠魂。	
24	名宦	陳懋觀（知縣）、劉太守	山陰縣（今山西省朔州市山陰縣）	陳侯祠在城隍廟劉太守祠後，嘉靖四十四年邑人建祀知縣陳懋觀，今廢。	（清）徐元梅，《（嘉慶）山陰縣志》卷 2，民國二十五年紹興縣修志委員會校刊鉛印本，[中國方志庫]，頁847。
25	龍神	龍王	孝義縣（今山西省呂梁市孝義市）	城隍廟……前為正殿五間，東西廡亦各五間。殿東即龍王廟，屋三間。	（清）鄧必安，《（乾隆）孝義縣志》學校典禮卷 1，清乾隆三十五年刻本，[中國方志庫]，頁 282。
26	職官下屬、儀衛、名宦、山神、土地公、道教神（真武）財	曹司、皂隸、賢侯、財神、速報司、山神、六里土地祠、真武	鄉寧縣（今山西省臨汾市鄉寧縣）	城隍廟，在縣治西，文廟東。今制正殿五間，獻亭一間，東、西曹各九間，皂房各三間，樂庭三間，寢宮五間，獻亭三間，左、右道房各三間。樂庭左為賢侯祠，右北為財神	（清）葛清，《（乾隆）鄉寧縣志》卷 3，清乾隆四十九年刻本，[中國方志庫]，頁 84。

編號	陪祀神類別	陪祀神	地區	內文	出處
	神			廟，南為速報祠、山神、六里土地祠，大門西為真武廟。	
27	忠臣	昭忠祠	陽曲縣（今山西省太原市）	昭忠祠，在城隍廟內。嘉慶年間建，祀邑中陣亡官兵。	（清）李培謙，《（道光）陽曲縣志》禮書第三卷8，清道光二十三年修民國二十一年重印本，[中國方志庫]，頁639。
28	財神	財神	榆次縣（今山西省晉中市）	城隍廟，在縣治東。元至正二十二年，達魯花尹赤帖木兒創建。前明屢有增建，益為宏敞。……（[乾隆]）三十九年，於廊西增道院暨財神廟。	（清）俞世銓，《（同治）榆次縣志》卷3，清同治二年刻本，[中國方志庫]，頁196-197。
29	名宦、忠烈	歷代賢侯、孝義節烈	聞喜縣（今山西省運城市聞喜縣）	重修城隍廟記 楊永寧 邑人工興於康熙四年乙巳秋孟，成於次年之冬。丹堊莊砌，煥然聿新，予議正殿左右配祀歷代賢侯，樓前對建兩祠，以祀孝義節烈。	（清）李遵唐，《（乾隆）聞喜縣志》卷1，清乾隆三十年刊本，[中國方志庫]，頁859。
30	土地公	各里土	翼城縣	城隍廟……國朝康	（清）李居頤，

編號	陪祀神類別	陪祀神	地區	內文	出處
		地	（今山西省臨汾市翼城縣）	熙三十四年地震，凡寢殿、門樓，以及各里土地祠坍塌不堪。	《（乾隆）翼城縣志》卷 24，清乾隆刻本，[中國方志庫]，頁 721。
31	忠臣	昭忠祠	天津府（今天津市）	昭忠祠在府城隍廟內，嘉慶十四年奉敕建。	（清）徐宗亮，《（光緒）重修天津府志》卷 34 考二十五 經政八_祀典，清光緒 25 年刻本，[中國基本古籍庫]，頁 718。
32	轄下城隍	省城隍	北京城（今北京市）	北京城隍廟中有石刻北平府三大字，此國初舊物。一老卒云，其石長可丈六尺，下有城隍廟三字，既建北京，埋而露其頂。儀門塑十三省城隍，皆立像左右相對，每歲順天府官致祭。	（清）吳長元，《宸垣識略》卷 7，清乾隆池北草堂刻本，[中國基本古籍庫]，頁 96。
33	藥王、八蠟、驅蝗神龍神	藥王、八蠟、劉猛將軍、龍王	良鄉縣（今北京市）	龍王廟在城隍廟內。《陳志》藥王廟，一在石村，疾病者祈禱有應，每年四月報賽，社會極盛，遠近畢來進香。一在城隍廟內。一在東	（清）張之洞，《（光緒）順天府志》卷 23 地理志五_祠祀上_良鄉縣，清光緒 12 年刻十五年重印本，[中國基本古籍庫]，

編號	陪祀神類別	陪祀神	地區	內文	出處
				門外。一在塔灣村。《陳志》 八蜡祠在城隍廟內，並祀劉猛將軍。《陳志》	頁 613。
34	冥司之神	冥司之神	懷柔縣（今北京市）	邑故有城隍廟，傾圮不飾，令捐俸以為之倡。不兩月而助役者若干人，作東西廡各五楹，列冥司之神，如所謂泰山考鬼、西方地獄者，而悉取其事繪圖於壁，堂階門垣丹青黝堊煥然一新。	（清）張之洞，《（光緒）順天府志》卷 23 地理志六_懷柔縣，清光緒 12 年刻十五年重印本，[中國基本古籍庫]，頁 660。
35	轄下城隍	闔屬城隍	大名府（今河北省邯鄲市大名縣）	元城縣創建城隍廟記陳具慶　學士吾郡城隍廟在崇禮門以西，其神南面坐堂皇，而州、邑諸城隍並列祠兩廡下。	（清）吳大鏞，《（同治）元城縣志》續修元城縣志卷 6，清同治十一年刊本，[中國方志庫]，頁 606-607。
36	土地公	土地廟	滄州（今河北省滄州市）	土地廟一在城隍廟內，明代建。前志	（清）徐宗亮，《（光緒）重修天津府志》卷 34 考二十五經政八_祀典_滄州，清光緒 25 年刻本，[中國基本古籍庫]，頁 728。

編號	陪祀神類別	陪祀神	地區	內文	出處
37	土地公、火神、八蜡	土地、火神、八蜡祠	固安縣（今河北省廊坊市固安縣）	嘉靖丁巳，邑紳楊維傑重修，永應奎撰碑記。……于是鳩工庀材，命五街鄉保楊師儒等，分董其役。凡瓦甓傾漏者補葺之，基傾棟撓者徹新之，神像殘缺未備者，一一搏塑繪畫之。由大門寢殿，以至東西配殿司房、土地、火神、八蜡祠及鐘鼓樓、馬殿、井、兩廊、道房共若干間，以次裝修，未曾動民間一夫一力，不數月而煥然鼎新。	（清）張之洞，《（光緒）順天府志》卷 23 地理志五_祠祀上_良鄉縣，清光緒 12 年刻十五，[中國基本古籍庫]，頁 615-616。
38	職官下屬、儀衛	曹吏、騶從	望都縣（今河北省保定市望都縣）	〈重修城隍廟記并頌〉明·嘉靖四十二年，邑人 張舜元 參議余也來官，茲土事顧有重於此者乎。於是鳩工聚材，務欲視舊有加乃簡，令邑人趙寧等以董其事，而責其成。……易東、西兩廊舊制十四楹，楹五架，延袤深潤，以居神之曹	（清）王錫侯，《（乾隆）望都縣新志》卷 6，清乾隆 36 年刻本，[中國基本古籍庫]，頁 99-100。

編號	陪祀神類別	陪祀神	地區	內文	出處
				吏，則神之輔廣矣。前為儀門及甬道，以列神之驂從，則神之威著矣。	
華東 （86間）					
39	太歲	太歲	松江府（今上海市）	太歲廟，在府城隍廟大門內東，歲以立春日致祀。	（清）博潤，《（光緒）松江府續志》卷10，清光緒九年刊本，[中國方志庫]，頁962。
40	鎮海侯（靈驗神祇）、職官下屬、轄下城隍、財神	鎮海侯、二十四司、所轄3位鄉城隍、五路司（財神）	上海縣（今上海市）	鎮海侯廟，在大東門外，同治年重建。別廟：一在鎮海禪院東；一在城隍廟；一在廿七保一圖百步橋東。	（清）博潤，《（光緒）松江府續志》卷10_上海縣，清光緒九年刊本，[中國方志庫]，頁985。
				嘉慶三年，復新大殿，兩廡列二十四司，儀門外及殿西偏為四司殿。……新江司殿在邑廟西偏……長人司殿在邑廟西偏……高昌司殿在邑廟儀門右……五路司殿在城隍廟儀門左。案：四司隨城隍祭壇，係鄉人好事者	（清）應寶時，《（同治）上海縣志》卷10，清同治十一年刊本，[中國方志庫]，頁738-743。

編號	陪祀神類別	陪祀神	地區	內文	出處
				為之，本不足道。然新江、長人皆邑原管鄉，而高昌該全境以土地故祀之可也。至五路俗稱財神，又謂即道路之神，五祀中之行神也。	
41	花神	花神	青浦縣（今上海市）	花神廟，在城隍廟靈園。	（清）汪祖綏，《（光緒）青浦縣志》卷 3，清光緒四年刊本，[中國方志庫]，頁 286。
42	轄下城隍	縣城隍	東昌府（今山東省聊城市）	城隍廟在府治東，聊城縣城隍附。	（清）岳濬，《（雍正）山東通志》卷 21 秩祀志_東昌府，清文淵閣四庫全書本，[中國方志庫]，頁 5220。
43	生祠	生祠	青州府（今山東省濰坊市青州市）	朱宏仁，隸清豐人，進士。雍正二年，知昌樂縣，勤慎廉潔，儉約自奉，……後民爲立生祠於城隍廟中，勒石紀其善政。	（清）毛永柏，《（咸豐）青州府志》卷 37，清咸豐九年刻本，[中國方志庫]，頁 2582。
44	名宦	徐國珍（知縣）	濟南府（今山東省濟	徐國珍，貴州貴陽人，舉人。康熙十年，知齊東縣，興	（清）成瓘，《（道光）濟南府志》卷

編號	陪祀神類別	陪祀神	地區	內文	出處
			南市）	學校，恤孤貧，治獄廉明，尤喜息訟。士民悅服，遠邇歌頌，力除夙弊，積年逋欠千餘金，設法賠補，官民受益。邑人設主崇祀於城隍廟，以志不忘祀名宦。	38，清道光二十年刻本，[中國基本古籍庫]，頁 1204。
45	名宦	趙民善（知州）	膠州（今山東省青島市膠州市）	趙民善，漢軍正黃旗人。順治十年，由貢士任山東膠州知州。值土賊蹂躪之後，潔己愛民，加意撫綏，時以查海產滋累民善濟之，以寬旱魃為虐，誠禱致雨。在任八年，鞅掌盡瘁，甫報陞湖廣衡州府：知府旋卒於膠，膠民思慕不忘，崇祀名宦祠，又建專祠於城隍廟祀之。	（清）官修，《（雍正）八旗通志》卷 236 人物志一一六，清文淵閣四庫全書本，[中國基本古籍庫]，頁 2924。
46	土地公	土地	平陰縣（今山東省濟南市平陰縣）	土地祠，在城隍廟內。	（清）顏希深，《（乾隆）泰安府志》卷 6_平陰縣，清乾隆二十五年刻本，[中國方志庫]，頁 475。

編號	陪祀神類別	陪祀神	地區	內文	出處
47	儀衛	皂役	掖縣（今山東省煙臺市萊州市）	城隍……乾隆三年，里人增建左右簧樓，規模更為完備。其廟制大殿六楹，東、西廊各九間，廊南小亭各一間，殿前皂役房各一，殿東西耳殿各一。	（清）張思勉，《（乾隆）掖縣志》卷1，清乾隆二十三年刊本，[中國方志庫]，頁175-176。
48	龍神	龍神	章邱縣（今山東省濟南市章丘市）	龍神祠在城隍廟內。	（清）成瓘，《（道光）濟南府志》卷18，清道光二十年刻本，[中國基本古籍庫]，頁419。
49	碧霞元君、痘神、土地公、藥王、眼疾神、財神、求子神	碧霞元君及痘疹諸神、土地、藥王、財神、痘神、眼光菩薩（眼疾）、送子觀音	陵縣（今山東省德州市陵縣）	娘娘廟，在城隍廟大殿西，祀碧霞元君及痘疹諸神。	（清）沈淮，《（光緒）陵縣志》卷12，民國二十五年鉛印本，[中國方志庫]，頁510。
				土地、藥王、財神祠，在城隍廟內殿東。同治十三年知縣戴杰建。 痘疹、眼光、送子觀音祠，在城隍廟內殿西。同治十三年知縣戴杰修。	（清）沈淮，《（光緒）陵縣志》卷12，民國二十五年鉛印本，[中國方志庫]，頁527。
50	灶王	竈王	菏澤縣（今山	竈王廟在城隍廟內。	（清）凌壽柏，《（光緒）新修

編號	陪祀神類別	陪祀神	地區	內文	出處
			東省菏澤市）		菏澤縣志》卷2，清光緒十一年刻本刻本，[中國方志庫]，頁143。
51	驅蝗神	金姑娘娘（治蝗）	黃縣（今山東省煙臺市龍口市）	金姑娘娘廟在東街城隍廟內，傳為治蝗之神。	（清）尹繼美，《（同治）黃縣志》卷2，清同治十年刻本，[中國方志庫]，頁102。
52	義勇	義勇祠	寧津縣（今山東省德州市寧津縣）	義勇祠，在城隍廟門內祀二十六人。	（清）祝嘉庸，《（光緒）寧津縣志》卷4，清光緒二十六年刊本，[中國方志庫]，頁343。
53	土地公	土地	蒙陰縣（今山東省臨沂市蒙陰縣）	土地祠，在縣治儀門左，今廢。今在城隍廟內。	（清）沈毓清，《（宣統）蒙陰縣志》卷2，民國間鈔本，[中國方志庫]，頁95。
54	名宦	宋兌、安佑、章綸、王密、許爌	濰縣（今山東省濰坊市）	宋尹祠[1]，在城隍廟內。	（清）張耀璧，《（乾隆）濰縣志》卷2，清乾隆二十五年刊本，[中國方志

---

[1] 「宋尹祠，祀知縣宋兌、安佑、章綸、王密、許爌。」（（清）張耀璧，《（乾隆）濰縣志》卷2，清乾隆二十五年刊本，頁228。）

編號	陪祀神類別	陪祀神	地區	內文	出處
		（知縣）			庫]，頁 153。
55	忠臣	昭忠祠	寧國府（今安徽省宣城市）	昭忠祠在城隍廟內。	（清）魯銓，《（嘉慶）寧國府志》卷 19，清嘉慶刻本，[中國方志庫]，頁 2365。
56	義勇	義勇祠	泗州（今安徽省宿州市泗縣）	義勇祠在泗州城隍廟內，祀陣亡練勇。	（清）何紹基，《（光緒）重修安徽通志》卷 56 輿地志_壇廟，清光緒四年刻本，[中國基本古籍庫]，頁 697。
57	職官下屬	二十四司	宿州（今安徽省宿州市）	重修城隍廟記 蘇元璐 知州 壬午春，予來牧是州。甫謁廟，見兩廊二十四司棟折榱崩，神像剝落，不禁愀然。	（清）何慶釗，《（光緒）宿州志》卷 31，清光緒十五年刊本，[中國方志庫]，頁 2247-2250。
58	名宦	盧象昇（明·經略）	滁州（今安徽省滁州市）	盧公祠在州城隍廟內，祀明經略盧象昇。	（清）何紹基，《（光緒）重修安徽通志》卷 56 輿地志_壇廟，清光緒四年刻本，[中國基本古籍庫]，頁 690。
59	職官下	十司、	壽州	乾隆三十四年，州	（清）曾道唯，

編號	陪祀神類別	陪祀神	地區	內文	出處
	屬、土地公	土地	（今安徽省六安市壽縣）	人鄭濬等修有碑記。……大殿、寢宮、十司裝塑前樓棋杆，轎圍、執事、紅衣，並土地祠煥然一新，約費四百餘金，所以供奉神之正位者得以齊備。	《（光緒）壽州志》卷5，清光緒十六年刊民國七年重印本，[中國方志庫]，頁250-251。
60	職官下屬	十司	太湖縣（今安徽省安慶市太湖縣）	城隍廟……嘉慶三年，知縣周成績率闔邑紳士捐修，并建十司殿。	（清）符兆鵬，《（同治）太湖縣志》卷6，清同治十一年刊本，[中國方志庫]，頁194。
61	忠臣	昭忠祠	阜陽縣（今安徽省阜陽市）	昭忠祠，在城隍廟內。嘉慶七年，奉旨建，祀四川殉難鹽大使李基善。道光二年，奉旨以殉難義勇解成、王講、任義、高大從祀。	（清）周天爵，《（道光）阜陽縣志》卷3，清道光九年刊本，[中國方志庫]，頁267。
62	忠臣	昭忠祠	宣城縣（今安徽省宣城市）	昭忠祠，在城隍廟儀門左。嘉慶八年，為陣亡馬兵陳明周等建。	（清）陳受培，《（嘉慶）宣城縣志》卷10，清嘉慶刻本，[中國方志庫]，頁332。
63	火神、馬神	火神、馬神	巢縣（今安徽省巢	火神廟無專祠，設像於城隍廟殿左，以六月三十日知縣	（清）舒夢齡，《（道光）巢縣志》卷5，清道

225

編號	陪祀神類別	陪祀神	地區	內文	出處
			湖市）	主祭，以羊一、豕一，行二跪六叩禮。	光八年刊本，[中國方志庫]，頁157。
				馬神祠在長樂坊城隍廟內公館之左，祭期以春、秋二仲月上戊日。	（清）鄒瑆，《（雍正）巢縣志》卷11，清內府本，[中國方志庫]，頁309。
64	痘神	痘神	望江縣（今安徽省安慶市望江縣）	順治六年，令王世允、典史劉應宗建痘神祠於堂之東。	（清）鄭交泰，《（乾隆）望江縣志》卷2，清乾隆三十三年刊本，[中國方志庫]，頁205。
65	名宦	許學宗（明·知縣）	舒城縣（今安徽省六安市舒城縣）	許公祠　公諱學宗，祠在城隍廟內。	（清）陳守仁，《（雍正）舒城縣志》卷28，清雍正九年刻本，[中國方志庫]，頁943。
66	名宦	宋坤（明·知縣）	碭山縣（今安徽省宿州市碭山縣）	宋公祠，碭山縣，在縣西，祀明·知縣宋坤。乾隆三十二年，邑令劉王瑛移建城隍廟內。	（清）吳世熊，《（同治）徐州府志》卷14，清同治十三年刻本，[中國方志庫]，頁1809。
67	火神	火神	潁上縣（今安徽省阜陽市潁	火神廟，一在城隍廟內。	（清）都龍錫，《（同治）潁上縣志》卷2，清同治九年修光緒

編號	陪祀神類別	陪祀神	地區	內文	出處
			上縣）		四年補刊本，[中國方志庫]，頁138。
68	藥王、火神	藥王、火神	潛山縣（今安徽省安慶市潛山縣）	藥王殿，在城隍廟內東。火神殿，在城隍廟內西，六月二十三日誕辰致祭。	（清）李載陽，《（乾隆）潛山縣志》卷3，清乾隆四十六年刊本，[中國方志庫]，頁245。
69	土地公	土地祠	蕭縣（今安徽省宿州市蕭縣）	土地祠，《府志》有三：一在縣署儀門內，一在東察院儀門外，一在城隍廟內。	（清）潘鎔，《（嘉慶）蕭縣志》卷7，清嘉慶刊本，[中國方志庫]，頁450。
70	忠烈	方元昭、張老鴉	長淮衛（今安徽省蚌埠市）	方元昭，鳳陽人。流賊犯長淮，元昭率鄉勇保於十王城，與方綜文、方成昭、張老鴉父子、朱鶴臬兄弟，分守決死戰。賊敗去，合鎮獲全，綜文、成昭戰死今長淮衛，城隍廟有方元昭、張老鴉塑像。	（清）何紹基，《（光緒）重修安徽通志》卷212人物志_忠節十一_鳳陽府，清光緒四年刻本，[中國基本古籍庫]，頁2385-2386。
71	忠臣	昭忠祠	江西省（今江西省）	昭忠祠，在省城隍廟二門外西首。嘉慶八年創建。	（清）許應鑅，《（同治）南昌府志》卷1，清同治十二年刻本，[中國方志

編號	陪祀神類別	陪祀神	地區	內文	出處
					庫],頁 1276。
72	職官下屬	十八曹	南康府（今江西省九江市星子縣）	（[咸豐]）十一年,城市紳民捐建前重官廳為正殿,將東廊十八曹舊址改建寮房,棲住持僧。	（清）盛元,《（同治）南康府志》卷 7,清同治十一年刻本,[中國方志庫],頁 585-586。
73	龍神	龍王	建昌府（今江西省撫州市南城縣）	龍王廟,邑南,有方家山善濟潭。相傳龍居其中,值歲旱,有司祈禱,具牒投潭牒,沈雨隨降,靈應不爽。唐時封善濟王,初無廟。乾隆十九年,知縣顧悳懋即城隍廟空室立像祀之,額曰龍王廟。	（清）邵子彝,《（同治）建昌府志》建置志卷 2,清同治十一年刻本,[中國方志庫],頁 316。
74	道教神	呂祖師	瑞州府（今江西省宜春市高安市）	呂祖師祠,在府城隍廟內祀。敕封燮元贊運呂祖師,每年二月、八月初四日祭。	（清）黃廷金,《（同治）瑞州府志》卷 3,清同治十二年刊本,[中國方志庫],頁 251。
75	轄下城隍、社令	縣城隍及府社令	廣信府（今江西省上饒市）	府城隍廟在府治西,……國朝康熙四年,分守道李士楨重修兩廊,增祀七縣城隍及府社令,規制加恢麗焉。	（清）蔣繼洙,《（同治）廣信府志》卷 2 之 1,清同治十二年刻本,[中國方志庫],頁 504。

編號	陪祀神類別	陪祀神	地區	內文	出處
76	轄下城隍	十二邑城隍	贛州府（今江西省贛州市）	城隍廟……（[乾隆]）五十四年，知府張朝樂修兩廡，仍列十二邑城隍位。	（清）魏瀛，《（同治）贛州府志》卷 11，清同治十二年刻本，[中國方志庫]，頁 968。
77	土母、觀音	土母、觀音	義寧州（今江西省九江市修水縣）	至（[乾隆]）五十四年落成。正殿左爲土母祠，後爲觀音堂，知州李維謙有記。	（清）王維新，《（同治）義寧州志》卷 10，清同治十二年刻本，[中國方志庫]，頁 497。
78	家屬	夫人	上高縣（今江西省宜春市上高縣）	上高重修城隍廟記 李實 邑人 是役也鳩工庀材，經始於乾隆十五年二月，未幾一載工竣。其廟有後殿，麗以元妃，中祀正殿，巍煥赫弈，神所憑依。	（清）黃廷金，《（同治）瑞州府志》卷 19，清同治十二年刊本，[中國方志庫]，頁 1629。
79	職官下屬	諸司	弋陽縣（今江西省上饒市弋陽縣）	城隍廟，在縣治西。明·洪武間建。……陶燿記：「……初設廟門，繼建兩廊，塑諸司像。」	（清）俞致中，《（同治）弋陽縣志》卷 3，清同治十年刻本，[中國方志庫]，頁 1724-1725。
80	財神、觀音	財神、觀音	玉山縣（今江西省上饒市玉山縣）	嘉慶己巳，知縣陸鴻倡捐重建。廟內東邊增建財神廟、觀音堂。	（清）黃壽祺，《（同治）玉山縣志》卷 2，清同治十二年刻本，[中國方志

編號	陪祀神類別	陪祀神	地區	內文	出處
					庫]，頁 346。
81	社令、職官下屬、佛教神祇、觀音	十二鄉社令、十二曹、彌勒、觀音	奉新縣（今江西省宜春市奉新縣）	乾隆二年，知縣趙知希以後殿傾廢，捐俸倡修。……趙知希《重建城隍廟後殿記》：「……頭門內添設牌亭神馬，大殿前構巍坊傑閣、廻欄甬道，堅而且固。升十二鄉社令於殿之兩廡，配享攸宜。塑十二曹地獄變相於兩廊，用示彰癉。殿後寢室及僧寮，並左側彌勒堂、觀音閣，悉皆鼎新。」	（清）呂懋先，《（同治）奉新縣志》卷 4，清同治十年刻本，[中國方志庫]，頁 519。
82	丁公、道教神（三官）觀音、職官下屬	丁公、三官、觀音、六曹	信豐縣（今江西省贛州市信豐縣）	城隍廟　國朝康熙癸卯，邑人戴蒼、周欽禹等修。其前為頭門，次儀門，門內為拜亭，中為堂，後為寢。左為丁公祠，為三官殿。右為齊越所，為觀音堂。兩廡為六曹。歲時合祀山川。	（清）游法珠，《（道光）信豐縣志續編》卷 4，清同治六年補刻本，[中國方志庫]，頁 302。
83	轄下城隍	縣城隍	南城縣（今江西省撫	縣城隍廟，舊在縣治東。……嘉靖中，有司奏：均一	（清）李人鏡，《（同治）南城縣志》卷 4，清

編號	陪祀神類別	陪祀神	地區	內文	出處
			州市南城縣）	城池不應府、縣分祀，遂燬縣廟，併祀於府。……國朝亦合祀於縣文廟左之府城隍廟。	同治十二年刻本，[中國方志庫]，頁 901。
84	忠烈	忠勇、節烈	崇義縣（今江西省贛州市崇義縣）	朝廷德教，涵濡所為，入人之深，固結而不可解也。同治五年夏五月，余應馮明府聘來修邑志。初過城隍廟，見左右兩廂祠，有曰忠勇，祀陣亡及被害紳民。曰節烈，祀被害婦女，心竊敬之。	（清）黃鳴珂，《（同治）南安府志》卷 31，清同治七年刊本，[中國方志庫]，頁 2501。
85	地藏	地藏	都昌縣（今江西省九江市都昌縣）	城隍廟舊在縣治東南……崇禎三年，眾建地藏閣五間。	（清）盛元，《（同治）南康府志》卷 7 都昌縣，清同治十一年刻本，[中國方志庫]，頁 618-619。
86	職官下屬	十司	彭澤縣（今江西省九江市彭澤縣）	城隍廟在縣治西興賢坊鳳凰山下，明·洪武元年知縣黃安泰建。……乾隆九年，知縣李松泰重建雨篷，去兩廊，移十司於堂內。	（清）趙宗耀，《（同治）彭澤縣志》卷 5，清同治十二年刻本，[中國方志庫]，頁 331-332。
87	觀音、	觀音、	貴溪縣	育嬰堂……同治元	（清）楊辰傑，

231

編號	陪祀神類別	陪祀神	地區	內文	出處
	生祠	生祠	（今江西省鷹潭市貴溪市）	年，知縣周溯賢勸立六文會，倡捐以率民。城內設局於城隍廟之觀音堂，每名每月給錢六百文。	《（同治）貴溪縣志》卷2，清同治十年刻本，[中國方志庫]，頁464。
				鄭一洪，黃岡舉人，知貴溪縣。……一洪……即免冠往，要人慚謝乞休去，民爭持斗米束薪泣餽。肖像城隍廟，至今數十年，見者猶肅然起敬，曰此鄭佛也　連志。	（清）蔣繼洙，《（同治）廣信府志》卷6之2，清同治十二年刻本，[中國方志庫]，頁2003。
88	忠臣	昭忠祠	新建縣（今江西省南昌市）	昭忠祠在省城隍廟二門外西首，嘉慶八年創建。	（清）承霈，《（同治）新建縣志》卷22，清同治十年刻本，[中國方志庫]，頁910。
89	職官下屬、丁公	十曹、丁公	新淦縣（今江西省吉安市新幹縣）	同治五年，知縣劉士清倡修十曹殿宇。同治七年，知縣王肇賜捐塑十曹神像。	（清）王肇賜，《（同治）新淦縣志》卷2，清同治十二年活字本，[中國方志庫]，頁633。
				城隍神祠右側為丁公殿。	（清）王肇賜，《（同治）新淦縣志》卷10，清同治十二年活

編號	陪祀神類別	陪祀神	地區	內文	出處
					字本，［中國方志庫］，頁 2639。
90	職官下屬、丁公、觀音、忠烈、玉皇大帝、閻羅、道教神	六曹、丁公祠、觀音、靈官、忠義、節烈、玉皇、十殿、天、地、水、火四帝	新喻縣（今江西省新餘市）	康熙辛亥，知縣符執桓遴選者民習一主象、胡象瀛、萬賓等撰造重建正殿三間，……殿前左、右六曹各五間，丁公祠居左，儀門三間，戲臺一座，左右店房二間，馬亭左、右各一間。……同治癸亥，知縣馮械率紳士周作儀……士民重建正殿一棟，左、右官廳各一間，殿後川堂一所，堂後神座一棟，中座觀音堂，左靈官殿，忠義祠右，丁公祠、節烈祠，忠義、節烈二祠舊在廟前，今移入廟內　殿前玉皇樓閣一座，左、右十殿、六科，中設戲臺頭門一座。	（清）文聚奎，《（同治）新喻縣志》卷 3，清同治十二年刻本，［中國方志庫］，頁 466-468。
				四帝行宮，祀天、地、水、火四帝凡數處。一在治西城隍祠後殿。	（清）文聚奎，《（同治）新喻縣志》卷 3，清同治十二年刻

編號	陪祀神類別	陪祀神	地區	內文	出處
					本，[中國方志庫]，頁528。
91	藥王、文昌、觀音、痘神	藥王、文昌、觀音、痘神	會昌縣（今江西省贛州市會昌縣）	藥王宮舊在城隍廟內，乾隆二十八年改造城隍廟，移於玉皇樓右，即昔之芥舟樓。上為文昌，即昔之兼山樓。大士堂奉觀音，天花宮奉痘神，舊在城隍廟。乾隆二十八年改造城隍廟，移於玉皇樓左。	（清）魏瀛，《（同治）贛州府志》卷14輿地志_祠廟_會昌縣，清同治十二年刻本，[中國方志庫]，頁1181。
92	職官下屬	六曹	瑞昌縣（今江西省九江市瑞昌市）	乾隆十八年，知縣鄒尚仁、繼任蔣有道、教諭張禹遜以廟礙學宮路，改遷學旁。教諭張禹遜記：「……上為正殿，殿左右翼以廊分祀六曹神，後為寢殿址。」	（清）姚暹，《（同治）瑞昌縣志》卷2，清同治十年刻本，[中國方志庫]，頁337-338。
93	職官下屬、觀音、馬神	十曹、觀音、馬王	樂平縣（今江西省景德鎮市樂平市）	（[乾隆]）四十五年，知縣賴世平重修兩廡，並塑十曹神像，左觀音閣，右馬王廟。移演劇臺於門內，門樓外左右各塑神像一。	（清）董萼榮，《（同治）樂平縣志》卷2，清同治九年刻本，[中國方志庫]，頁489-490。
94	名宦	詹廣譽	餘干縣	國朝知縣詹廣譽長	（清）區作霖，

編號	陪祀神類別	陪祀神	地區	內文	出處
		（知縣）	（今江西省上饒市餘幹縣）	生位奉祀在城隍廟。	《（同治）餘干縣志》卷 4，清同治十一年刻本，[中國方志庫]，頁 240。
95	儀衛	護從	臨川縣（今江西省撫州市）	〈臨川縣改遷城隍廟碑記〉　本朝陳洪諫……以臨邑之地奉臨邑之神，知好義急公必有毅然為已任者。而臨川令遂獨肩其事，筮月之吉，遷神座暨左右護從諸像入而妥侑焉。……康熙庚申歲嘉平月譔。	（清）童範儼，《（同治）臨川縣志》卷 15，清同治九年刻本[中國方志庫]，頁 946-947。
96	百姓公	百姓公	贛縣（今江西省贛州市）	報德堂設於縣城隍廟內，掩埋路斃、溺死者。	（清）魏瀛，《（同治）贛州府志》卷 8，清同治十二年刻本，[中國方志庫]，頁 833。
97	閻羅王、家屬	閻羅王、神父母、夫人	江寧府（今江蘇省南京市）	府城隍廟在府署路北，廟未立時，權即金沙井屋宇為之。同治十三年，乃因舊址重建，而加宏壯。有戲樓、閻羅王廊、神父母夫人諸宮室。	（清）蔣啓勛，《（同治）續纂江寧府志》卷 4，清光緒六年刊本，[中國方志庫]，頁 148。
98	火神	火星	揚州府	火星廟，在城隍廟	（清）阿史當

編號	陪祀神類別	陪祀神	地區	內文	出處
			（今江蘇省揚州市）	內。	阿，《（嘉慶）揚州府志》卷2，清嘉慶十五年刊本，[中國方志庫]，頁1681。
99	忠烈	李壯烈公	通州（今江蘇省南通市）	李壯烈公專祠在州城隍廟後殿，咸豐七年敕建。《高志》	（清）張之洞，《（光緒）順天府志》卷23地理志五，清光緒12年刻十五年重印本，[中國基本古籍庫]，頁630。
100	名宦	名官	丹陽縣（今江蘇省鎮江市丹陽市）	去思祠，在城隍廟內。道光二十一年，英夷陷鎮江，知縣天津金鎔籌守丹陽有功，邑人建祠，歲時致祭。同治七年，知縣王琬有德於民，並奉木主於內，嗣又因邑人公稟，增祀署知縣迮常五。	（清）劉誥，《（光緒）重修丹陽縣志》卷11，清光緒十一年刻本，[中國方志庫]，頁432。
101	八蜡	八蜡	六合縣（今江蘇省南京市）	六合縣八蜡廟附建於城隍殿西。	（清）蔣啓勛，《（同治）續纂江寧府志》卷7江甯石永熙重次，清光緒六年刊本，[中國方志庫]，頁231。

編號	陪祀神類別	陪祀神	地區	內文	出處
102	蒼頡、文昌帝君、奎星、火神	蒼頡、文昌帝君、奎星、火神	武進縣（今江蘇省常州市）	子城廟 城隍廟……乾隆二十三年，兩邑紳士捐貲建閣二重，祀蒼頡先師、文昌帝君、奎星像。……火神廟，在郡城隍廟內。每歲六月二十三日誕辰，有司致祭。	（清）王祖肅，《（乾隆）武進縣志》卷5_祠廟_寺觀附，清乾隆刻本，[中國方志庫]，頁532-533。
103	關帝、文昌帝君、花神	關帝、文帝、花神	昭文縣（今江蘇省蘇州市）	文帝廟在賓湯門內方塔街，咸豐十年燬。今在城隍廟後殿設祭。關帝廟在方塔寺西南，舊在寺中。國朝雍正八年，知縣韓桐建。乾隆二年，移建今所。二十七年，知縣康基田重建，并置祠田四十畝，有奇。咸豐十年燬。今於城隍廟致祭。	（清）馮桂芬，《（同治）蘇州府志》卷38，清光緒九年刊本，[中國基本古籍庫]，頁1520。
				城隍廟在縣東四十步……道光間，增建後苑，有花神殿，夕陽紅半樓諸勝。	（清）李銘皖，《（同治）蘇州府志》卷38昭文縣，清光緒九年刊本，[中國方志庫]，頁4447。

編號	陪祀神類別	陪祀神	地區	內文	出處
104	忠臣、節婦	忠義、節婦	高淳縣（今江蘇省南京市高淳縣）	高淳縣 忠義祠在城隍廟廊左，祀殉難諸人即昭忠祠也。 節婦祠在城隍廟廊右。	（清）蔣啟勛，《（同治）續纂江寧府志》卷4，清光緒六年刊本，[中國方志庫]，頁171。
105	驃騎將軍、夫人	驃騎將軍（王公）暨夫人	崑山縣（今江蘇省蘇州市）	驃騎將軍王公暨夫人丁氏墓，舊在新陽庫獄地，今遷葬馬鞍山陽贈僉事王億墓東北隅。道光崑新志云：國朝雍正四年，新陽分縣買民居營獄舍，掘地得古壙，有朱棺二，木未朽，題片板一似晉·驃騎將軍王公，一似皇封一品丁氏夫人……驃騎將軍須龍洲墓舊在崑邑城隍廟內，今花神殿廢阯。	（清）馮桂芬，《（同治）蘇州府志》卷50冢墓二_崑山縣，清光緒九年刊本，[中國基本古籍庫]，頁1916。
106	文昌君	文昌祠	常州府（今江蘇省常州市）	文昌廟祀文昌……一在子城廂一圖府城隍廟內乾隆二十三年建……一在城隍廟內同治間建。	（清）王其淦，《（光緒）武進陽湖縣志》卷4，清康熙三十四年刻本，[中國方志庫]，頁552-553。
107	名宦	董正方	睢寧縣	董正方，四川進	（清）侯紹瀛，

編號	陪祀神類別	陪祀神	地區	內文	出處
		（知縣）	（今江蘇省徐州市睢寧縣）	士。嘉慶二十五年任縣事，為政有體。不數月，而教化大行，旋卒於任。士民感其德，為立像於城隍廟祀之。	《（光緒）睢寧縣志稾》稾卷第12，清光緒十二年刊本，[中國方志庫]，頁562。
108	總管神	總管神（利濟侯·金元七）	震澤縣（今江蘇省蘇州市）	總管堂，祀利濟侯金元七，在本城城隍廟中。	（清）陳和志，《（乾隆）震澤縣志》卷6營建二，清光緒重刊本，[中國方志庫]，頁264。
109	龍神	龍神	溧水縣（今江蘇省南京市溧水縣）	龍神廟，城中寓祭城隍廟。	清·傅觀光，《（光緒）溧水縣志》卷8，清光緒九年刊本，[中國方志庫]，頁544。
110	瘟神、轄下城隍、儀衛	瘟部司、縣城隍（主祀府城隍）、書吏科房	吳江縣周莊鎮（今江蘇省蘇州市）	城隍廟，附賢聖堂、瘟部司祠，在南柵報恩橋西，門對南湖。向時府縣城隍同殿。嘉慶四年里人王殿方等募捐，增建正殿，祀府城隍。西殿祀縣城隍，東殿祀五方賢聖，東廊爲瘟部司祠，西廊爲書吏科房頭門。建戲	（清）陶煦，《周莊鎮志》卷3祠廟，清光緒八年元和刻本，[中國基本古籍庫]，頁45。

編號	陪祀神類別	陪祀神	地區	內文	出處
				臺，左右置兩角，門規模式廓非復舊觀矣。城隍神具詳，府、縣志茲不贅五方賢聖，未詳何神。	
111	名宦	姚之蘭（明·郡守）	杭州府（今浙江省杭州市）	姚公祠，舊《浙江通志》在城隍廟儀門東，祀明郡守姚之蘭。	（清）李衛，《（雍正）浙江通志》卷217，清文淵閣四庫全書本，[中國方志庫]，頁17779。
112	忠臣	昭忠祠	紹興府（今浙江省紹興市）	昭忠祠在府城隍廟大殿西首。	（清）徐元梅，《（嘉慶）山陰縣志》卷21，民國二十五年紹興縣修志委員會校刊鉛印本，[中國方志庫]，頁833。
113	轄下城隍、儀衛	各邑城隍、儀衛	寧波府（今浙江省寧波市）	〈重修寧郡城隍廟碑記〉武威孫　詔……兩廡供設各邑城隍，並自來有功德於民者神像。……儀衛森嚴，規模煥發，塗聖丹艧，卓然改觀。……落成於雍正十年三月。	（清）曹秉仁，《（雍正）寧波府志》卷35，清雍正十一年刻乾隆六年補刻本，[中國方志庫]，頁2664。

編號	陪祀神類別	陪祀神	地區	內文	出處
114	包公、名宦	包公、鄭芸（明·知縣）	上虞縣（今浙江省紹興市上虞市）	包公祠在縣治東城隍廟大殿西。	（清）唐煦春，《（光緒）上虞縣志》卷 31，清光緒十七年刊本，[中國方志庫]，頁 2460。
				鄭公祠在縣東等慈寺左。《萬曆志》：祀明知縣鄭芸，嘉靖丙戌建。⋯⋯嘉慶間，復廢移像城隍廟後殿側。	（清）唐煦春，《（光緒）上虞縣志》卷 31，清光緒十七年刊本，[中國方志庫]，頁 2462。
115	名宦、道教神（呂祖）	陳心得（邑令）、李宗謨（縣令）、呂祖	石門縣（今浙江省嘉興市桐鄉市）	陳公祠，舊在城隍廟殿東，為邑令心得建。咸豐辛酉燬，今建殿西。	（清）余麗元，《（光緒）石門縣志》卷 4，清光緒五年刊本，[中國方志庫]，頁 681。
				李公祠在城隍廟殿東，光緒二年，餘令麗元奉文建祀李令宗謨。	（清）余麗元，《（光緒）石門縣志》卷 4，清光緒五年刊本，[中國方志庫]，頁 685。
				呂祖殿舊在武廟內，今在城隍廟內東偏。	（清）余麗元，《（光緒）石門縣志》卷 11，清光緒五年刊本，[中國方志庫]，頁 1903。

編號	陪祀神類別	陪祀神	地區	內文	出處
116	職官下屬、忠烈、龍神	十司、忠義、龍神	石門縣（今浙江省嘉興市桐鄉市）安吉縣（今浙江省湖州市安吉縣）	同治七年，公募修建。中為大殿，殿前兩翼十司樓十二間，再前為戲臺，向來戲臺旌德人造，亂後旌德人少公募建。臺前為頭門，再前為彰善癉惡兩坊，殿東後為祖師殿，前為忠義祠，再東為廚房殿，西後為寢宮，前為百子堂，再前為龍神廟，凡神像制度悉如舊觀。	（清）汪榮，《（同治）安吉縣志》卷6，清同治十三年刻本，[中國方志庫]，頁500-501。
117	火神	火神	長興縣（今浙江省湖州市長興縣）	火神廟，一在四安順興橋南，久圮，移祀於古城隍廟正殿之右。	（清）趙定邦，《（同治）長興縣志》長興志拾遺卷下，清同治修光緒增補本，[中國方志庫]，頁3077。
118	名宦	阮鶚（明·巡撫）王三錫（明·知縣）金燕（明·推官）	桐鄉縣（今浙江省嘉興市桐鄉市）	三公祠。《桐鄉縣志》：在城隍廟間壁，祀阮公鶚、王公三錫、金公燕。載入祀典。	（清）李衛，《（雍正）浙江通志》卷219，清文淵閣四庫全書本，[中國方志庫]，頁17896。
119	職官下	六曹、	泰順縣	城隍廟。《溫州府	（清）毇曾筠，

編號	陪祀神類別	陪祀神	地區	內文	出處
	屬、山神、土地公	山神、土地	（今浙江省溫州市泰順縣）	志》：在迎薰門內，原在縣東隅。明景泰間，令郭顯宗建。……雍正六年，知縣朱國源於大門內建樓臺一座，并建東西兩廡，塑六曹神，增設山神、土地二祠。	《（雍正）浙江通志》卷225祠祀_溫州府_泰順縣，清文淵閣四庫全書本，[中國基本古籍庫]，頁5588。
120	儒學者、名宦	王致、龔慎儀	慈谿縣（今浙江省寧波市）	城隍廟，縣西四十步。國朝康熙三十四年，知縣方允猷暨邑人重建正殿。三十六年，知縣羅萬象暨邑人重建前殿。《雍正志》：正殿東翼祀鄞江先生王致，西翼祀龔侍郎慎儀。	（清）楊泰亨，《（光緒）慈谿縣志》卷14，清光緒二十五年刻本，[中國方志庫]，頁1247。
121	藥王、道教神（真武）	藥王、真武	新昌縣（今浙江省紹興市新昌縣）	藥王廟，在城隍廟真武殿左。	（清）黃廷金，《（同治）瑞州府志》卷3，清同治十二年刊本，[中國方志庫]，頁284。
122	職官下屬、求子神	求嗣神、六曹	嘉善縣（今浙江省嘉興市嘉善縣）	城隍廟。《萬曆嘉善縣志》：在縣治東，中為正殿，殿後為堂，右為大寢樓，左為求嗣神祠，祠後為三元樓	（清）甦曾筠，《（雍正）浙江通志》卷219祠祀_嘉興府嘉善縣，清文淵閣四庫全書本，

編號	陪祀神類別	陪祀神	地區	內文	出處
				殿，兩翼對峙，為六曹神閣，南為中門，外為廟門，門外有井泉。	[中國基本古籍庫]，頁 5475。
123	地方義勇	吳學相（祈雨犧牲者）	鄞縣（今浙江省寧波市）	有鄞塘鄉姜山里人吳學相者，農夫也，齊宿祈禱冀得甘雨，數日不應，乃奮然曰：「若再不雨，田疇皆斥鹵矣，且連歲不登，戶無積粟，今又如此。民何以堪？吾聞天井山有龍潭焉，人投其中雨則立至，吾本鄉愚無補於世，捨吾一身而四境霑足，不亦善夫。」七月甲午朔越六日己亥晨起飯食，訖浴於家，笠而出，及午不歸。妻戴氏豫聞其言，猶疑未必然也，至是乃大驚，徧問於所來往。皆曰無。則至天井山，觀於龍潭，赫然存焉，其面如生，方聚謀所以斂。風雨驟作，家人祝曰：能稍息以待其斂乎。應聲而	（清）俞樾，《春在堂雜文》六編卷 2_吳學相傳，清光緒二十五年刻春在堂全書本，[中國基本古籍庫]，頁 518-519。

編號	陪祀神類別	陪祀神	地區	內文	出處
				止，棺甫闔，兩又作，歷二時許始霽。是日也，百里以內無不得兩，鹹潮不入田禾，復蘇。歲乃有秋，於是邑文學諸生與父老數輩言於有司，附祀於城隍廟三義祠。	
124	文昌君	文昌	蕭山縣（今浙江省杭州市）	蕭山縣……文昌祠，《蕭山縣志》：在山東里許，萬曆十一年，邑人來端操建，又一在城隍廟，一在儒學。	（清）李亨特，《（乾隆）紹興府志》卷 37，清乾隆五十七年刊本，[中國方志庫]，頁 3537。
華 中 （38 間）					
125	名宦、驅蝗神文昌	宋訥（元‧國子監祭酒）、劉猛將軍文昌	衛輝府（今河南省新鄉市衛輝市）	文昌祠，在城隍廟內。	（清）王士俊，《（雍正）河南通志》卷 48_祠祀_衛輝府，清文淵閣四庫全書本，[中國基本古籍庫]，頁 1650。
				宋文恪公祠在滑縣城隍廟，祀元‧宋訥。	（清）王士俊，《（雍正）河南通志》卷 48 祠祀_衛輝府，清文淵閣四庫全書本[中國基本古

編號	陪祀神類別	陪祀神	地區	內文	出處
					籍庫]，頁 1644。
				衛輝府劉猛將軍廟……雍正三年，知縣高輯建，獲嘉縣廟。舊附城隍廟內，規制狹小。乾隆十九年，知縣吳喬齡改建於福善寺，其餘各縣廟皆附祀八蜡廟內。	（清）阿思哈，《（乾隆）續河南通志》卷 14，清乾隆三十二年刻本，[中國方志庫]，頁 663。
126	瘟神	瘟神	宜陽縣（今河南省洛陽市宜陽縣）	五瘟殿，在城隍廟內。	（清）謝應起，《（光緒）宜陽縣志》卷 5，清光緒七年刊本，[中國方志庫]，頁 355。
127	八蜡	八蜡	長葛縣（今河南省許昌市長葛市）	八蜡祠原在城隍廟，乾隆六年知縣許蓮峯修。	（民國）陳鴻疇，《（民國）長葛縣志》卷 2，自縣劉盼遂撰，民國十九年鉛印本，[中國基本古籍庫]，頁 87。
128	職官下屬、儀衛	曹司、侍從	新鄉縣（今河南省新鄉市）	國朝暢于熊記……陳沖霖鳩善士，其某得錢穀若干，補舊增新。由正殿、曹廊以及舞樓、寢宇工力完美，復塑侍從、鞍	（清）趙開元，《（乾隆）新鄉縣志》卷第 24，清乾隆十二年石印本，[中國方志庫]，頁 850-852。

編號	陪祀神類別	陪祀神	地區	內文	出處
				馬，冥□嚴設。總兩年而告成……雍正十三年乙卯三年。	
129	八蜡	八蜡廟	遂平縣（今河南省駐馬店市遂平縣）	八蜡廟：遂平縣，廟在城隍廟內。	（清）王士俊，《（雍正）河南通志》卷 48，清文淵閣四庫全書本，[中國基本古籍庫]，頁 1668。
130	河神	濟瀆	蘭陽縣（今河南省開封市蘭考縣）	濟瀆廟五，一在蘭陽縣城隍廟內。	（清）阿思哈，《（乾隆）續河南通志》卷 13，清乾隆三十二年刻本，[中國方志庫]，頁 633。
131	土地公	土地	淅川廳（今河南省南陽市淅川縣）	城隍廟在廳治西……（[乾隆]）二十四年，同知佟世虎、知縣支廣德、賈克昌重修，計演劇樓、東西廊房各十四間，東□祀土地神焉。正殿三間，拜殿三間，捲篷二間。	（清）徐光第，《（咸豐）淅川廳志》卷 1，清咸豐十年刊本，[中國方志庫]，頁 93。
132	忠臣	昭忠祠	施南府（今湖北省恩施市）	昭忠祠在府城隍廟內右側。	（清）松林，《（同治）增修施南府志》卷 8，清同治十年刊本，[中國方

編號	陪祀神類別	陪祀神	地區	內文	出處
					志庫],頁660。
133	龍神	龍神	光化縣（今湖北省襄陽市老河口市）	城隍廟,吉慶街西。嘉慶六年,隨土堡修,前供城隍,後祀龍神。	清·鍾桐山,《（光緒）光化縣志》卷4,民國二十二年重印本,[中國方志庫],頁337。
134	龍神、求子神	龍神、娘娘（求子）	宜城縣（今湖北省襄陽市宜城市）	〈重修城隍廟碑記〉 嘉慶二十年季冬月 方策 我朝邑人關寧有〈重修城隍廟二十四司記〉碑存,記云:「竊見風雨漂搖,棟折牆圮,雀穿屋而鼠穿墉者,所在皆是也,不寧。惟是祈甘雨者,祠龍神於殿之左。婦人弗無子者,祠娘娘於殿之右。紛至沓來非體也。」	（清）程啓安,《（同治）宜城縣志》卷9,清同治五年刊本,[中國方志庫],頁849。
135	驅蝗神	劉猛將軍	宜都縣（今湖北省宜昌市宜都市）	嘉慶二十六年,知縣唐方曜,道光元年,知縣楊國柱先後修理十五年。知縣劉世葆於廟後左方建殿,祀劉猛將軍。	（清）崔培元,《（同治）宜都縣志》卷2,清同治五年刊本,[中國方志庫],頁163。
136	東嶽	東嶽	東鄉縣（今湖	城隍廟……同治七年,知縣孫毓秀復	（清）李士棻,《（同治）東鄉

編號	陪祀神類別	陪祀神	地區	內文	出處
			北省宣恩縣）	建東嶽府。	縣志》卷 6，清同治八年刻本，[中國方志庫]，頁 263。
137	觀音	觀音	枝江縣（今湖北省宜昌市宜都市）	嘉慶二十四年，縣令黃臺建殿後觀音堂。	（清）查子庚，《（同治）枝江縣志》卷 4，清同治五年刊本，[中國方志庫]，頁 269。
138	忠臣	昭忠祠	恩施縣（今湖北省恩施市）	昭忠祠在府城隍廟內右側。	（清）羅淩漢，《（同治）恩施縣志》卷 3，清同治三年修民國二十年鉛字重印本，[中國方志庫]，頁 186。
139	職官下屬	曹吏	襄陽縣（今湖北省襄陽市襄陽市）	〈重修城隍廟碑記〉國朝　李柱……正殿後為寢殿，正殿之前有拜殿，旁有兩廡分曹，前有戲臺，有馬殿，有三門，門皆兩楹計。	（清）甘定遇，《（乾隆）襄陽縣志》卷 23，清內府本，[中國方志庫]，頁 640。
140	忠烈	忠節祠	雲夢縣（今湖北省孝感市雲夢縣）	忠節祠，在城隍廟內東偏。本左姓私廟坤德宮舊宇，門楹俱廢。咸豐六年，左姓捐作忠節祠，當籌公費，略加修理，以祀死髮	（清）吳念椿，《（光緒）雲夢縣志略》卷 1，清光緒八年刊本，[中國方志庫]，頁 63。

編號	陪祀神類別	陪祀神	地區	內文	出處
				捻之亂者。惟規模狹隘，不足以妥忠魂，故入主者甚少。	
141	職官下屬、蕭公、家屬	司曹、蕭公祠、夫人	鄖西縣（今湖北省十堰市鄖西縣）	乾隆十三年，知縣臧茂生重脩拜亭，塑司曹像。	（清）張道南，《（乾隆）鄖西縣志》卷6，清內府本，[中國方志庫]，頁309。
				蕭公祠原在縣署頭門內，歲祀以仲春秋。上戊後，移南門甕城內，地隘寓祭城隍廟。	（清）張道南，《（乾隆）鄖西縣志》卷6，清內府本，[中國方志庫]，頁310。
				建脩城隍後殿文撮錄 （[清]）劉可考知縣 鄖西自設邑以來，即有城隍廟。然創始簡署，制度未周。大殿一所，神像棲焉。其簷前爲拜跪地，外唯耳旁數間而已。餘謀於大殿後復建一層，以妥神眷夫人。	（清）張道南，《（乾隆）鄖西縣志》卷20，清內府本，[中國方志庫]，頁635。

編號	陪祀神類別	陪祀神	地區	內文	出處
142	土地公、觀音	土地、觀音	遠安縣（今湖北省宜昌市遠安縣）	土地祠，在城隍廟內。	（清）安可願，《（順治）遠安縣志》卷4，清內府本，[中國方志庫]，頁101。
				重建城隍廟碑記（[清]）鍾應焜……殿後舊有大士閣蕩然無存，亦從而鼎建之。	（清）鄭燨林，《（同治）遠安縣志》藝文志，清同治五年刊本，[中國方志庫]，頁678。
143	火神	火神	興山縣（今湖北省宜昌市興山縣）	火神祠，附於城隍廟。	清·黃世崇，《（光緒）興山縣志》卷11，清光緒十年刊本，[中國方志庫]，頁185。
144	轄下城隍、閻羅、職官下屬	八府、四州城隍、十殿閻王、皂隸、三廳城隍	湖南省（今湖南省）	省城隍廟乾隆二十八年，前撫憲陳宏謀增立省城隍像於中，移府城隍像於東，改稱省城隍廟。三十八年，前府憲王重修添立八府、四州城隍像，立十殿閻王像於兩廡，塑皂隸像於兩旁。……嘉慶十四年，梟憲傅鼐添立乾、鳳、永三廳城隍像。	（清）吳兆熙，《（光緒）善化縣志》卷14，清光緒三年刻本，[中國方志庫]，頁956-957。

編號	陪祀神類別	陪祀神	地區	內文	出處
145	道教神、轄下城隍	真武（玄天上帝）、縣城隍	永順府（今湖南省永順縣）	府城隍廟在城東門內，……後殿三間，中供真武，左右兩間作公館。	（清）張天如，《（同治）永順府志》卷 5，清同治十二年刻本，[中國方志庫]，頁 557。
				永順縣廟在府城隍廟殿後。	（清）張天如，《（同治）永順府志》卷 5，清同治十二年刻本，[中國方志庫]，頁 573。
146	轄下城隍	轄下九府三廳四隸州各城隍神	長沙府（今湖南省長沙市）	崇福撰省城隍廟碑：「……光緒三年八月卜地關帝廟左，肇建省城隍廟，廟三成，各五楹，門廡五楹，繚以垣。為門二重，歌榭一，東西廡各八楹，分祀九府、三廳、四隸州各城隍神，猶節署之有屬官廳事也。」	（清）曾國荃，《（光緒）湖南通志》卷 74 典禮志四 _ 長沙府，清光緒 11 年刻本，[中國基本古籍庫]，頁 2160-2161。
147	忠烈	鄭明	寶慶府（今湖南省邵陽市）	鄭公祠，祀唐·鄭明。一在白蓮砦，一在富陽里，一在府城隍廟內。	（清）黃文琛，《（光緒）邵陽縣志》卷 5，清光緒二年刊本，[中國方志庫]，頁 166。
148	閻羅	十王	茶陵州（今湖	〈修城隍廟記〉康熙二十年　知州	（清）福昌，《（同治）茶陵

編號	陪祀神類別	陪祀神	地區	內文	出處
			南省株洲市茶陵縣）	熊應昌 初營內殿，以爲棲神地；次營外殿，以爲臨禦地；次營門，以爲嚮明答陽地。又次營十王殿，繪禹鼎之魑魅，鏤離騷之國殤，以爲警無良。	州志》卷 21，清同治十年刻本，[中國方志庫]，頁 1094-1095。
149	火神	火神	永明縣（今湖南省永州市江永縣）	火神廟在城隍廟內。	（清）萬發元，《（光緒）永明縣志》卷 23，清光緒三十三年刻本，[中國方志庫]，頁 846。
150	職官下屬、鬼使、順產神	左右鬼判、曹官、衛房聖母	永順縣（今湖南省永順縣）	〈新建永順縣城隍廟碑記〉 知縣　李瑾 縣隍祠蔔建於城之東南隅，甃石庀材，工築並興。經始於雍正十年十月十二日，落成於雍正十二年二月二十日。前奉部文，惟立木主，今於木主外復塑城隍神像並左、右鬼判。兩廡塑十二案曹官屬等。後殿三楹，塑寢宮像。外三楹祀衛房聖母。	（清）黃德基，《（乾隆）永順縣志》卷 4，清乾隆五十八年刻本，[中國方志庫]，頁 541。

編號	陪祀神類別	陪祀神	地區	內文	出處
151	張飛、孫祖、蜀漢昭烈帝	閬中王（張飛）、孫祖、蜀漢昭烈帝	攸縣（今湖南省株洲市攸縣）	乾隆五十八年，知縣李永埰偕紳士重修。左建閬中王祠，係劉姓宗祠捐出地基。右建孫祖殿，係劉國光捐出地基，住持劉楚發。	（清）趙勷，《（同治）攸縣志》卷17，清同治十年刻本，[中國方志庫]，頁529。
				昭烈祠，附東城隍廟右，祀蜀漢昭烈帝。	（清）趙勷，《（同治）攸縣志》卷17，清同治十年刻本，[中國方志庫]，頁533。
152	忠臣	昭忠祠	邵陽縣（今湖南省邵陽市）	縣城隍廟，左廂有昭忠祠。	（清）黃文琛，《（光緒）邵陽縣志》卷3，清光緒二年刊本，[中國方志庫]，頁69。
153	龍神、火神、閻羅、家屬、觀音、道教神、財神、驅蝗神、名宦	龍王、火神、十殿閻王、城隍夫人、觀音、呂仙、財神、劉猛將	城步縣（今湖南省邵陽市）	城隍廟，在城南門內。道光十三年，署縣吳堃鼎新之，左建龍王祠，右建火神殿。兩廂建十殿閻王祠，後為城隍夫人祠，又左後建觀音堂、呂仙祠、財神殿，並祀靖康侯劉猛將軍。	（清）盛鎰源，《（同治）城步縣志》卷4，民國十九年活字本，[中國方志庫]，頁314。

編號	陪祀神類別	陪祀神	地區	內文	出處
		軍、江頭巡檢何公		戴鴻恩有〈城隍靈應記〉載藝文。	
				江頭巡檢何公墓碑祭掃記 金陵　王鑅 公諱定國，字繹堂，……正紳董理以時，祭掃有賞，又設香位於城隍祠中，以為神依。	（清）盛鎰源，《（同治）城步縣志》，民國十九年活字本，[中國方志庫]，頁 953。
154	儀衛	侍從	桂陽縣（今湖南省郴州市汝城縣）	〈重修關帝、閻王、城隍廟碑記〉（[清]）邑知縣鍾文韞　翰林……下車後，即詣城隍廟致奠。見殿宇傾頹，楹軒澷漫。……廟中肖塑神像六座，旁列侍從，又建立亭台，以爲降神奠獻之所。	（清）錢紹文，《（同治）桂陽縣志》卷 20，清同治六年刻本，[中國方志庫]，頁 2250-2251。
155	土地公	土地祠	益陽縣（今湖南省益陽市）	城隍廟在治西拱北街，明·洪武二年知縣周昇建。……（[康熙]）二十一年，知縣江闓修葺，設頭二門、堂上門、子孫堂、土地祠、齋室、圍垣。	（清）姚念楊，《（同治）益陽縣志》卷 10，清同治十三年刻本，[中國方志庫]，頁 1010-1011。
156	觀音、財神	觀音、財神	善化縣（今湖	縣城隍廟 正殿深六丈九尺，	（清）吳兆熙，《（光緒）善化

編號	陪祀神類別	陪祀神	地區	內文	出處
			南省長沙市）	寬五丈三尺六寸，財神殿深五丈七尺四寸，寬三丈三尺七寸，觀音殿深五丈八尺三寸，寬三丈四尺二寸，中棟左邊為寢宮深六丈三尺四寸，寬三丈一尺七寸，後左邊為僧察廚舍深三丈三尺六寸，寬二丈七尺四寸。	縣志》卷 14，清光緒三年刻本，[中國方志庫]，頁 967。
157	生祠	生祠（知縣張尚科）	華容縣（今湖南省岳陽市華容縣）	張尚科，上海人。康熙初，知華容縣，性慈惠，不輕施筆。楚人亦樂其平易，凡有句攝，無後。時至者以考績去，士民遮雷不獲，乃肖像祀之城隍祠。《舊志》	（清）曾國荃，《（光緒）湖南通志》卷 104 名宦志十三，清光緒 11 年刻本，[中國基本古籍庫]，頁 2852。
158	忠臣	昭忠祠	衡山縣（今湖南省衡陽市衡山縣）	昭忠祠在城隍廟內左偏。	（清）李惟丙，《（光緒）衡山縣志》卷 19，清光緒元年刻本，[中國方志庫]，頁 1291。
159	龍神	龍神	瀘溪縣（今湖南省瀘溪縣）	城隍廟在城西，萬曆十年，知縣陳王廷、邑人傳汝楷倡建，……龍神初無廟，乾隆十八年，	（清）楊松兆，《（同治）瀘溪縣志》卷 5，清同治九年刻本，[中國方志庫]，

編號	陪祀神類別	陪祀神	地區	內文	出處
				知縣楊焯改城隍廟右義學於縣西南儒學左，十九年，知縣顧熹懋即城隍廟右空室立像祀之。	頁216。
160	觀音、寺廟護法神、職官下屬	觀音、韋馱、六曹	酃縣（今湖南省株洲市炎陵縣）	城隍廟，縣東城內。國朝康熙年間建前，後四進。乾隆五十一年，闔邑醵貲改建，正殿二進，前為大廳，後安奉神像。左右別建啟神祠、鎮武殿、觀音堂、韋馱殿分祀諸神。兩翼為六曹，前為歌臺，頭門外東為焚紙錢庫，又前為牌坊。	（清）唐榮邦，《（同治）酃縣志》卷5，清同治十二年刊本，[中國方志庫]，頁314。
161	驅蝗神	劉猛將軍	醴陵縣（今湖南省株洲市醴陵市）	劉猛將軍廟，舊無專廟，今以城隍廟中進之東官廳為之。……按：劉猛將軍之神，考諸載籍，有謂為宋‧紹興閒名將劉錡者，以景定四年會勅封天曹猛將。又有謂神為劉錡之弟名銳者。王貽上居易錄則謂，南宋劉宰為蝗神。宰，金壇人，有專祠，往祀	（清）徐淦，《（同治）醴陵縣志》卷5，清同治九年刊本，[中國方志庫]，頁286。

257

編號	陪祀神類別	陪祀神	地區	內文	出處
				之則蝗不爲災，俗呼爲莽將。諸說所舉皆劉姓，惟猛與莽不同。迄恭讀《大清會典》載爲元‧指揮使劉承忠，稱猛將軍，禱蝗有應。	
華南 （23間）					
162	忠臣	昭忠祠	瓊州府（今海南省海口市）	昭忠祠 在府城隍廟内西門，本朝嘉慶八年建。	（清）穆彰阿，《（嘉慶）大清一統志》卷453瓊州府_祠廟，四部叢刊續編景舊鈔本，[中國基本古籍庫]，頁9182。
163	忠臣	昭忠祠	瓊山縣（今海南省海口市）	昭忠祠舊在城隍廟西廊，以祀陣亡官兵鄉勇。嘉慶八年，奏準另立專祠，後圮。	（清）李文恒，《（咸豐）瓊山縣志》卷5，清咸豐七年刊本，[中國方志庫]，頁455。
164	轄下城隍	縣城隍	侯官縣（今福建省福州市）	城隍廟在府城隍廟東廡。	（清）魯曾煜，《（乾隆）福州府志》卷14壇廟一_侯官縣，清乾隆19年刊本，[中國基本古籍庫]，頁416。

編號	陪祀神類別	陪祀神	地區	內文	出處
165	名宦	甘體垣（海澄縣知縣）	海澄縣（今福建省漳州市龍海市）	甘體垣，字仰之，遼東人。順治八年，知海澄縣。性明敏，有所設施，淮治數月，未及竟也。 九年，守將赫文興外叛，汙以偽命，不受；強之，瞑目坐，不食。既知其終不可屈，沈之水。邑人悲之，招其魂祠於城隍廟之左室，歲時祀之。	《臺灣文獻叢刊》232 漳州府志選錄_志人_甘體垣，[臺灣文獻叢刊資料庫]，頁 47。
166	名宦	卓祐之（宋‧秀州判官）	連江縣（今福建省福州市連江縣）	靈應祠在城隍廟內東偏，一在新安里，祀宋卓祐之。詳見侯官。	（清）魯曾煜，《（乾隆）福州府志》卷 15，壇廟二_連江縣，清乾隆 19 年刊本，[中國基本古籍庫]，頁 449。
167	職官下屬、順產神、名宦	十司、臨水夫人、孫之屏（知縣）、唐大章（邑人）蕭系閔（知縣）	僊遊縣（今福建省莆田市仙遊縣）	萬曆間，知縣游瑚拓基建寢堂，立儀門，塑神像及儀從、六司。……國朝康熙二年，知縣顧玼、典史王廷授、訓導范則古捐俸倡修，……購地擴基，增塑十司。	（清）王椿，《（乾隆）僊遊縣志》卷 12，清同治重刊本，[中國方志庫]，頁 268。
				臨水廟附城隍廟	（清）王椿，

編號	陪祀神類別	陪祀神	地區	內文	出處
				西，神姓陳諱進姑，福州下渡人。	《（乾隆）僊遊縣志》卷 12，清同治重刊本，[中國方志庫]，頁 270。
				孫、唐二公祠在城隍廟後殿東，祀知縣孫之屏，邑人唐大章。孫、唐之倡捐社倉田租也，每年雨微為利，久遠科條法制，俱傲朱子遺意，備極周密。	（清）王椿，《（乾隆）僊遊縣志》卷 13，清同治重刊本，[中國方志庫]，頁 285。
				知縣 蕭系閭，號霞嶺，程鄉人。雍正四年，由舉人任，愛民禮士。……及歸，士民遠近皆為流涕，崇祿位於城隍廟內殿東。	（清）王椿，《（乾隆）僊遊縣志》卷 27，清同治重刊本，[中國方志庫]，頁 546。
168	轄下城隍	縣城隍（為府城隍陪祀）	閩縣（今福建省福州市）	城隍廟在府城隍廟東廡。	（清）魯曾煜，《（乾隆）福州府志》卷 14 壇廟一_閩縣，清乾隆 19 年刊本，[中國基本古籍庫]，頁 394。
169	忠臣	昭忠祠	廉州府（今廣西壯族	昭忠祠，在府城城隍廟，本朝嘉慶八年建。	（清）穆彰阿，《（嘉慶）大清一統志》卷 450

編號	陪祀神類別	陪祀神	地區	內文	出處
			自治區北海市合浦縣）		廉州府_祠廟，四部叢刊續編景舊鈔本，[中國基本古籍庫]，頁 9129。
170	名宦	譚聯升（知縣）	平樂縣（今廣西壯族自治區桂林市平樂縣）	譚聯升，字裕濟。初官廣西丞倅，改知縣，歷署天河陽朔平樂縣，政務惠民，賑饑尤力。……績益著尋，補馬平未，泣任病卒，平樂民即城隍祠祀之。	（清）曾國荃，《（光緒）湖南通志》卷 185 人物，清光緒 11 年刻本，[中國基本古籍庫]，頁 6134。
171	旗纛	旗纛廟	臨桂縣（今廣西壯族自治區桂林市）	旗纛廟，舊在城隍廟內，今并建城南大教場。	（清）金鉷，《（雍正）廣西通志》卷 42 壇廟_桂林府_臨桂縣，清文淵閣四庫全書本，[中國基本古籍庫]，頁 632。
172	家屬	夫人	靈山縣（今廣西壯族自治區欽州市靈山縣）	〈新遷靈山縣城隍廟記〉黃應元　明·知縣……爲殿三楹，前樓神。後川堂爲夫人室，左齋舍，又其左爲書院。	（清）盛熙祚，《（雍正）靈山縣志》靈山縣志卷 11，清雍正十一年刻本，[中國方志庫]，頁 391。
173	轄下城隍、職官下	六邑之神、六曹	韶州府（今廣東省韶	府城隍廟原在府治東，宋·紹興間賜額。……國朝康熙	（清）額哲克，《（同治）韶州府志》卷 19，

編號	陪祀神類別	陪祀神	地區	內文	出處
	屬		關市）	十年，知府馬元率屬重修，宮殿寢室咸備。馬元記：「……南向而坐者，郡之神也。肅肅衣冠，東西立者，六邑之神也。十步之內，視履於斯。……更以六曹而雁行稍後。……」	清同治十三年刊本，[中國方志庫]，頁 1513-1514。
174	忠烈	費嘉懋（明・龍門典史）	廣州府（今廣東省廣州市）	費嘉懋，號斗垣，浙江錢塘人。崇禎元年，以吏員任龍門典史時，飛鵝峒賊蜂起，嘉懋奮不顧，身殺賊亡於陣。國朝康熙五十九年，知縣蕭大成祀之城隍廟內西偏。	（清）史澄，《（光緒）廣州府志》卷 106宦績三，清光緒五年刊本，[中國基本古籍庫]，頁 2496-2497。
175	家屬、儀衛、職官下屬、地祇、勸善大師	侍者、夫人、十司、地祇、勸善大師	連平州（今廣東省河源市連平縣）	城隍廟，城內西街。崇正七年，知州牟應受建。康熙二十一年，知州佟國瑞倡捐，於神前琢石人八尊侍之。康熙二十八年，署州和平縣知縣韓師愈倡建鼎新，旁益以兩廡。正廟三間，南為大堂，又南為正門，廟北如	（清）盧廷俊，《（雍正）連平州志》卷 5，清雍正八年刻本，[中國方志庫]，頁 277。

編號	陪祀神類別	陪祀神	地區	內文	出處
				之。中塑城隍夫人像祀焉，旁兩廡分祀十司，正門之左祀地祇，右祀勸善大師。三面築圍墙之，東地附造庖舍三間以居祝人，有記。	
176	名宦	吳公祠（明朝吏目‧吳中選）	連州（今廣東省清遠市連州市）	吳公祠在城隍廟內，祀明吏目吳中選。	（清）阮元，《（道光）廣東通志》卷152建置，清道光二年刻本，[中國基本古籍庫]，頁1555。
177	生祠	生位（知州李文桂）	德慶州（今廣東省肇慶市德慶縣）	誥授奉直大夫廣東德慶州知州　晉贈文林郎翰林院庶吉士先考鏡秋府君行述頻年瘟疫，每疫發，傳染徧鄉邑。疫後棄棺滿野，甚有暴屍者，詰其故則云，疫鬼為祟暴，之所以祛之也。巫祝邪說久成惡俗，府君心憂之，是年值疫復起，府君焚牒祭告於城隍神曰：神道福善禍淫，民有奸究當擇而降之罰，	（清）李佐賢，《石泉書屋類稿》卷3行述行略，清同治十年刻本，[中國基本古籍庫]，頁21-22。

編號	陪祀神類別	陪祀神	地區	內文	出處
				揆以罪人，不孥之理不應偏及，若盡屬當誅，是司牧教化之不善也，殃各宜加司牧，勿加百姓云云。又出示嚴禁暴鬼邪說，親勘郊野浮槥浮屍不下數千計，悉諭屍主瘞葬，而無主骸骨則捐廉、置義田、施棺木築為義塚，俾無數枯骨得安泉下，自是疫竟不再作，州人咸以為異，立生位於城隍廟以頌德焉。	
178	奎星、火神、財神、驅蝗神	奎星、火神、財神、劉猛將軍	三水縣（今廣東省佛山市）	城隍廟在東門內，……大門樓一座上有奎星閣二，門外東院火神祠三間，西院財神祠三間。……劉猛將軍廟舊在東郭外先農壇之左，歲久傾圮，今設神牌於城隍廟內。	（清）姜桐岡，《（同治）三水縣志》卷 1，清同治十一年刻本，[中國方志庫]，頁 96。
179	土地公、職官下屬、觀音	各舖土地神、六功曹神、觀音	四會縣（今廣東省肇慶市四會市）	（[乾隆]）五十七年壬子，知縣汪斌移兩廡十殿神於東嶽廟，改祀各舖土地神。仁宗嘉慶二十四年己卯，署縣	（清）吳大猷，《（光緒）四會縣志》編 2 下，民國十四年刊本，[中國方志庫]，頁 709。

編號	陪祀神類別	陪祀神	地區	內文	出處
				馮開元倡捐重修，增祀六功曹神於兩廡。	
				觀音堂在城隍廟內，一在天后廟左，一在翰伯廟內。	（清）吳大猷，《（光緒）四會縣志》編2下，民國十四年刊本，[中國方志庫]，頁715。
180	閻羅	閻羅	河源縣（今廣東省河源市）	城隍廟，在縣治東，三進。前有戲樓，神在後殿。中棟兩傍有齋宿之所，東西廡下塑閻羅像。	（清）彭君穀，《（同治）河源縣志》卷2，清同治十三年刻本，[中國方志庫]，頁198。
181	職官下屬、家屬、儀衛	六曹、夫人、隸人士女、神馬、力士	香山縣（今廣東省中山市）	曹啟益記：香山縣城隍廟肇自宋紹興與城郭並建於一時迄今四百餘年……縉紳士民義助，計得銀壹百柒拾餘兩，不足俟捐橐裝資之。……城隍聖像加飾莊嚴，遷六曹位於兩廊，建夫人祠於西側，隸人、士女分列東西，大門左右塑神馬二、力士二。經始於萬曆丁酉年十一月，越戊戌年七月而告成。	（清）陳澧，《（光緒）香山縣志》卷6建置，清光緒刻本，[中國基本古籍庫]，頁127-128。

編號	陪祀神類別	陪祀神	地區	內文	出處
182	名宦	拱克敬（知縣）	海豐縣（今廣東省汕尾市海豐縣）	拱克敬，字敬廷，鉛山舉人。……在官八月以勞瘁卒，士民悲感，設木主供城隍祠，曰拱神君。	（清）蔣繼洙，《（同治）廣信府志》卷 9 之 2，清同治十二年刻本，[中國方志庫]，頁 3096-3097。
183	求子神	金花娘娘	陽山縣（今廣東省清遠市陽山縣）	城隍廟……前後正廟二座，左右爲兩廊，中爲拜亭，前爲大門。廟右爲宿齋廳，左爲金花廟。	（清）熊兆師，《（順治）陽山縣志》卷 3，清順治十五年刻本，[中國方志庫]，頁 190。
184	東嶽	東嶽廟	澄海縣（今廣東省汕頭市）	東嶽廟，舊在城隍廟內東廡。嘉慶十九年，知縣李書吉移建於城外東湖鄉。	（清）阮元，《（道光）廣東通志》卷 148 建置二十四 壇廟四_澄海縣，清道光二年刻本，[中國基本古籍庫]，頁 1504。
西 南 （13 間）					
185	龍神、山神	龍王、玉墟山神	會理州（今四川省會理縣）	〈重修城隍祠碑序〉（[清]）周作□……鳩工庀材十閱月，而大殿寢宮相繼落成。又以龍王廟先年原附城祠亦爲賊燬，並廓而新之，配以玉墟山神。	（清）鄧仁垣，《（同治）會理州志》會理州續志，清同治九年刊本，[中國方志庫]，頁 1481。

編號	陪祀神類別	陪祀神	地區	內文	出處
186	忠臣	昭忠祠	大定府（今貴州省畢節市大方縣）	大定昭忠祠，即城隍廟殿右之堂為之。	（清）黃宅中，《（道光）大定府志》卷 39 內篇 29，清道光二十九年刻本，[中國方志庫]，頁 2302。
187	土地公	土地	安平縣（今貴州省安順市平壩縣）	城隍廟在東門內，明‧天啟元年建。……道光三年添建頭門、牌樓，左右兩廡、土地祠。	（清）鄒漢勛，《（咸豐）安順府志》卷 20，清咸豐元年刻本，[中國方志庫]，頁 1063。
188	龍神	龍神	婺川縣（今貴州省遵義市）	〈婺川縣龍神祠記〉陳文衡……先是婺邑龍神無專廟。余去秋蒞任，偏謁龍神祠，見龍神牌位附於城隍祠東偏大士殿之右。	清‧蕭琯，《（道光）思南府續志》卷 11，清道光二十一年刻本，[中國方志庫]，頁 1467。
189	職官下屬	四司	興義縣（今貴州省興義市）	城隍廟在城北門內。按：城隍廟，嘉慶八年建。道光四年，知縣張中陽修正殿三楹，穿堂、後殿、書房各一楹，廚房二楹，兩廊有四司像。前有戲臺，臺旋圮。	（清）鄒漢勛，《（咸豐）興義府志》卷 31，清咸豐四年刻本，[中國方志庫]，頁 1238-1239。
190	轄下城隍	府城隍、縣	雲南府（今雲	城隍廟在治西南，明洪武二年，令有	（清）謝儼，《（康熙）雲南

編號	陪祀神類別	陪祀神	地區	內文	出處
		城隍	南省昆明市）	司祭城隍，仍前代禮。府封威靈公，州封靈佑侯，縣封顯佑伯，三年改今稱。廟三楹，中祀雲南省都城隍之神，左祀雲南府城隍之神，右祀昆明縣城隍之神。	府志》卷 16 祀典志_雲南府，清康熙刊本，[中國基本古籍庫]，頁 348。
191	順產神	衛房聖母	順寧府（今雲南省臨滄市鳳慶縣）	衛房聖母廟，舊志一在城隍廟內，一在東嶽廟內，皆燬。光緒七年重修。	（清）党蒙，《（光緒）順寧府志》卷 19，清光緒刊本，[中國方志庫]，頁 563。
192	忠臣	昭忠祠	楚雄府（今雲南省楚雄市）	昭忠祠，在府城隍廟內。	（清）崇謙，《（宣統）楚雄縣志》卷 5，清宣統二年鈔本，[中國方志庫]，頁 320。
193	忠臣	昭忠祠	鎮沅直隸州（雲南省普洱市鎮沅彝族哈尼族拉祜族自治縣）	昭忠祠 在州治城隍廟內，本朝嘉慶八年建。	（清）穆彰阿，《（嘉慶） 大清一統志》卷 494 鎮沅直隸州_祠廟，四部叢刊續編景舊鈔本，[中國基本古籍庫]，頁 9836。
194	名宦	李之仁（州牧）	騰越州（今雲	李之仁，字思葵，貴陽舉人。四十二	（清）屠述濂，《（乾隆）騰越

編號	陪祀神類別	陪祀神	地區	內文	出處
			南省保山市騰沖縣）	年任。與州之紳士張邦教等纂志三卷，曾有功德於民，城隍祠有像祀之。乾隆四十一年爲列屋三楹崇祀。按永志載，衛官收解，年例苛派，苦不可言，之仁釐察宿弊條議，歸州乃獲完額，而民免弊當道，嘉之吳志，議祀名宦。	州志》卷 7 職官，清光緒 23 年重刊本，[中國基本古籍庫]，頁 73。
195	文、周二公	文、周二公	河西縣（今雲南省玉溪市通海縣）	文、周二公祠，在治內城隍廟後殿。	（清）董樞，《（乾隆）續修河西縣志》卷 1，清乾隆五十三年刻本，[中國方志庫]，頁 222。
196	忠臣	昭忠祠	河陽縣（今雲南省玉溪市澄江縣）	昭忠祠 在河陽縣城隍廟內，本朝嘉慶八年。	（清）穆彰阿，《（嘉慶）大清一統志》卷 481 澂江府_祠廟，四部叢刊續編景舊鈔本，[中國基本古籍庫]，頁 9705。
197	忠臣	昭忠祠	景東直隸廳（今雲南省普	昭忠祠 在廳治城隍廟內，本朝嘉慶八年建。	（清）穆彰阿，《（嘉慶）大清一統志》卷 495 景東直隸廳_祠

編號	陪祀神類別	陪祀神	地區	內文	出處
			洱市景東彝族自治縣）		廟，四部叢刊續編景舊鈔本，[中國基本古籍庫]，頁 9840。

附錄四

臺灣當代城隍廟陪祀神列表

編號	陪祀神類別	陪祀神	地區	廟名	調查時間
1	求子／順產神、家屬、太歲、關公（協天上帝）、玉皇大帝、包公	註生娘娘、夫人、太歲、協天上帝、玉皇大帝、包公	宜蘭縣三星鄉	保安堂	2014 年
2	土地公、鬼使、觀音、百姓公	土地公、文武判官、七爺八爺、觀音菩薩、三姓公	宜蘭縣五結鄉	八大庄一百甲城隍廟	2014 年
3	土地公、鬼使、求子／順產神、家屬、冥司神、觀音、職官下屬、道教神祇、佛教神祇、功德主	土地公、文武判、范謝將軍、註生娘娘、花公花婆、12 婆姐、夫人、地藏、觀音、六司、三官、佛陀、功德主	宜蘭縣宜蘭市	城隍廟	2012 年
4	土地公、鬼使、求子／順產神、家屬、虎爺、觀音、職官下屬、太歲、道教神、文運神、佛教神、農業神、月老、財神、地方	土地公、文武判、董李排爺、范謝將軍、註生娘娘、夫人、少爺、虎爺、觀音菩薩、六司	宜蘭縣頭城鎮	頭城城隍廟	2014 年

編號	陪祀神類別	陪祀神	地區	廟名	調查時間
	先賢、大眾爺	爺、太歲、玄壇元帥、文昌帝君、魁星星君、彌勒佛、釋迦牟尼佛、韋馱菩薩、伽藍菩薩、神農大帝、月老、五路財神、「吳沙」先賢神位、開蘭眾賢祿位、大眾爺			
5	鬼使、求子／順產神、冥司神、虎爺、大眾爺	范謝將軍、註生娘娘、地藏、虎爺、大眾爺	宜蘭縣羅東鎮	羅東城隍廟	2012 年
6	土地公、鬼使、冥司神、虎爺、觀音、佛教神、媽祖、百姓公	土地公、文武判、范謝將軍、地藏、虎爺、觀音、佛陀、媽祖、五位聖公	宜蘭縣蘇澳鎮	南方澳城隍廟	2012 年
7	土地公、鬼使、冥司神、虎爺、中壇元帥、關公	土地公、文武判、地藏、虎爺、中壇元帥、關帝	宜蘭縣蘇澳鎮	蘇澳港城隍廟	2012 年
8	土地公、鬼使、求子／順產神、冥司神	土地公、范謝將軍、註生娘娘、地藏菩薩	宜蘭縣蘇澳鎮	蘇澳城隍廟	2012 年
9	土地公、冥司神	土地公、地藏	宜蘭縣	隘丁城	2012 年

編號	陪祀神類別	陪祀神	地區	廟名	調查時間
		菩薩	蘇澳鎮	隍廟	
10	土地公、求子／順產神	土地公、註生娘娘	宜蘭縣蘇澳鎮	頂寮城隍廟	2012 年
11	土地公、冥司神、包公、濟公、	土地公、地藏菩薩、包公爺、濟公、	宜蘭縣蘇澳鎮	龍德城隍爺廟	2012 年
12	鬼使、求子／順產神、家屬	范謝將軍、牛馬將軍、文武判、陰陽司、註生娘娘、夫人	花蓮縣花蓮市	城隍廟	2012 年
13	土地公、求子／順產神、觀音、中壇元帥、媽祖、農業神、關公、佛教神、地祇	土地公、范謝將軍、文武判、陰陽司、觀音菩薩、媽祖、太子爺、五穀先帝、關公、彌勒佛、地母娘娘	花蓮縣瑞穗鄉	保安宮	2012 年
14	土地公、鬼使、冥司神、虎爺、職官下屬、太歲、名宦	土地公、福德夫人、文武判、牛馬將軍、大爺、二爺、地藏王、虎爺、二十四司、太歲星君、林圯公（清開闢水沙連右參軍）、	南投縣竹山鎮	靈德廟	2012 年
15	土地公、鬼使、冥司神、觀音、道教	土地公、文武判、牛馬將	南投縣埔里鎮	城隍廟	2012 年

編號	陪祀神類別	陪祀神	地區	廟名	調查時間
	神祇、文運神、佛教神祇、中壇元帥、關公、農業神、玉皇大帝	軍、大爺二爺、地藏、觀音、司命真君、孚佑帝君、周大將軍、金闕帝君、文昌帝君、釋迦牟尼、中壇元帥、關聖帝君、神農大帝、玉皇大帝			
16	鬼使、地基主	文武判、七爺八爺、地基主	苗栗縣公館鄉	城隍廟	2011年
17	土地公、鬼使、家屬、職官下屬	土地公、文武判、陰陽司公、牛馬將軍、鬼差王、范謝將軍、棋牌官、夫人、城隍太子、左司文部史官、右衛武部史官	苗栗縣苗栗市	苗栗縣城隍廟	2011年
18	土地公、鬼使、求子／順產神、冥司神、虎爺	土地公、范謝將軍、文武判、註生娘娘、地藏、十殿閻羅、東嶽大帝、虎爺	高雄市大樹區	霞海城隍廟	2011年
19	土地公、鬼使、求子／順產神	土地公、范謝將軍、註生娘娘	高雄市仁武區	霞海城隍廟	2012年

編號	陪祀神類別	陪祀神	地區	廟名	調查時間
20	土地公、鬼使、求子／順產神、觀音、中壇元帥、關公	土地公、牛馬將軍、註生娘娘、觀音菩薩、濟公、太子爺、關聖帝君	高雄市仁武區	仁心城隍廟	2011 年
21	土地公、鬼使、求子／順產神、太歲	土地公、范謝將軍、註生娘娘、太歲	高雄市林園區	城隍廟	2011 年
22	土地公、鬼使、求子／順產神、太歲	土地公、文武判、范謝將軍、註生娘娘、太歲	高雄市梓官區	梓宮中崙城隍廟	2012 年
23	土地公、鬼使、求子／順產神、家屬、冥司神、職官下屬	土地公、六將、註生娘娘、夫人、地藏、十殿閻羅、二十四司	高雄市旗山區	森安宮	2012 年
24	土地公、鬼使、求子／順產神、家屬、冥司神、虎爺、職官下屬、治病驅疫神（劉部靈公）	土地公、范謝將軍、文武判官、排爺、陰陽司、註生娘娘、夫人、東嶽大帝、十殿閻羅、虎爺、二十四司、五福大帝劉部靈公、境主公	高雄市鳳山區	城隍廟	2011 年
25	家屬、觀音、道教神祇	夫人、觀音、李先祖	雲林縣土庫鎮	城隍廟	2012 年
26	土地公、鬼使、冥	土地公、范謝	雲林縣	城南府	2011 年

編號	陪祀神類別	陪祀神	地區	廟名	調查時間
	司神、中壇元帥	將軍、地藏菩薩、太子爺	土庫鎮		
27	土地公、冥司神、太歲	土地公、地藏菩薩、太歲	雲林縣斗六市	雲林縣城隍廟	2011年
28	土地公、鬼使、地方靈驗神祇	土地公、文武判、一同歸公	雲林縣四湖鄉	城同府	2011年
29	土地公、鬼使、求子／順產神	土地公、牛馬將軍、范謝將軍、什官將、註生娘娘	雲林縣虎尾鎮	城隍廟	2012年
30	土地公、鬼使、求子／順產神、家屬、虎爺、職官下屬、道教神祇、文運神、佛教神祇、月老、山神、包公、先賢	土地公、文武判官、四捕快、董李排爺、范謝將軍牛馬將軍、枷鎖將軍、陰陽司公、註生娘娘、城隍夫人、大二少爺、虎爺、六司、斗母星君、文昌帝君、佛祖、南海大勢至菩薩、南海清淨大海眾菩薩、彌勒佛、準提菩薩、九尊者、金童、玉女、月老尊神、山神、包拯、六將爺會	新竹市北區	新竹都城隍廟	2011年

編號	陪祀神類別	陪祀神	地區	廟名	調查時間
		先賢祿位、王世傑長生祿位			
31	土地公、鬼使	土地公、十二什家將	嘉義市西區	吉安宮	2011年
32	土地公、求子／順產神、媽祖、王爺、康府元帥	土地公、註生娘娘、天上聖母、邢府二千歲、康府元帥	嘉義市西區	西安宮	2011年
33	土地公、鬼使、求子／順產神、家屬、道教神祇、觀音、佛教神祇（十八羅漢）、文運神	土地公、范謝將軍、什家將、註生娘娘、城隍太子、玄天上帝、九天玄女、觀音、十八羅漢、文昌帝君	嘉義市西區	嘉義市鎮北宮	2011年
34	土地公、鬼使、求子／順產神、家屬、觀音、虎爺、職官下屬、太歲、道教神祇、文運神、佛教神祇、媽祖、關公、月老、開彰聖王、名宦、水神（水仙尊王）、灶王、岳飛、玉皇大帝	土地公、大二爺、陰陽公、註生娘娘、城隍夫人、虎爺、十八司、太歲星君、媽祖、開彰聖王、周鍾瑄（二樓）觀音菩薩、彌勒佛、十八羅漢（三樓）水仙尊王、文昌帝君、月下老人（四樓）關聖	嘉義市東區	財團法人臺灣省嘉義市城隍廟	2011年

編號	陪祀神類別	陪祀神	地區	廟名	調查時間
		帝君、孚佑帝君、司命真君、岳飛元帥（五樓）元始天尊、靈寶天尊、道德天尊（六樓）玉皇大帝、南北斗星君			
35	土地公、鬼使、家屬、虎爺、中壇元帥	土地公、牛馬將軍、夫人、虎爺、中壇元帥	嘉義縣太保市	東安宮	2011 年
36	土地公、鬼使、觀音、太歲、道教神祇	土地公、范謝將軍、觀音、太歲、玄天上帝、王媽娘娘	嘉義縣水上鄉	奉安宮	2011 年
37	土地公、虎爺	土地公、虎爺	嘉義縣水上鄉	合興宮	2011 年
38	土地公、求子／順產神、虎爺、王爺	土地公、註生娘娘、虎將軍、池府千歲、三王千歲	嘉義縣布袋鎮	聖林宮	2011 年
39	求子／順產神、觀音、虎爺、太歲、媽祖	註生娘娘、觀音、虎爺、太歲、媽祖	嘉義縣布袋鎮	新塭城隍廟	2011 年
40	無	×	嘉義縣布袋鎮	東港溪安宮	2011 年
41	土地公、鬼使、求子／順產神、冥司	土地公、牛馬將軍、註生娘	嘉義縣布袋鎮	嘉義縣布袋鎮	2011 年

編號	陪祀神類別	陪祀神	地區	廟名	調查時間
	神、觀音、媽祖	娘、地藏菩薩、觀音、媽祖		過溝安溪城隍廟	
42	土地公、求子／順產神、農業神	土地公、、註生娘娘神農大帝	嘉義縣朴子市	育黎宮	2011 年
43	土地公、求子／順產神、王爺	土地公、註生娘娘、吳府千歲	嘉義縣朴子市	城隍宮	2012 年
44	土地公、鬼使、求子／順產神、家屬、觀音、虎爺、道教神祇、王爺、農業神、玉皇大帝、先賢	土地公、范謝將軍、註生娘娘、夫人、觀音、虎爺、上元天官、下元天官、游府千歲、五谷仙帝、玉皇、開山祖師（陳立勳）	嘉義縣鹿草鄉	城隍廟	2011 年
45	土地公、鬼使、求子／順產神、虎爺、太歲、媽祖、王爺、關公、孔子、齊天大聖、吳仙姑	土地公、文武判、范謝將軍、註生娘娘、三奶夫人、虎爺、太歲星君、天上聖母、聖母二媽、包府千歲、五府千歲、關帝、孔子、齊天大聖、吳仙姑	彰化縣大村鄉	城隍廟	2012 年

編號	陪祀神類別	陪祀神	地區	廟名	調查時間
46	鬼使、冥司神	范謝將軍、地藏	彰化縣田中鎮	悟修堂	2012 年
47	鬼使、求子／順產神、家屬、觀音、職官下屬、太歲、道教神祇、文運神、諸僧蓮位	范謝將軍、註生娘娘、夫人、觀音、十二司、太歲、南北斗星君、文魁星君、歷代諸僧蓮位	彰化縣鹿港鎮	鹿港城隍廟	2012 年
48	土地公、鬼使、求子／順產神、家屬、冥司神、觀音、道教神祇、虎爺、壇祭自然神祇	土地公、文武判、日巡、牛將軍、夜巡、馬將軍、枷鎖爺、董李排爺、文武差、註生娘娘、夫人、地藏、觀音、風雲雷雨山川、八卦童子、虎爺	彰化縣彰化市	彰邑城隍廟	2012 年
49	土地公、鬼使、求子／順產神、家屬、冥司神、觀音、虎爺、職官下屬、道教神、文運神、佛教神祇、媽祖、關公、農業神、月下老人、財神、孔子、月老、嫘祖、義勇公、施琅、廖添丁	土地公、文判、武判、七爺、八爺、八將、註生娘娘、城隍夫人、地藏菩薩、觀音菩薩、虎爺、八司、馬使爺、天蓬元帥、文昌帝君、魁星爺、達摩尊	臺北市大同區	臺北霞海城隍廟	2011 年

編號	陪祀神類別	陪祀神	地區	廟名	調查時間
		者、目連尊者、彌勒佛、天上聖母、關帝爺、神農大帝、月下老人、五路財神、至聖先師孔子、嫘祖、義勇公、施琅、廖添丁等			
50	土地公、鬼使、求子／順產神、家屬、冥司神、觀音、虎爺、職官下屬、太歲、道教神、文運神、佛教神、中壇元帥、關公、財神、鍾馗、濟公	土地公、文武判官、范謝將軍、送子觀音、夫人、地藏、觀音、虎爺、八司、太歲、呂先祖、文昌、三寶佛、彌勒佛、中壇元帥、關公、招財進寶童子、鍾馗、濟公	臺北市中正區	財團法人臺北市臺灣省城隍廟	2012 年
51	土地公、鬼使、家屬、觀音、虎爺、職官下屬、太歲、文運神、王爺、月老、財神、大眾爺	土地公、文武判、范謝將軍、夫人、觀音、虎爺、六司、太歲、文昌、吳府千歲、月老、五路財神、大眾爺媽	臺北市松山區	松山霞海城隍廟	2014 年

編號	陪祀神類別	陪祀神	地區	廟名	調查時間
52	土地公、鬼使、家屬、冥司神、觀音、虎爺、職官下屬、太歲、道教神祇、文運神、佛教神祇、財神、信徒祿位	土地公、文武判、范謝將軍、夫人、虎爺、八司、孚佑帝君（二樓）太歲、文昌帝君、夫人媽信女會諸爐下長生祿位、府城隍神盟會諸爐下長生祿位（三樓）三寶佛祖、觀音、招財童子、進寶童子、地藏菩薩	臺北市松山區	臺北府城隍廟（昭明廟）	2011 年
53	土地公、求子／順產神、抗日義士	土地公、註生娘娘、大境主、二境主、黃府元帥	臺南市七股區	境安宮	2011 年
54	土地公、鬼使、求子／順產神、冥司神、觀音、媽祖	土地公、文武判官、范謝將軍、六將爺、註生娘娘、地藏王、觀音、媽祖、千里眼順風耳將軍	臺南市中西區	小南城隍廟	2011 年
55	土地公、鬼使、家屬、觀音、文運神、中壇元帥、月老、玉皇大帝、移	土地公、文武判、范謝將軍、夫人、觀音、文昌帝	臺南市中西區	忠澤堂	2011 年

編號	陪祀神類別	陪祀神	地區	廟名	調查時間
	民祖籍神、治病驅疫神	君、中壇元帥、月下老人、玉皇上帝、廣澤尊王、清水祖師、保生大帝			
56	土地公、鬼使、求子／順產神、家屬、冥司神、虎爺、觀音、職官下屬、佛教神祇、媽祖、月老	土地公、文武判、七爺八爺、甘爺、柳爺、註生娘娘、臨水夫人、夫人、地藏王菩薩、虎爺、觀音、二十四司、十八羅漢、天上聖母、月下老人	臺南市中西區	臺灣府城隍廟	2011年
57	鬼使、媽祖、中壇元帥、功德主	牛馬將軍、范謝將軍、媽祖、太子、曾姓祖先	臺南市北門區	城隍宮	2011年
58	無	×	臺南市北區	小北城隍廟	2011年
59	土地公、鬼使、虎爺、財神	土地公、文武判、范謝將軍、虎爺、財神金龜	臺南市北區	小北鎮山城隍廟	2011年
60	土地公、鬼使、求子／順產神、家屬、冥司神、虎爺、職官下屬、道	土地公、文武判、牛馬將軍、謝范將軍、陰陽公、	臺南市北區	恩隍宮	2011年

283

編號	陪祀神類別	陪祀神	地區	廟名	調查時間
	教神祇、媽祖、王爺、中壇元帥、山神	註生娘娘、夫人、地藏、十殿閻羅、虎爺、二十四司、媽祖、千里眼順風耳、山神（二樓）二十八星宿神君、五府千歲爺、中壇元帥			
61	鬼使、求子／順產神、冥司神、虎爺、觀音、職官下屬、佛教神祇、移民祖籍神、小兒守護神（童子爺）	文武判官、范謝將軍、甘柳將軍、註生娘娘、臨水夫人、地藏王菩薩、虎爺、觀音佛祖、二十四司主考官、三寶佛、彌勒佛、清水祖師、童子爺	臺南市北區	臺南首邑縣城隍廟	2011 年
62	土地公、鬼使、求子／順產神	土地公、范謝將軍、註生娘娘	臺南市永康區	城隍宮	2012 年
63	土地公、鬼使、家屬、太歲	范謝將軍、土地公、城隍太子、太歲	臺南市白河區	太城宮	2012 年
64	土地公、鬼使、求子／順產神、家屬、職官下屬、王爺	土地公、文武判、范謝將軍、註生娘娘、夫人、二	臺南市安平區	城隍廟	2011 年

編號	陪祀神類別	陪祀神	地區	廟名	調查時間
		十四司、范府千歲			
65	鬼使、虎爺	文武判官、虎爺	臺南市佳里區	四安宮	2011 年
66	無	×	臺南市將軍區	昌安宮	2011 年
67	土地公、鬼使、媽祖、王爺、中壇元帥	土地公婆、范謝將軍、媽祖、吳府千歲、太子	臺南市鹽水區	（皇都府）竹安宮	2012 年

參考書目

一、專書

Von Glahn, Richard

    2004　The Sinister Way: The Divine and The Demonic in Chinese Religious Culture. California: University of California Press.

阮昌銳

    1982　《莊嚴的世界（上）》，臺北市：文開。

林進源　主編

    1994　《臺灣民間信仰神明大圖鑑》，臺北市：進源書局。

徐李穎

    2010　《佛道與陰陽：新加坡城隍廟與城隍信仰研究》，廈門：廈門大學。

郝鐵川

    2003　《灶王爺 土地爺 城隍爺：中國民間神研究》，上海：上海古籍出版社。

高佩英

    2005　《臺灣的虎爺信仰》，新北市：遠足文化。

曾少聰

　　1998　《東洋航路移民：明清海洋移民臺灣與菲律賓的比較研究》，南昌：江西高校出版社。

黃有興　編撰

　　1999　《澎湖馬公城隍廟志》，馬公：澎湖馬公城隍廟。

雷聞

　　2009　《郊廟之外：隋唐国家祭祀与宗教》，北京市：生活・讀書・新知三聯書店。

增田福太郎　著，古亭書屋　編譯

　　1999　《臺灣漢民族的司法神：城隍信仰的體系》，臺北市：眾文圖書。

蔡宗憲

　　2011　《北朝的祠祀信仰》，新北市：花木蘭文化出版社。

鄭土有、王賢淼

　　1994　《中國城隍信仰》，上海：三聯出版。

濱島敦俊

　　2008　《明清江南農村社會與民間信仰》，廈門：廈門大學。

韓森（Valerie Hansen）著，包偉民譯

　　1999　《變遷之神：南宋時期的民間信仰》，杭州市：浙江人民出版社。

韓明士（Robert Hymes）著，皮慶生譯

　　2007　《道與庶道》，南京：江蘇人民出版社。

二、專書之一章

Stephan Feuchtwang

1977 "School Temple and City God", in G. W. Skinner ed., The City in Late Imperial China. Stanford, Clifornia: Stanford University Press, pp. 581-608.

Talcott Parsons

2011 "An outline of the Social System [1961]", in Craig Calhoun eds., Classical Sociological Theory. Oxford: Blackwell.

傅飛嵐 著，呂鵬志 譯

2003 〈天師道上章科儀——《赤松子章曆》 和《天辰章醮立成曆》研究〉，收入黎志添主編《道教研究與中國宗教文化》，頁 37-71，香港：中華。

三、期刊與論文

A. R. Zit

1987 "City Gods, Filiality, and Hegemony in Late Imperial China", Modern China, 13(3) : 333-371.

Duara, Prasenjit

1988 "Superscribing Symbols: The Myth of Guandi, Chinese God of War", The Journal of Asian Studies, 47(4) : 778-795.

Johnson, David

1985 "The City-God Cults of T'ang and Sung China", Harvard Journal of Asiatic Studies 45(2)：363-457.

Wolf, Arthur P. 著，張珣譯

1997 〈神‧鬼和祖先〉，《思與言》，35(3)：233-291。

申浩

1999 〈《明清江南城隍考》補證〉，《中國社會經濟史研究》，4：90-92。

巫仁恕

2000 〈節慶、信仰與抗爭──明清城隍信仰與城市群眾的集體抗議行為〉，《中央研究院近代史研究所專刊》，34：145-210。

宋光宇

1993 〈霞海城隍祭典與臺北大稻埕商業發展的關係〉，《中央研究院歷史語言研究所集刊》，62 本 2 分：291-336。

李豐楙

1994 〈從成人之道到成神之道：一個臺灣民間信仰的結構性思考〉，《東方宗教研究》，4：183-207+209。

2009 〈本相與變相：臺灣王母信仰的形象化〉，收入東華大學民間文學研究所、中華民俗藝術基金會編，《臺灣王母信仰文化──世界學術研討會論文集》，頁 17-49。

2010a 〈「中央─四方」空間模型：五營信仰的營衛與境域觀〉，《中正大學中文學術年刊》，1：33-70。

2010b 〈從玄女到九天玄女：一位上古女仙的本相與變相〉,《興大中文學報》,27:1-26。

林承緯

2007 〈臺灣民間祀神主從關係的形成與特質〉,《臺灣文獻》,58(1): 163-190。

郭為藩

1971 〈角色理論在教育學上的意義〉,《國立臺灣師範大學教育研究》,所集刊,13: 15~44。

張永賢

2012 〈臺北大稻埕迪化街的年貨中藥香〉,《北市中醫會刊》18（4期）：61-64。

楊俊峰

2012 〈唐代城隍信仰與官府的立祀〉,《新史學》,23(3): 1-43。

雷聞

2004 〈唐代地方祠祀的分層與運作〉,《歷史研究》,2: 27-41。

趙克生

2006 〈明代生祠現象探析〉,《求是學刊》,2: 126-131。

鄧嗣禹

1980 〈城隍考〉,收入黃培、陶晉生編,《鄧嗣禹先生學術論文選集》,臺北：食貨出版社,頁 55-95。（原著刊於 1935 年,《史學年報》,2(2): 249-276。）

賴亮郡

2006　〈唐五代的城隍信仰〉,《興大歷史學報》,17:293-348。

濱島敦俊

2011　〈明清江南城隍考──商品經濟的變遷與農民信仰〉,收入劉永華編《中國社會文化史讀本》,頁108-121,北京:北京大學。

謝玲玉

2010　〈從《夷堅志》看宋代城隍信仰〉,《黑龍江史志》,19: 8-11。

謝貴文

2011　〈論清代臺灣的城隍信仰〉,《高應科大人文社會科學學報》,8(1): 1-28。

顧誠

1989　〈明帝國的疆土管理體制〉,《歷史研究》,3:135-150。

四、學位論文

王琰玲

1993　〈城隍故事研究〉,中國文化大學中國文學研究所碩士論文。

王耀賢

2010　〈府城城隍信仰之研究〉,國立臺南大學臺灣文化研究所碩士論文。

王雲卿

2011 〈臺灣城隍的司職與傳說研究〉，高雄師範大學國文學系碩士論文。

江怡葳

2010，〈新竹市城隍信仰與六將研究〉，國立政治大學宗教研究所碩士論文。

吳美琪

2010 〈臺灣彰投地區城隍廟研究——匾聯析義〉，雲林科技大學漢學資料整理研究所碩士論文。

呂建鋒

2008 〈臺北市大稻埕霞海城隍廟繞境之研究〉，國立臺北大學民俗藝術研究所碩士論文。

宋永志

2006 〈城隍神信仰與城隍廟研究〉，廣州暨南大學歷史學研究所碩士論文。

周順生

2009 〈清代臺灣城隍信仰的法制意義〉，中興大學歷史學系所碩士論文。

孟文筠

2003 〈明代以來城隍故事與信仰〉，國立花蓮師範學院民間文學研究所碩士論文。

林建利

2010 〈臺灣安溪城隍信仰模式變遷之研究〉，國立臺南大學臺灣文化研究所碩士論文。

凌淑菀

2003　〈臺灣城隍信仰的建立與發展（1683-1945）〉，
國立中正大學歷史研究所碩士論文。

許中昀

2011　〈金門浯島城隍廟會之研究——地方廟會的文化傳
統與資產價值〉，國立金門大學閩南文化研究所碩士論
文。

張君豪

2000　〈朴子——一個近海街市的歷史變遷〉，國立中央
大學歷史研究所碩士論文。

楊天厚

2003　〈金門城隍信仰研究〉，國立中山大學中國語文學
系研究所碩士論文。

蔡美意

2005　〈金門城隍廟籤詩之研究〉，銘傳大學應用中國文
學系碩士論文。

五、數位資料庫

中國方志庫，北京愛如生數字化技術研究中心研製。

中國基本古籍庫，北京愛如生數字化技術研究中心研製。

臺灣日日新報資料庫，大鐸資訊股份有限公司。

漢籍全文資料庫，中央研究院「史語所漢籍全文資料庫計畫」
製作，位址：http://hanchi.ihp.sinica.edu.tw/ihp/hanji.htm。

臺灣文獻叢刊資料庫，中央研究院臺史所史籍自動化室製作，
　　位址：http://hanji.sinica.edu.tw/。

法鼓佛學規範資料庫，位址：http://authority.ddbc.edu.tw/。

國家圖書館出版品預行編目(CIP) 資料

城隍神的角色與職能：從陪祀神的角度觀察/林俞君著.
-- 初版.-- 臺北市：元華文創股份有限公司, 2024.05
面；　公分

ISBN 978-957-711-369-6　(平裝)

1.CST: 神祇 2.CST: 民間信仰

272.22　　　　　　　　　　　　　113002674

城隍神的角色與職能—— 從陪祀神的角度觀察

林俞君　著

發 行 人：賴洋助
出 版 者：元華文創股份有限公司
聯絡地址：100 臺北市中正區重慶南路二段 51 號 5 樓
公司地址：新竹縣竹北市台元一街 8 號 5 樓之 7
電　　話：(02) 2351-1607　　傳　　真：(02) 2351-1549
網　　址：www.eculture.com.tw
E - m a i l：service@eculture.com.tw
主　　編：李欣芳
責任編輯：立欣
行銷業務：林宜葶
出版年月：2024 年 05 月 初版
定　　價：新臺幣 520 元

ISBN：978-957-711-369-6 (平裝)

總經銷：聯合發行股份有限公司
地　址：231 新北市新店區寶橋路 235 巷 6 弄 6 號 4F
電　話：(02)2917-8022　　　　傳　真：(02)2915-6275